पचरंग चोला पहर सखी री

मीरां का जीवन और समाज

पचरंग चोला पहर सखी री

मीरां का जीवन और समाज

माधव हाड़ा

वाणी प्रकाशन

प्रकाशन के उत्कृष्टतम 60 वर्ष

सजिल्द पहला संस्करण : 2015
सजिल्द दूसरा संस्करण : 2023

vaniprakashan.com

वाणी प्रकाशन

4695, 21-ए, दरियागंज, नयी दिल्ली-110 002

फ़ोन : +91 11 23273167, 23275710

शाखाएँ

अशोक राजपथ, पटना-800 004, बिहार
कॉफ़ी हाउस कैम्पस, महात्मा गांधी मार्ग, इलाहाबाद-211 001, उत्तर प्रदेश
महात्मा गांधी अन्तरराष्ट्रीय हिन्दी विश्वविद्यालय, वर्धा-442 001, महाराष्ट्र
36/ए, शेक्सपियर सरणी, रानी बिरला गर्ल्स कॉलेज के पास, कोलकाता-700 017, प. बंगाल
sales@vaniprakashan.in
vaniprakashan@gmail.com

Pachrang Chola Pahar Sakhi Ri
by Madhav Hada

ISBN : 978-93-5072-925-0
Criticism

मूल्य : ₹ 495

आर. टेक ऑफ़सेट प्रिंटर्स, दिल्ली-110 032 में मुद्रित

वाणी प्रकाशन का लोगो मक़बूल फ़िदा हुसेन की कूची से

वीणा, कुणाल, मालविका

और

पूजा के लिए

अनुक्रम

1
जीवन

मीरां का ज्ञात और प्रचारित जीवन गढ़ा हुआ है। गढ़ने का यह काम शताब्दियों तक निरन्तर कई लोगों ने कई तरह से किया है और यह आज भी जारी है। मीरां के अपने जीवनकाल में ही यह काम शुरू हो गया था। उसके साहस और स्वेच्छाचार के इर्द-गिर्द लोक ने कई कहानियाँ गढ़ डाली थीं। बाद में धार्मिक आख्यानकारों ने अपने ढंग से इन कहानियों को नया रूप देकर लिपिबद्ध कर दिया। इन आरम्भिक कहानियों में यथार्थ और सच्चाई के संकेत भी थे, लेकिन समय बीतने के साथ धीरे-धीरे इनकी चमक धुँधली पड़ती गयी। मीरां के जीवन में प्रेम, रोमांस और रहस्य के तत्त्वों ने उपनिवेशकालीन यूरोपीय इतिहासकारों को भी आकृष्ट किया। उन्होंने उसके सम्बन्ध में प्रचारित प्रेम, रोमांस और रहस्य के तत्त्वों को कहानी का रूप देकर मनचाहा विस्तार दिया। ऐसा करने में उनके साम्राज्यवादी स्वार्थ भी थे। आजादी के बाद मीरां के सम्बन्ध में कई नयी जानकारियाँ सामने आयीं, लेकिन उसके विवाह आदि से सम्बन्धित कुछ नयी तथ्यात्मक जानकारियाँ जोड़ने के अलावा उसकी पारम्परिक छवि में कोई रद्दोबदल नहीं हुआ। साहित्यिक इतिहासकारों, आलोचकों और बाद में नये प्रचार माध्यमों ने मीरां के स्त्री जीवन की कथा को पूरी तरह प्रेम, रोमांस, भक्ति और रहस्य के आख्यान में बदल दिया। उसके साहस और स्वेच्छाचार को वामपन्थी और नये स्त्री विमर्शकार ले उड़े। उन्होंने इनकी मनचाही व्याख्याएँ कर डालीं। मीरां पर देशी-विदेशी विद्वानों ने कई शोध कार्य किये, लेकिन सभी ने कसौटियाँ और मानक अपने रखे। उसके सम्बन्ध में ज्ञात बहुत कम था इसलिए लोगों के पास अपने तयशुदा मानकों के अनुरूप उसका नया रूप गढ़ने की गुंजाइश और आजादी बहुत थी। लोगों ने इसका जमकर लाभ उठाया और अपनी-अपनी अलग और कई नयी मीराएँ गढ़ डालीं। कहीं यह मीरां भक्त-सन्त थी, तो कहीं असाधारण विद्रोही स्त्री और कहीं रहस्य और रोमांस में डूबी प्रेम दीवानी। मीरां जीवन विरत सन्त-भक्त और जोगन नहीं थी, वह प्रेम दीवानी और पगली नहीं थी और वह वंचित-पीड़ित, उपेक्षित और असहाय स्त्री भी नहीं थी। वह एक आत्मसचेत, स्वावलम्बी और स्वतन्त्र व्यक्तित्व वाली सामन्त स्त्री थी। उसकी भक्ति, साहस और स्वेच्छाचार असामान्य नहीं थे और वह जिस समाज में पली-बढ़ी

उसमें इनके लिए पर्याप्त गुंजाइश और आजादी भी थी और कुछ हद तक इनकी स्वीकार्यता और सम्मान भी था।

मीरां के जीवन के सम्बन्ध में आधुनिक इतिहास की कसौटी पर खरी उतरनेवाली प्रामाणिक जानकारियाँ बहुत कम मिलती हैं। मीरां किसी सत्तारूढ़ की बेटी और पत्नी नहीं थी इसलिए मेवाड़[1] से सम्बन्धित इतिहास के पारम्परिक ख्यात, बही आदि रूपों में उसका उल्लेख नहीं के बराबर है। राजस्थान के राजपूत शासकों की स्त्रियों को भी इतिहास में दर्ज करने की परम्परा थी। सामन्त स्त्रियों के अपने पारम्परिक इतिहासकार थे जिनको राणीमंगा कहा जाता था। राणीमंगा रानियों और उनकी सन्ततियों का वृत्तान्त लिखते थे और अपनी आजीविका के लिए रानियों पर निर्भर थे। मेवाड़ में यह परम्परा केवल सत्तारूढ़ सामन्तों की स्त्रियों को ही अपने दायरे में लेती थी इसलिए शेष राजपूत स्त्रियों का उल्लेख इसमें नहीं के बराबर है।[2] मीरां का पति भोजराज अपने पिता राणा सांगा के जीवित रहते ही मर गया। इस तरह मीरां को किसी सत्तारूढ़ शासक की पत्नी होने का गौरव प्राप्त नहीं हुआ और वह ख्यात-बहियों में दर्ज होने से रह गयी। केवल मारवाड़[3] के राणीमंगा भाट केहरदान और दाऊदान के बही में उसका नामोल्लेख मिलता है।[4] मीरां का आधुनिक ढंग के इतिहास में पहला उल्लेख लेफ्टिनेंट कर्नल जेम्स टॉड ने अपने राजस्थान के विख्यात और चर्चित इतिहास *एंटीक्विटीज एंड एनल्स ऑफ राजपूताना* में किया। टॉड अध्यवसायी था, राजस्थान से उसे लगाव था, लेकिन एक तो उसके समय में जानकारियों के स्रोत सीमित थे और दूसरे, वह यूरोपीय था। उसने अपने समय में उपलब्ध सीमित जानकारियों को आधार बनाकर अपने यूरोपीय संस्कार और रुचि के अनुसार मीरां की पवित्रात्मा और रहस्यमयी कवयित्री सन्त-भक्त छवि गढ़ी।[5] कालान्तर में इतिहास और साहित्य में मीरां की यही छवि चल निकली। बाद में इतिहासकार श्यामलदास, मुंशी देवीप्रसाद, हरिनारायण पुरोहित, ठाकुर चतुरसिंह गौरीशंकर हीराचन्द ओझा और जर्मन प्राच्यविद् हरमन गोएट्ज़े ने मीरां के जीवन से सम्बन्धित कई नयी जानकारियाँ जुटाईं। ये जानकारियाँ महत्त्वपूर्ण थीं लेकिन टॉड के कैननाइजेशन की लोकप्रियता और साहित्य और प्रचार माध्यमों में उसकी व्यापक स्वीकार्यता के कारण लोगों का ध्यान इन पर कम गया। इन नयी जानकारियों की रोशनी में मीरां की निर्मित छवि में रद्दोबदल की कोई पहल नहीं हुई। अधिकांश स्त्री और वामपन्थी विमर्शकारों ने श्यामलदास, मुंशी देवीप्रसाद, हरिनारायण पुरोहित गौरीशंकर हीराचन्द ओझा आदि को 'सामन्ती' या 'दरबारी' मानकर बिना जाने-समझे ही खारिज कर दिया।[6] मुंशी देवीप्रसाद ने बहुत परिश्रमपूर्वक मीरां की जीवन सम्बन्धी जानकारियाँ जुटाकर *मीरांबाई का जीवन चरित्र*[7] शीर्षक से एक विनिबन्ध लिखा, लेकिन कम लोगों ने इसका उपयोग किया। 1956 ई. में विख्यात जर्मन भारतविद् हरमन गोएट्ज़े ने इंडियन पी.ई.एन. की दिल्ली शाखा में मीरां पर एक बहुत महत्त्वपूर्ण

शोधपरक व्याख्यान दिया, जो बाद में भारतीय विद्याभवन, मुम्बई से पुस्तकाकार प्रकाशित हुआ।[8] हरमन गोएट्जे ने ऐतिहासिक-पारिस्थितिक साक्ष्यों के आधार पर मीरां की पारम्परिक छवि से भिन्न नयी छवि गढ़ी, लेकिन यह व्याख्यान बहुत कम लोगों का ध्यान खींच पाया। हरमन गोएट्जे ने यूरोपीय इतिहासकारों पर निर्भरता और दरबारी इतिहासकारों के पक्षपातपूर्ण होने के अपने पूर्वाग्रह के कारण कुछ बहुत आधारहीन निष्कर्ष निकाल लिए। मीरां के जीवन और कविता के सम्बन्ध में सर्वाधिक महत्त्वपूर्ण शोध कार्य विख्यात प्राच्यविद् हरिनारायण पुरोहित ने मीरां के पितृपक्ष के वंशज और इतिहासकार ठाकुर चतुरसिंह के सहयोग से किया।[9] उन्होंने मीरां के सम्बन्ध में जो जानकारियाँ जुटाईं वो कमोबेश प्रामाणिक थीं लेकिन ये नये स्त्रीविमर्शकारी और वामपन्थी समालोचकों की तयशुदा धारणाओं के अनुकूल नहीं थीं इसलिए दरकिनार कर दी गयीं।

पारम्परिक इतिहास रूपों में तो मीरां नहीं थीं, लेकिन धार्मिक चरित्र-आख्यानों में वह कमोबेश सभी जगह थीं और खास बात यह है कि इनमें उसको जगह उसके जीवन के सौ-पचास साल बाद ही मिल गयी। नाभादास के भक्तमाल में संक्षिप्त उल्लेख के बाद लगभग सभी भक्तमालों में उसका उल्लेख मिलता है। नाभादास के शिष्य प्रियादास ने भक्तमाल की अपनी *भक्तिरस बोधिनी टीका* में अपने समय में लोक में प्रचलित मीरां सम्बन्धी लगभग सभी जानकारियों और जनश्रुतियों का उपयोग विस्तार से किया है।[10] सन्त-भक्तों की परचियाँ लिखने वाले सुखसारण की एक स्वतन्त्र मीरांबाई की परची भी है।[11] मीरां का उल्लेख *भविष्यपुराण* में भी आता है।[12] भक्तमालों और परची में मीरां का वर्णन एक अतिमानवीय चमत्कारी स्त्री सन्त-भक्त के रूप में है। इनमें आधार मीरां सम्बन्धी जनश्रुतियाँ हैं, जो मीरां के अतिमानवीय सन्त-भक्त रूप की पुष्टि के लिए लोक और भक्तों द्वारा गढ़ी गयी हैं। इतिहास में उल्लेख नहीं होने के कारण यही जनश्रुतियाँ मीरां को जानने-समझने का आधार हैं। विम्डबना यह है कि इन जनश्रुतियों को अभी ठीक से पढ़ा नहीं गया है। मीरां को समझने-समझाने वाले लोगों ने या तो इनको पूरी तरह सच मान लिया गया है या फिर झूठ मानकर पूरी तरह दरकिनार कर दिया है। जनश्रुतियां मिथ्या नहीं होती–ये समाज की सांस्कृतिक भाषा है। इस भाषा का अपना अलग व्याकरण और व्यवस्था है। किसी समाज को समझने के लिए इस व्यवस्था और व्याकरण की सम्यक समझ जरूरी है। गत सदी के पूर्वार्द्ध में हमारे यहाँ यूरोपीय ढंग का आधुनिक होने की इतनी जल्दी और हड़बड़ी थी कि हमने अपने समाज की अधिसंख्य जनश्रुतियों को युक्ति और तर्क की कसौटी पर कस कर खारिज कर दिया। मीरां को समझने के लिए भी उससे सम्बन्धित जनश्रुतियों का पुनःपाठ और विश्लेषण जरूरी है। इन जनश्रुतियों में मीरां के संघर्ष, दुख और खास किस्म की भक्ति के सभी संकेत विद्यमान हैं। खास तौर पर मीरां की जीवन यात्रा की कड़ियों को एक-दूसरे से जोड़ने के लिए उनकी

सहायता बहुत जरूरी है। उसके जीवन के कुछ अन्धकारपूर्ण हिस्सों की पुनर्रचना केवल तत्कालीन ज्ञात ऐतिहासिक परिप्रेक्ष्य में जनश्रुतियों के सटीक के समायोजन से ही हो सकती है। गुजरात और उसके बाद के मीरां के उत्तर जीवन से सम्बन्धित जानकारियों का स्रोत तो केवल जनश्रुतियाँ हैं।

मीरां के जीवन के सम्बन्ध में ज्ञात और प्रचारित अधिकांश जानकारियों का स्रोत उसकी कविता है। मीरां की कविता के सम्बन्ध में खास बात यह है कि उसका मूल रूप तय नहीं है। मीरां की कविता के कई संस्करण और कई पाठ हैं। यह कई भाषाओं में है। मीरां की कविता को लोक ने सदियों तक बरता और इसे अपनी जरूरतों के हिसाब से बदला और बढ़ाया। मीरां की मूल रचनाओं की खोज और निर्धारण के एकाधिक प्रयास हुए। हरिनारायण पुरोहित ने मीरां की मूल रचनाओं की खोज और पहचान के लिए आजीवन श्रम किया। उन्होंने इसके लिए कुछ कसौटियाँ भी बनायीं। लेकिन इस कार्य को अन्तिम रूप देने से पूर्व ही उनका निधन हो गया। उनकी चयनित और सम्पादित ये रचनाएँ बाद में राजस्थान प्राच्यविद्या प्रतिष्ठान से प्रकाशित हुईं।[13] मीरां के उपलब्ध पाठों के अलावा मीरां के नाम से लोक द्वारा गढ़े गये हरजस भी हैं, जिसमें उसके जीवन सम्बन्धी कई संकेत मौजूद हैं।[14] यह सही है कि मीरां की कविता और हरजसों के अन्दर मौजूद उसकी जीवन सम्बन्धी जानकारियाँ आधुनिक इतिहास के अर्थ में प्रामाणिक नहीं हैं। इनको तथ्य या साक्ष्य की श्रेणी में नहीं रखा जा सकता, लेकिन ये पूरी तरह झूठ भी नहीं है। लोक तथ्यों को बदलता-बिगाड़ता जरूर है, लेकिन जब तक कोई सच्चाई नहीं हो, वह अपनी तरफ से तथ्य गढ़ता नहीं है। घटनाओं और व्यक्तियों की जानकारियाँ सदियों तक लोक में नदी के पत्थरों की तरह बहती-लुढ़कती रहती हैं। उनका रूप बदलता लेकिन उनमें उनके मूल का कोई-न-कोई अंश जरूर रहता है। मीरां की कविता को सदियों तक लोक ने अपनी जरूरतों के हिसाब से इस्तेमाल किया। लोक ने उसको घटाया-बढ़ाया और नया बनाया, लेकिन उसके इस रूप में उसका मूल भी मौजूद है। इन कविताओं और हरजसों में मौजूद मीरां की जीवन सम्बन्धी जानकारियाँ अक्षरशः सही नहीं है लेकिन ये पूरी तरह मिथ्या भी नहीं है। इन संकेतों को इतिहास के उपलब्ध तथ्यों की सहवर्तिता में समझा जाये तो ये अपने असल रूप में सामने आ जाते हैं।

मीरां के अब तक प्रचारित जीवन के सम्बन्ध में खास बात यह है कि यह अधिकांशतः किसी खास प्रकार के नजरिये को सही ठहराने के लिए गढ़ा और बुना गया है। इन नजरियों के अपने नाप-जोख और साँचे-खाँचे हैं। इनकी जरूरतों के हिसाब से मीरां के जीवन से सम्बन्धित जानकारियों में से या तो केवल कुछ चुनकर शेष दरकिनार कर दी गयी हैं या कुछ नयी गढ़ ली गयी हैं। मीरां की प्रचारित भक्त और कवि छवि गढ़ने वालों के पास शास्त्र में भक्ति और कविता के नाप-जोख

और साँचे थे। मीरां की कविता इतनी विविध, सामवेशी और लचीली है कि उनको उसमें जैसा वे चाहते थे सब मिल गया। उन्होंने जब उसको सगुण कहना चाहा तो उनको उसमें सगुण के लक्षण मिल गये और जब वे शास्त्र के तयशुदा नाप-जोख लेकर माधुर्य खोजने निकले तो उनको उसमें माधुर्य के लक्षण मिल गये। यही नहीं, निर्गुण खोजने वालों को भी मीरां ने निराश नहीं किया। बारीकी से खोजबीन करने वालों ने उसमें योग की गूढ़ और रूढ़ शब्दावली भी ढूँढ़ निकाली। कविता के शास्त्र विश्वासी लोगों के अपने साँचों-खाँचों में भी मीरां की कविता की काटपीट खूब हुई। मीरां की कविता ने किसी को निराश नहीं किया। *जाकी रही भावना जैसी प्रभु मूरत देखी तिन वैसी,* सबको अपने विचारों और भावनाओं के अनुसार मीरां की कविता में कुछ न कुछ मिल गया। किसी ने इस तथ्य की ओर ध्यान नहीं दिया कि मीरां की भक्ति और कविता ली और दी गयी नहीं, कमाई गयी है। यह लोक के बीच, उसकी उठापटक और उजास में अर्जित की गयी है इसीलिए यह किसी परम्परा, सम्प्रदाय और शास्त्र के साँचे-खाँचे में नहीं है और एकदम अलग और नयी है।

मीरां की हाशिए की असाधारण स्त्री छवि गढ़ने वाले विमर्शकारों की अपेक्षाएं अलग थीं। उनकी कसौटी पर खरा उतरने के लिए जरूरी था कि मीरां वंचित-उत्पीड़ित, दीन-हीन और असहाय हो और साथ में उसका समाज ठहरा हुआ हो। उन्होंने मीरां की कविता से चुन-चुन कर ऐसे अंश निकाले जो उनकी इन जरूरतों को पूरा करते हैं। उन्होंने इनके आधार पर मीरां को प्रताड़ित, हीन-दीन और असहाय स्त्री ठहरा दिया। उन्होंने खींच-खाँचकर मीरां की नाराजगी और असन्तोष को पितृसत्ता से उसकी असहमति बना दिया।[15] मीरां को स्वेच्छाचार का साहस और जगह उसके समाज ने दी। इसी समाज ने मीरां की स्मृतियों को सदियों तक संजोए रखा। लेकिन कुछ अतिरिक्त उत्साही वामपन्थियों और अधिकांश नये स्त्रीविमर्शकारों ने इस समाज को ठहरा हुआ और गत्यावरुद्ध मान लिया। मीरां एक सामन्त की विधवा थी, उसकी हैसियत एक जागीरदार की थी और उसके पास आर्थिक स्वावलम्बन के साधन थे। वह सम्पन्न थीं और इतनी सम्पन्न थीं कि साधु-सन्तों को आतिथ्य सत्कार में मुहरे देती थीं। वल्लभ सम्प्रदाय के प्रामाणिक माने जाने वाले वार्ता ग्रन्थों में इसके साक्ष्य हैं।[16] मीरां पर आजीवन शोध करने वाले हरिनारायण पुरोहित के अनुसार उसने कभी भगवा नहीं पहने।[17] उसके पितृपक्ष के वंशज और इतिहासकार गोपालसिंह मेड़तिया के अनुसार यह कहना गलत है कि मीरांबाई हाथ में वीणा लेकर जगह-जगह घूमती थी। उन्होंने एक जगह लिखा है कि "महाराणा संग्रामसिंह जी ने अपनी युवराज पुत्रवधू को पुर और मांडल के परगने हाथ खर्च के लिए प्रदान किये थे। इसके अतिरिक्त परम प्रतापी संग्रामसिंह जी की पुत्रवधू होने के नाते धन, रत्न भूषणादि उसके पास भारी मात्र में रहे होंगे। उसी संचित द्रव्य से और उक्त परगनों की आय से भगवती मीरांदेवी दान-पुण्य, साधु सेवा, अतिथि सत्कार, राजसेवक,

दासदासियों का वेतन और तीर्थ यात्रा किया करती थी। जब कभी वह तीर्थ यात्रा पर जाती थी, हाथी-घोड़े, रथ आदि वाहन तथा अनेक राजसेवक, दास-दासियाँ उनके साथ चलते थे। मेड़ता नरेश की राजकुमारी और चित्तौड़ भूपाल की ज्येष्ठ पुत्रवधू के अनुरूप वह समस्त राजोचित वैभव रखती थी। यह दूसरी बात है कि उन्हें पूर्ण ज्ञान के साथ वैराग्य प्राप्त हुआ था और वह ईश्वर और जीव मात्र की एकता को अभेद दृष्टि से देखती थी। इसीलिए परोपकारादि कार्यों पर अन्य महारानियों की अपेक्षा अधिक दान-पुण्य करती थी; साधु-महात्माओं से सत्योपदेश सुनती-सुनाती थी; प्रसिद्ध सन्त-महात्माओं से शास्त्रार्थ भी किया करती थी।"[18] मीरां को कुछ हद तक जीवन की भी स्वतन्त्रता थी। आवागमन की स्वतन्त्रता और सुविधा के कारण ही वह पुष्कर, द्वारिका, वृन्दावन आदि स्थानों पर गयी। विडम्बना यह है कि अपनी तयशुदा धारणाओं के प्रतिकूल होने के कारण इन तथ्यों को इन विमर्शकारों ने अनदेखा कर दिया।

मीरां के साथ अन्याय और उसके उत्पीड़न की प्रचारित कहानियों में भी सच्चाई कम है। मीरां का बाल्यकालीन और वैवाहिक जीवन सुखी था। अपनी कविता में मीरां ने सास और ननद की निन्दा की है लेकिन उसने अपने ससुर और पति की सराहना की है। यह सही है कि मीरां के साथ अन्याय हुआ और उसको यंत्रणाएँ भी दी गयीं लेकिन यह केवल उसके देवर रत्नसिंह (1528-1531ई.) और विक्रमादित्य (1531-1536 ई.) के अल्पकालीन शासनकाल में हुआ। रत्नसिंह अपनी माँ धनाबाई के साथ सत्ता हथियाने में षड्यन्त्रकारी था, जबकि विक्रमादित्य पारम्परिक इतिहास रूपों और लोक में एक मूर्ख, छिछोर और घमंडी शासक के रूप में कुख्यात है। विक्रमादित्य को तत्कालीन जागीरदारों और लोक ने कोई समर्थन नहीं दिया।[19] विक्रमादित्य के बाद ही मेवाड़ के राजवंश में मीरां के लिए सम्मान और स्वीकृति का भाव आ गया था। 1535 ई. में गुजरात के बहादुरशाह ने मेवाड़ पर आक्रमण कर दिया और यह इतना भीषण था कि चितौड़ किले में मौजूद सभी स्त्रियों को जल कर मरना पड़ा। यह माना गया कि मीरां को प्रताड़ित करने के कारण ही मेवाड़ पर यह विपदा आयी इसलिए उदयसिंह ने द्वारिका ब्राह्मण भेजकर मीरां की मेवाड़ वापसी के प्रयत्न किये थे।[20] यह सम्मान बाद में बढ़ता ही गया था। ऐसी जनश्रुति है कि सत्रहवीं सदी के पूर्वार्द्ध में सत्तारूढ़ महाराणा जगतसिंह को स्वप्न में भगवान जगन्नाथ ने आदेश दिया कि मुझे मीरां को दिये वचन के अनुसार मेवाड़ में आना है इसलिए मेरा मन्दिर बनवाओ और इसी आदेश के तहत महाराणा ने उदयपुर में राजमहल के ठीक बाहर भगवान जगन्नाथ का भव्य और विशालकाय जगदीश मन्दिर बनवाया।[21]

मीरां की कविता में जो सघन अवसाद और दुःख है उसका कारण पितृसत्तात्मक अन्याय और उत्पीड़न नहीं था। यह खास प्रकार की घटना संकुल ऐतिहासिक

परिस्थितियों के कारण था जिनमें मीरां को एक के बाद एक अपने लगभग सभी परिजनों की मृत्यु देखनी पड़ी और निराश्रित होकर निरन्तर एक से दूसरी जगह भटकना पड़ा। 1516 ई. में उसका विवाह हुआ और कुछ समय बाद ही 1518 से 1523 ई. के बीच कभी उसके पति भोजराज का निधन हो गया। महाराणा सांगा के और बाबर के बीच 1527 ई. में हुए विख्यात खानवा के युद्ध में उसके पिता रत्नसिंह और बड़े पिता रायमल काम आये। ससुर महाराणा सांगा भी 1528 ई. में नहीं रहे। सांगा की मृत्यु के बाद जोधपुर के राठौड़ों का भानजा मीरां का देवर रत्नसिंह सत्तारूढ़ हुआ लेकिन सांगा के विरुद्ध षडयन्त्रकारी होने के कारण मीरां से उसके सम्बन्ध तनावपूर्ण रहे होंगे। वह बूंदी के हाड़ा सूरजमल के हाथों मारा गया। इसके बाद सत्तारूढ़ विक्रमादित्य मूर्ख और घमंडी था। उसको मीरां की गतिविधियाँ और आचरण अच्छा नहीं लगा। उसने मीरां को यातनाएँ दीं और कई तरह से प्रताड़ित किया। दुःखी मीरां ने 1535 ई. के आसपास अपने बड़े पिता वीरमदेव के यहाँ पीहर मेड़ता में शरण ली। लेकिन यह आश्रय भी स्थायी नहीं रहा। जोधपुर के शासक मालदेव ने 1536 ई. में आक्रमण कर मेड़ता को उजाड़ दिया। वीरमदेव को कई वर्षों तक यहाँ-वहाँ भटकना पड़ा। मीरां टोडा तक वीरमदेव के साथ रही और बाद में वह पहले वृन्दावन और फिर द्वारिका चली गयी। 1546 ई. के आसपास यह प्रचारित हुआ कि वह द्वारिका में रणछोड़जी की प्रतिमा में समा गयी है और इस आधार पर यही समय मीरां के निधन के समय के रूप में प्रसिद्ध हो गया।[22]

बीसवीं सदी और उसके बाद नये माध्यमों—लोकप्रिय साहित्य, चित्रकथा, फिल्म और कैसेट्स-सीडीज का नजरिया अपने अधिकांश मध्यवर्गीय उपभोक्ताओं की जरूरतों के अनुसार बना। आरम्भिक पारम्परिक भारतीय मध्यवर्गीय उपभोक्ताओं का आत्मगौरव पुनरुत्थान की भावना में सन्तुष्ट अनुभव करता था इसलिए इन माध्यमों ने मीरां की आदर्श भारतीय पत्नी छवि गढ़ने के तमाम उपक्रम किये। गीता प्रेस, गोरखपुर और अमर चित्रकथा की मीरां अपनी धार्मिक अस्मिता के प्रति सचेत पारम्परिक मध्यवर्गीय जनसाधारण की आकांक्षाओं के अनुसार आदर्श हिन्दू पत्नी और सन्त-भक्त है।[23] भूमंडलीकृत अर्थव्यवस्था में पले-बढ़े नयी पीढ़ी के मध्यवर्ग का नजरिया कुछ हद तक बदल गया है। उसकी काम्य स्त्री छवि पारम्परिक मध्यवर्गीय भारतीय की आदर्श पत्नी स्त्री छवि से अलग रूमानी, विद्रोही और कुछ हद स्वतन्त्र स्त्री की है। इन माध्यमों ने इसीलिए इन मध्यवर्गीय उपभोक्ताओं की जरूरतों के अनुसार धीरे-धीरे मीरां की प्रेम दीवानी और अंशतः परम्परा विरोधी छवि गढ़ डाली है। लोकप्रिय साहित्य के एक प्रकाशक डायमंड बुक्स द्वारा प्रकाशित *प्रेम दीवानी मीरां* की मीरां भूमंडलीकृत अर्थव्यवस्था में पले-बढ़े नयी पीढ़ी के मध्यवर्ग की काम्य स्त्री छवि के अनुसार रूमानी, स्वतन्त्र और अंशतः परम्परा विरोधी है।[24] गुलज़ार की फिल्म में भी मीरां असाधारण पवित्रात्मा भक्त, प्रेम दीवानी और अंशतः

परम्परा विरोधी स्त्री है। अधिकांश लोकप्रिय ऑडियो कैसेट्स-सीडीज में भी मीरां की ऐसी रचनाएँ संकलित की गयी हैं, जो उसके भक्त और प्रेम दीवानी स्त्री रूप को ही पुष्ट करती है।

वह मीरां, जिसे हम आज जानते हैं, अपनी असल मीरां से बहुत दूर आ गयी है। यह दूरी बनाने और बढ़ाने का काम मीरां के अपने समय से ही हो रहा है। असल मीरां अभी भी लोक, इतिहास, आलोचना, धार्मिक आख्यान और आलोचना-विमर्श में है, लेकिन वह इन सब में कट-छँट और बँट गयी है।

1

मीरां के जन्म के समय और स्थान के सम्बन्ध में कोई सर्वमान्य दस्तावेजी प्रमाण उपलब्ध नहीं है। मीरां के जन्म के समय और स्थान के निर्धारण में अब तक शोधकर्ताओं ने धार्मिक रचनाओं और जनश्रुतियों को ही आधार बनाया है। ख्यात, बही आदि में मीरां के सम्बन्ध में प्रामाणिक उल्लेख कम हैं, लेकिन इनमें उसके परिजनों के सम्बन्ध में पर्याप्त प्रामाणिक उल्लेख मिलते हैं। विख्यात मध्यकालीन सांख्यिकीविद मुहता नैणसी की रचना *मारवाड़ रा परगना री विगत* में मीरां के पिता रत्नसिंह के बड़े भाई वीरमदेव और उसके उत्तराधिकारी बेटे जयमल की प्रामाणिक जन्मपत्रियाँ उपलब्ध हैं। मुरारीदान के संग्रह से मिली नैणसी के समसामयिक विद्वान उदयभांण चांपावत की *राठौड़ों री ख्यात* में दूदा, वीरमदेव आदि से सम्बन्धित बहुत प्रामाणिक उल्लेख मिलते हैं। इसी तरह मीरां के ससुर महाराणा सांगा के जन्म और सत्तारूढ़ होने के समय के सम्बन्ध में इतिहास में प्रामाणिक और लगभग निर्विवाद उल्लेख हैं। अधिकांश इतिहासकारों और मीरां के अध्येताओं ने इन्हीं विभिन्न उल्लेखों, धार्मिक रचनाओं और जनश्रुतियों के आधार पर मीरां के जन्म के समय और स्थान का निर्धारण किया है।

मीरां का जन्म 1498 ई. के आसपास हुआ। आरम्भिक इतिहासकारों और अध्येताओं के पास इस सम्बन्ध में कोई दस्तावेजी साक्ष्य उपलब्ध नहीं था इसलिए उन्होंने मीरांकालीन अन्य लोगों के जन्म, राज्यारोहण, निधन आदि की तिथियों के आधार पर मीरां के जन्म का समय तय किया। जोधपुर रियासत के मुहकमें तवारीख के प्रभारी और विद्वान मुंशी देवीप्रसाद ने 1898 ई. में *मीरांबाई का जीवन चरित्र* नाम की एक पुस्तक लिखी। इसमें उन्होंने ऐतिहासिक साक्ष्यों के आधार पर मीरां के विवाह और निधन के समय का तो उल्लेख किया, लेकिन निश्चित प्रमाण के अभाव में उन्होंने मीरां के जन्म का समय नहीं लिखा।[25] 1902 ई. में मीरां के पितृकुल के वंशज इतिहासकार ठाकुर चतुरसिंह ने मेड़तिया शाखा के राठौड़ों के इतिहास *चतुरकुल चरित्र* में पहली बार मीरां के जन्म का समय संवत् 1555 (1498 ई.) के आसपास माना।[26] 1918 ई. में इतिहासवेत्ता हरविलास सारडा का

महाराणा सांगा पर एक विनिबंध प्रकाशित हुआ, जिसमें उन्होंने भी *चतुरकुल चरित्र* की सूचनाओं के आधार पर 1498 ई. को ही मीरां के जन्म वर्ष के रूप में मान्यता दी।[27] बाद में इतिहासकार गौरीशंकर हीराचन्द ओझा, गोपीनाथ शर्मा और हरमन गोएट्ज़े आदि ठाकुर चतुरसिंह और हरविलास सारडा के मत पर कायम रहे।[28] अब इस धारणा को पुष्ट करने वाला एक दस्तावेजी साक्ष्य राणी मंगा भाटों की बही में भी मिल गया है। केहरदान और दाऊदान की इस मौलिक बही की नकल 1918 ई. में तैयार की गयी। मारवाड़ से सम्बन्धित इस बही में 906 ई. से जसवंतसिंह द्वितीय (1626-1674 ई.) तक के अन्तःपुर के विवरण दिये गये हैं। यों इस बही में 1700 ई. से पूर्व के कुछ विवरण भ्रामक हैं[29], लेकिन इसकी कुछ सूचनाएँ बहुत प्रामाणिक भी हैं। इसके अनुसार मीरां का जन्म संवत् 1555 (1498 ई.) में हुआ। बही में राव 'दूदाजी रै रणवासां री विगत' के अन्तर्गत यह उल्लेख इस तरह से है–

> *माराजकुंवर रत्नसिंह री बेटी मीरांबाई (खींचियों की दोहिती) हुई। जन्म समत 1555 सावण वद भृगुवार रो ने समत 1605 चेत वद 3 ने द्वारका में राम केयो। चितौड़ रे राणा सांगा रै माराज कुंवर भोजसी नै परणई (परणाई)।*[30]

कुछ लोगों ने महाराणा सांगा के जन्म समय के अनुसार मीरां के पति भोजराज की उम्र का अनुमान लगाया है और इस आधार पर मीरां का जन्म समय 1504 ई. सिद्ध करने की चेष्टा की है। उनके अनुसार यदि मीरां का जन्म 1498 ई. में मानते हैं तो भोजराज का जन्म 1496 ई. में मानना पड़ेगा। ऐसी स्थिति में 1482 ई. में जन्म लेने वाले महाराणा सांगा 16 वर्ष की उम्र में, मतलब 1498 ई. में दो पुत्रों का पिता बन जाते हैं, जो सम्भव नहीं लगता।[31] मीरां के जन्म के समय के निर्धारण में इस तरह की सही और सटीक गणना की खींचतान निरर्थक है क्योंकि बहियों में भाट आदि तिथियाँ रानियों की स्मृतियों के आधार पर लिखते थे। रानियाँ और अन्य लोग तिथियाँ किसी प्रमुख घटना को आधार बनाकर उसके आगे या पीछे के वर्षों की गणना करके लिखवाते थे, जिसमें दो-तीन वर्षों के हेरफेर की गुंजाइश रहती थी। आरम्भिक इतिहासकारों और अध्येताओं ने यही ध्यान में रखकर 1498 ई. के बजाय '1498 ई. के आसपास' को मीरां का जन्म समय माना है। मतलब यह है कि इसमें दो-तीन वर्षों के इधर या उधर होने की गुंजाइश है। 1498 ई. के आसपास मीरां का जन्म समय मान लेने से उसके विवाह, निधन आदि के समय की सही गणना हो जाती है और इसका मेल उसके समकालीन परिजनों के जीवन की प्रमुख घटनाओं की तिथियों से भी हो जाता है। मीरां का जन्म 1498 ई. के आसपास होने की पुष्टि *मारवाड़ रा परगना री विगत* में दी गयी वीरमदेव और जयमल की जन्मपत्रियों से भी हो जाती है। इन पत्रियों के अनुसार वीरमदेव का जन्म 1477 ई. और जयमल का जन्म 1507 ई. में हुआ।[32] मीरां का पिता रत्नसिंह

वीरमदेव से छोटा था इसलिए उनका जन्म 1477 ई. के पहले ही हुआ होगा। मीरां जयमल से बड़ी थी इसलिए उसका जन्म 1498 ई. के आसपास हुआ होगा। धार्मिक आख्यानों में मीरां के जन्म स्थान का उल्लेख है, लेकिन इनमें कहीं भी उसके जन्म के समय का उल्लेख नहीं है।

मीरां का जन्म मेड़ता में हुआ, लेकिन आरम्भ में जानकारियों के अभाव में कुड़की को मीरां का जन्म स्थान मान लिया गया था। दरअसल आरम्भ में भ्रांति इस जानकारी से हुई कि मीरां के पिता रत्नसिंह को जागीर में बारह गाँव मिले, जिनमें कुड़की, बाजोली और चौकड़ी भी शामिल थे। मुंशी देवीप्रसाद ने आरम्भ में उसका जन्म स्थान चौकड़ी लिखा, लेकिन श्यामलदास, गौरीशंकर हीराचन्द ओझा आदि से पत्राचार के बाद उन्होंने कुड़की को ही मीरां के जन्म स्थान के रूप में मान्यता दी।[33] हरिनारायण पुरोहित ने भी मीरां के पितृपक्ष के जीवित लोगों से इस सम्बन्ध में पत्राचार किया और उनसे प्राप्त सामग्री और अपने समय के अन्य सभी उपलब्ध स्रोतों के आधार पर उन्होंने भी कुड़की को ही मीरां का जन्म स्थान माना।[34] बाद में कल्याणसिंह शेखावत ने बाजोली को भी मीरां का जन्म स्थान सिद्ध किया।[35] यह सही है कि मीरां के पिता रत्नसिंह को जागीर के रूप में कुड़की सहित बारह गाँव (कुड़की, बाजोली, नींवडी, पालड़ी, आकोदिया, हफधर, नुंद, पीमणिया, मोटस, डुमाणी और सुन्दरी) मिले, लेकिन नयी उपलब्ध उदयभाण चांपावत की *राठौड़ां री ख्यात* से सिद्ध है कि यह जागीर रत्नसिंह को 1515 ई. के बाद प्राप्त हुई,[36] जबकि मीरां का जन्म यह जागीर मिलने से पूर्व मेड़ता में हो गया था। दरअसल मेड़ता की बुनियाद राव दूदा ने अपने भाई वरसिंह के साथ मिलकर रखी थी। दूदा महत्त्वाकांक्षी था इसलिए वरसिंह ने उसको रायण (रेण) की जागीर देकर अलग कर दिया। दूदा इससे सन्तुष्ट नहीं हुआ और बीकानेर के संस्थापक अपने भाई बीका के पास चला गया। वरसिंह की बाद में अजमेर के सूबेदार मल्लूखां द्वारा जहर देने से मृत्यु हो गयी। उसका बेटा सीहा मेड़ता का शासक हुआ, लेकिन वह अयोग्य था। जोधपुर के शासक सातल ने इसका लाभ उठाकर मेड़ता को अपने राज्य में मिलाने की मुहिम छेड़ दी। वरसिंह की पत्नी और सीहा की माँ ने संकट जानकर बीकानेर से दूदा को बुलाया और मेड़ता का राज्य उसको सौंप दिया। दूदा महत्त्वाकांक्षी था—उसने एक दिन सोये हुए सीहा को खाट से बाँधकर रेयण (रेण) भेज दिया। सीहा के तीन बेटे (जेसो, गांगौ और भौजो) मेड़ता लेने का उपक्रम करते रहे, लेकिन दूदा के जीवित रहने तक वे इसमें सफल नहीं हुए। वीरमदेव के सत्तारूढ़ होने के बाद उन्होंने जोधपुर के शासक मालदेव की शह पर मेड़ता पर आक्रमण किया और वे इसमें हार गये। हारने के बाद सीहा के बेटों की जागीरें—रायण और कुड़की 1515 ई. में मेड़ता के अधीन हो गयीं। इनमें से कुड़की की जागीर वीरमदेव ने रत्नसिंह को दी।[37] सम्भावना यह है कि मीरां के आरम्भिक जीवन का कुछ हिस्सा उसके पिता

को जागीर मिलने के बाद कुड़की में भी निकला होगा। रत्नसिंह के निधन के बाद उसका उत्तराधिकारी नहीं होने के कारण यह जागीर वीरमदेव ने अपने पुत्र चांदा को दी, जिसने बाद में जोधपुर के शासक मालदेव की अधीनता स्वीकार कर ली। कुड़की बाद में चांदावतों का ही ठिकाना रहा। विभिन्न धार्मिक स्रोतों में भी मीरां का जन्म स्थान मेड़ता को ही माना गया है। नाभादास की भक्तमाल के अनुसार *मेड़ते जन्म भूमि, झूमि हित नैन लगै/पगे गिरधरलाल, पिता ही के धाम में*।[38] राघवदास की भक्तमाल में भी उल्लेख है कि *मात पिता जनमीं पुर मेड़त, प्रीति लगि हरि पीहर मांहि*।[39] सुखसारण की मीरांबाई की परची में भी मीरां का जन्म स्थान मेड़ता ही लिखा गया है– *मीरां जनमी मेड़ते, भगति करण कलुकाल।/बिना बजाया बाजीया, महलां सोवन थाळ*।[40]

2

मीरां के पितृपक्ष के अधिकांश परिजनों के सम्बन्ध में खास बात यह है कि उनके जीवन में स्थायित्व और सुरक्षा लगभग नहीं थी। ये भूमि पर आधिपत्य और वर्चस्व की जद्दोजहद में लगे हुए थे और अपनी सुरक्षा के लिए यहाँ-वहाँ भटक रहे थे। मीरां का दादा राव दूदा जोधपुर के संस्थापक राव जोधा का बहुत पराक्रमी और महत्त्वाकांक्षी पुत्र था। उसने मारवाड़ से अलग मेड़ता राज्य की बुनियाद रखी और इस पर वर्चस्व के लिए आजीवन अपने भाई वरसिंह और उसके बेटों से जूझता रहा। जोधा ने दूदा को उसके सहोदर भाई वरसिंह के साथ मेड़ता का परगना दिया, जो उस समय उजाड़ और जंगल था। दूदा ने अपने भाई के साथ मिलकर इसको आबाद किया और वहाँ 1461 ई. में एक दुर्ग की बुनियाद रखी। सहोदर होने के बावजूद वरसिंह दूदा के पराक्रम और महत्त्वाकांक्षा से आशंकित था इसलिए उसने उसको मेड़ता की केवल एक जागीर रांयण देकर अलग कर दिया। दूदा इस निर्णय से असन्तुष्ट था इसलिए वह अपने भाई बीका के पास जांगलू (बीकानेर) चला गया।[41] जांगलू में रहते हुए उसने बीका के साथ कई अभियानों में भाग लिया। उसने अपने काका के हत्यारे सारंग पर आक्रमण किया और उसे मार डाला।[42] उसने पीपाड़ गाँव में तीज के पर्व पर एकत्र स्त्रियों का अपहरण करने वाले अजमेर के हाकिम मल्लूखाँ पर चढ़ाई की और उसे परास्त किया। इस अभियान में उसके भाई सातल की मृत्यु हुई।[43] इधर मेड़ता पर वरसिंह का आधिपत्य निर्विघ्न नहीं था। अजमेर के हाकिम मल्लूखाँ ने उसे धोखे से बन्दी बनाकर जहर दे दिया, जिससे उसकी मृत्यु हो गयी।[44] उसका बेटा सीहा उसके स्थान पर सत्तारूढ़ हुआ, लेकिन वह अयोग्य और अकर्मण्य था। जोधपुर के शासक राव सूजा ने इस अवसर का लाभ उठाकर मेड़ता को अपने आधिपत्य में लेने की योजना बनाई। सीहा की माँ ने दूरदर्शिता का परिचय देते हुए अपने सामन्तों से परामर्श के बाद दूदा को मेड़ता बुलाकर वहाँ का राज्य प्रबन्ध सौंप

दिया। सीहा शराबी और अपव्ययी था इसलिए दूदा ने एक दिन सोते हुए सीहा को चारपाई से बाँध कर रांयण भेज दिया।[45] इस तरह लम्बी जद्दोजहद के बाद 1495 ई. में राव दूदा मेड़ता का एकछत्र स्वामी हुआ।[46] उसकी मृत्यु 1515 ई. में हुई। दूदा पराक्रमी होने के साथ धार्मिक व्यक्ति था। विष्णु के चतुर्भुजस्वरूप में उसकी गहरी आस्था थी। उसने मेड़ता में अपने आराध्य चारभुजा का मन्दिर बनवाया। वह समावेशी और उदार चरित्र का व्यक्ति रहा होगा, क्योंकि उसके प्रयत्नों से दूसरे राज्यों के कई किसान, व्यापारी और शिल्पी जातियों के लोग मेड़ता में आकर बसे।[47] वह साधु-संतों का आदर-सत्कार करता था। मेड़ता में इसीलिए भक्ति आन्दोलन के कई रूपों को आश्रय और संरक्षण प्राप्त हुआ। इतिहास में उसकी ख्याति एक योद्धा के साथ कंठीधारी परम वैष्णव के रूप में भी है। ठाकुर चतुरसिंह के शब्दों में "राव दूदा जी परम वैष्णव और भगवद् भक्त गिने जाते हैं और इनका निर्माण किया हुआ चतुर्भुजजी का विशाल मन्दिर राजधानी मेरता में अद्यावधि विद्यमान है। समस्त मेरतिया राठौड़ जो राव दूदाजी की सन्तान है उक्त प्रतिमा इष्ट रखते हैं और उनका पवित्र शिरोभूषण के तुल्य सादर मस्तक पर धारण करते हैं।"[48]

मीरां के माता-पिता के सम्बन्ध में बहुत विस्तृत और प्रामाणिक जानकारियाँ उपलब्ध नहीं हैं। मीरां की माता के सम्बन्ध में जो जानकारियाँ मिलती हैं उनका आधार जनश्रुतियाँ और मीरां की कविता में मौजूद अन्तःसाक्ष्य हैं। मीरां के पिता के सम्बन्ध में मुरारीदान की ख्यात की उपलब्धता से कुछ नयी जानकारियाँ प्राप्त हुई हैं। मीरां का पिता रत्नसिंह राव दूदा के पाँच पुत्रों में से चौथा था। वह दूदा के पाँच पुत्रों में पंचायण से बड़ा और वीरमदेव, रायमल और रायसल से छोटा था।[49] दूदा के उत्तराधिकारी राव वीरमदेव ने 1515 ई. में सत्तारूढ़ होने के बाद अपने चाचा वरसिंह के पौत्र और सीहा के पुत्र भोजा को उत्पात करने के कारण कुड़की से निष्कासित कर कुड़की की बारह गाँवों की जागीर अपने छोटे भाई रत्नसिंह को दी। रत्नसिंह योद्धा था—उसने पीसांगन के सोढाउत अखा पंवार पर चढ़ाई की, जिसमें अखा पंवार मारा गया।[50] *मारवाड़ परगना री विगत* में उल्लेख है कि उसने रतना नाम के एक मीसण चारण को रतनावास गाँव दिया।[51] उसकी मृत्यु महाराणा सांगा और बाबर के बीच 1527 ई. में हुए खानवा के युद्ध में हुई। इस युद्ध में वीरमदेव ने अपने अनुज रायमल और रत्नसिंह के साथ ससैन्य महाराणा सांगा की ओर से भाग लिया था। इसमें वीरमदेव घायल हुआ और रत्नसिंह अपने अग्रज रायमल के साथ काम आया। मीरां की माता के सम्बन्ध में कोई प्रामाणिक जानकारी नहीं मिलती। हरिनारायण पुरोहित सहित कुछ विद्वानों के अनुसार मीरां की माता का नाम वीरकुंवरी था, जो मेवाड़ के गोगून्दा ठिकाने के झाला राजपूत सुरतानसिंह की बेटी थी।[52] एक धारणा इस सम्बन्ध में यह भी है कि मीरां का जन्म केलनसिंह टांक की बेटी कुसुमकुंवर की कोख से हुआ।[53] इन दोनों धारणाओं को पुष्टि के लिए कोई

साक्ष्य नहीं हैं। पहली धारणा सही हो सकती है, क्योंकि राठौड़ों और सिसोदियाओं के वैवाहिक सम्बन्ध गुजरात के काठियावाड़ के हलवद राज्य के झालाओं के साथ थे। मेवाड़ के महाराणा रायमल का विवाह हलवद के शासक राजसिंह की पुत्री रतनकुंवर से हुआ था। रतनकुंवर के भाई अज्जा-सज्जा भ्रातृकलह के कारण 1506 ई. में मेवाड़ आ गये थे, जिनको गोगुन्दा, देलवाड़ा, सादड़ी आदि जागीरें दी गयीं।[54] रत्नसिंह का विवाह झालाओं के मेवाड़ में आने से पहले हुआ था या बाद में, यह निश्चय करना सम्भव नहीं है। अभी तक अधिकांश अध्येता मुंशी देवीप्रसाद की धारणा के अनुसार यह मानते रहे हैं कि मीरां की माँ का निधन उसके बाल्यकाल में ही हो गया और राव दूदा उसे लालन-पालन के लिए कुड़की से मेड़ता ले आये थे। नये उपलब्ध स्रोतों के अनुसार मीरां का जन्म मेड़ता में ही हुआ था और नाभादास की भक्तमाल की टीका के अनुसार मीरां की माँ उसके विवाह के समय तक जीवित थी। टीका में मीरां के विवाह के प्रसंग में उल्लेख है कि *पूछै मात-पिता पट आभरन लीजिए जु, लोचन भरत नीर कहा काम दाम मैं।* (माता-पिता कहने लगे बेटी! पट वस्त्र भूषण जो तुझको लगे सो लो, दुखी मत हो। उसने नेत्रों में जल भरकर कहा, मुझे धन-भूषण कुछ नहीं चाहिए।)[55]

मीरां का अपने बड़े पिता (पिता के बड़े भाई) वीरमदेव से भी घनिष्ठ सम्बन्ध था। वीरमदेव 1515 ई. में राव दूदा की मृत्यु के बाद सत्तारूढ़ हुआ। उसका विवाह मेवाड़ के महाराणा सांगा की बहन गोरज्या देवी से हुआ था।[56] उसने सीहा के बेटे भोजा से छीन कर कुड़की की जागीर रत्नसिंह को दी। वीरमदेव पराक्रमी और योद्धा था इसलिए उसने जोधपुर के शासक मालदेव की अधीनता स्वीकार नहीं की और आजीवन मेड़ता पर वर्चस्व के लिए संघर्ष किया। मेवाड़ से लौटकर मीरां ने वीरमदेव के यहीं आश्रय लिया था। मीरां ने अपनी कविता में वीरमदेव को बाबोसा (बड़े पिता) के नाम से स्मरण किया है। उसकी मृत्यु 1544 ई. में हुई। वीरमदेव ने ससैन्य 1527 ई. के खानवा युद्ध में अपने भाइयों के साथ भाग लिया और इसमें वह घायल हुआ।[57] वीरमदेव के बाद सत्तारूढ़ जयमल मीरां से छोटा था। वह मीरां की ही तरह विख्यात कृष्ण भक्त था। भक्तमाल में उसको भक्तों का आदर-सत्कार करनेवाला माना गया है। टीका में उसकी भक्ति सम्बन्धी एक वृत्तान्त भी आता है। इसके अनुसार शुद्ध भावना से वह एक ऊँचे मन्दिर में सीढ़ी लगाकर भगवान के शयन, शृंगार आदि का प्रबन्ध करता था और फिर सीढ़ी हटा देता था। एक दिन उसकी पत्नी ने चुपके से सीढ़ी लागकर देखा तो भगवान वहाँ शयन कर रहे थे।[58] राघवदास की भक्तमाल में भी जयमल का भक्त वत्सल के रूप में वर्णन है।[59] मीरां से उसके आत्मीय सम्बन्ध रहे होंगे, क्योंकि दोनों का लालन-पालन साथ-साथ हुआ था और दोनों ही भक्त थे। ऐसी जनश्रुति है कि मीरां ने जयमल को वरदान दिया था कि तेरा परिवार बढ़ेगा और युद्ध में कभी पराजय नहीं होगी *(बहुत बधे*

तेरो परिवार। नहीं होय कजिया में हार)।[60] जयमल भी अपने पिता के समान योद्धा था। मालदेव से शत्रुता के कारण उसे मेड़ता छोड़ना पड़ा और उसे मेवाड़ में बदनोर की जागीर दी गयी। जयमल की मृत्यु मेवाड़ के महाराणा उदयसिंह और अकबर के बीच हुए 1567 ई. के युद्ध में हुई। उसकी असाधारण वीरता पर मुग्ध होकर अकबर ने आगरा के किले के बाहर पत्ता के साथ उसकी हाथियों पर आरूढ़ प्रतिमा लगवाई।[61] जयमल ने सत्तारूढ़ होने के बाद अपनी चचेरी बहन मीरां की द्वारिका से वापसी के प्रयत्न किये।[62] हरिनारायण पुरोहित के अनुसार मीरां से पहले उसका एक भाई गोपाल भी हुआ था, जिसके मरने पर मीरां साहिब की मिन्नत बोलने से मीरां का जन्म हुआ।[63] सुखसारण की *मीरांबाई की परची* में मीरां की एक बहन अनोपां का भी उल्लेख मिलता है।[64]

3

मीरां का बाल्यकाल बड़े कुटुम्ब और एक भरे-पूरे परिवार के बीच लगभग सुखपूर्वक व्यतीत हुआ।[59] मीरां के दादा राव दूदा के आरम्भिक जीवन में अस्थिरता और असुरक्षा थी। अपने भाई वरसिंह की प्रतिद्वन्द्विता के कारण आरम्भ में मेड़ता पर उसका आधिपत्य एकछत्र और निर्विघ्न नहीं था। इस कारण कुछ समय तक उसको मेड़ता छोड़कर बीकानेर जाना पड़ा, लेकिन उसने 1495 ई. से लगाकर मृत्युपर्यन्त मेड़ता पर निर्विघ्न शासन किया। यह मीरां के जन्म और बाल्यकाल का समय भी है। मीरां का पिता अपने पाँच भाइयों में चौथा था। इनमें अकेले सबसे बड़े वीरमदेव के तेरह पुत्र और तीन पुत्रियाँ थीं।[65] शेष के भी कई सन्तानें रही होंगी। मीरां का बाल्यकाल सुखी था। वरसिंह के बेटों के साथ अन्तःकलह के अलावा इस दौरान असुरक्षा और अस्थायित्व का और कोई कारण नहीं था। उसे अपने दादा सहित चार चाचाओं का स्नेह मिला होगा। दूदा विष्णु के चतुर्भुज स्वरूप कृष्ण का भक्त था। द्वारिकाधीश कृष्ण की आराधना राठौड़ों में परम्परा से थी। राजस्थान के राठौड़ों के आदि पुरुष सीहा द्वारिका की तीर्थयात्रा से लौटते हुए ही पाली में रुक गया था। वहीं से उनके वंशजों ने पहले मंडोर लिया और फिर जोधपुर बसाया।[66] दूदा ने अपने परिवार में वैष्णव भक्ति के जो संस्कार डाले उनका असर गहरा और बहुत दूर तक हुआ। विष्णु का चतुर्भुज स्वरूप दूदा के वंशजों का आराध्य हो गया। वीरमदेव और उसके बाद सत्तारूढ़ जयमल भी विख्यात वैष्णव धर्मावलम्बी थे। मीरां ने अपने पितृकुल को कंठीधारी वैष्णव–*(पीहरिया रा लोग भलेरो बाँधे कंठी माला)*–कहा है। कृष्ण भक्ति के संस्कार मीरां को अपने इन्हीं परिजनों से प्राप्त हुए।

यह धारणा गलत है कि विवाह से पूर्व मीरां भावुकतापूर्ण ईश्वर भक्ति में लीन युवती थी। यदि ऐसा होता तो राणा सांगा अपने उत्तराधिकारी पुत्र के लिए उसका चुनाव कभी नहीं करता। राणा सांगा अपने समय में उत्तर भारत के सबसे बड़े

साम्राज्य का स्वामी यों ही नहीं था। वह योद्धा होने के साथ चतुर कूटनीतिज्ञ भी था। निरन्तर विपरीत परिस्थितियों में रहने के कारण उसे लोगों के अच्छे-बुरे होने की पहचान और समझ थी।[67] कलह, षड्यन्त्र और दुरभिसंधियों के माहौल में वह मेवाड़ के भावी शासक के लिए केवल भक्ति भाव में डूबी रहने वाली पगली-दीवानी युवती का चयन कैसे कर सकता था? मीरां की शिक्षा योद्धा राव दूदा की देखरेख में जयमल के साथ हुई। इस शिक्षा ने उसे स्वतन्त्र सोच प्रदान की और आत्म स्वावलम्बी भी बनाया। उसे अपने समय की राजनीति और मर्यादाओं और आदर्शों की भी अच्छी जानकारी रही होगी। यही सब देखकर सांगा ने उसको अपनी बहू बनाने का निर्णय लिया होगा।[68]

मध्यकाल में सामन्त परिवारों में कन्याओं की शिक्षा के लिए अनौपचारिक ढंग की परम्परा थी। ब्राह्मण कथा, प्रवचन आदि के माध्यम से कन्याओं को धर्म, आचार-विचार और नीति आदि की शिक्षा देते थे। धर्म और नीति की ब्राह्मणों की यह शिक्षा शास्त्र आधारित और पांडित्य पूर्ण नहीं थी। लोक ने शास्त्र के श्रुत रूप को अपनी जरूरतों के हिसाब से कई रूपों-कथाओं, व्रतकथाओं, प्रवचनों, भजनों और लोकगीतों में ढाल लिया था। ब्राह्मण राजपरिवार की कन्याओं को इन्हीं के माध्यम से ज्ञान और शिक्षा देते थे। मीरां को ऐसे ही एक गुर्जर गौड़ शाखा के ब्राह्मण गजाधर ने शिक्षा दी थी। मीरां की कविता में भगवान और भक्तों का जो महिमा वर्णन है वह धर्म और ज्ञान के इसी बहुश्रुत लोक रूप पर आधारित है। यह ब्राह्मण मीरां के विवाह के बाद उसके साथ चितौड़ भी गया। मीरां ने इस ब्राह्मण को व्यास की पदवी दी और अपने हाथखर्च के लिए प्राप्त पुर और मांडल परगनों की जमीन में से दो हजार बीघा सिंचित भूमि का दान भी दिया।[69]

मीरां में भक्ति के संस्कार बाल्यकाल में गहरे और मजबूत हो गये थे। इस सम्बन्ध में कई जनश्रुतियाँ मिलती हैं। एक जनश्रुति के अनुसार एक बारात में सजे-धजे वर को देखकर बालिका मीरां बहुत प्रभावित हुई। उसने स्वाभाविक जिज्ञासावश अपनी दादी या माँ से पूछा कि मेरा वर कौन है? उसकी जिज्ञासा पर तत्काल उत्तर यही दिया गया कि तुम्हारे वर भगवान कृष्ण हैं। बालिका मीरां के मन में यह बात जम गयी और उसने धीरे-धीरे भगवान कृष्ण को अपना वर मान लिया।[70] एक अन्य जनश्रुति के अनुसार एक साधु के पास एक छोटी कृष्ण प्रतिमा देखकर मीरां उसको लेने के लिए मचल गयी। साधु ने मीरां को मूर्ति नहीं दी और वहाँ से चला गया। मीरां ने मूर्ति लेने की जिद पकड़ ली। उसने खाना-पीना छोड़ दिया। बाद में स्वयं भगवान कृष्ण ने स्वप्न में साधु को आदेश दिया कि वह मूर्ति मीरां को दे दे। तदनुसार साधु ने मूर्ति मीरां को दी और उसने तभी से कृष्ण को अपना वर और आराध्य मान लिया। मीरां के बाल्यकाल के सम्बन्ध में एक और जनश्रुति मिलती है। आश्चर्यकारी यह है कि दक्षिण की विख्यात आलवार स्त्री सन्त

आंडाल के सम्बन्ध में भी कुछ इससे मिलती-जुलती कथा मिलती है। इस जनश्रुति के अनुसार एक बार मीरां के दादा राव दूदा उसे पूजा-अर्चना का दायित्व देकर कहीं बाहर गये। मीरां ने पूजा विधान के अनुसार भोजन भगवान के समक्ष रखा और उनसे भोग का अनुरोध कर परदा कर दिया। जब उसने परदा हटाकर देखा तो भोजन यथावत था। मीरां ने दो दिनों तक भगवान से भोग के लिए अनुनय-विनय की लेकिन जब इसका कोई असर नहीं हुआ तो उसने आत्मघात करने की ठान ली। अन्ततः भगवान ने भोजन ग्रहण किया। लौट कर दूदा ने यह देखा तो वे मीरां की भक्ति से चकित और अभिभूत हुए। इस चमत्कार के कारण बाल्यकाल में ही मीरां का भक्ति सम्बन्धी यश सब जगह फैल गया।[71]

4

मीरां का विवाह मेवाड़ के विख्यात और पराक्रमी शासक महाराणा सांगा के पुत्र भोजराज के साथ हुआ। अधिकांश इतिहाकार पारिस्थितिक साक्ष्यों के आधार पर मानते हैं कि यह विवाह 1516 ई. के आसपास हुआ होगा।[72] यह विवाह अन्य सामन्त युवतियों के विवाह की तरह सामान्य विवाह था लेकिन उतर भारत में इस दौरान होने वाली राजनीतिक उथल-पुथल और मेवाड़ के आन्तरिक सता संघर्ष के कारण इसमें कई उतार-चढ़ाव आये। महाराणा सांगा अपने भाइयों के साथ लम्बे सत्ता संघर्ष के बाद 1509 ई. में सत्तारूढ़ हुआ। वह अपने समय में उत्तर भारत के सबसे बड़े साम्राज्य का स्वामी था और उसने 28 विवाह किये, जिससे उसके सात पुत्र– भोजराज, कर्णसिंह, रत्नसिंह, विक्रमसिंह, उदयसिंह, पर्वतसिंह और कृष्णसिंह हुए।[73] भोजराज का जन्म सांगा की रानी सोलंकी रायमल की बेटी कुंवरबाई से हुआ।[74] भोजराज का निधन महाराणा सांगा के जीवनकाल में ही हो गया था। भोजराज का निधन कब और कैसे हुआ इस सम्बन्ध में प्रामाणिक जानकारी उपलब्ध नहीं है, लेकिन गौरीशंकर हीराचन्द ओझा सहित अधिकांश विद्वानों के मतानुसार मीरां के विवाह के कुछ वर्षों बाद ही 1518 से 1523 ई. के बीच किसी समय महाराणा सांगा के गुजरात या मालवा अभियान के दौरान भोजराज की मृत्यु हो गयी।[75] भोजराज सत्तारूढ़ नहीं हुआ, इसलिए उसके सम्बन्ध में विस्तृत और प्रामाणिक उल्लेख नहीं मिलते, लेकिन *जयमलवंश प्रकाश* के अनुसार वह वीर और शान्त स्वभाव का था।[76]

मीरां का विवाह केवल कूटनीतिक सम्बन्ध मजबूत करने के लिए नहीं था। यह अलग बात है कि इससे मेवाड़ और मेड़ता के कूटनीतिक सम्बन्ध मजबूत हुए। दरअसल मेवाड़ के शासक सिसोदियाओं के राठौड़ों से वैवाहिक सम्बन्ध की परम्परा बहुत पहले से थी। राव दूदा ने जब मारवाड़ से अलग मेड़ता राज्य की बुनियाद रखी तो भी यह परम्परा जारी रही और इस कारण मेवाड़ और मेड़ता में कूटनीतिक मैत्री

बहुत मजबूत रही। मेवाड़ के सभी अभियानों में मेड़ता ने बढ़-चढ़ कर भाग लिया। मारवाड़ के राव चूंडा की बेटी हंसाबाई का विवाह मेवाड़ के महाराणा राव लाखा से हुआ। इस विवाह से मेवाड़-मारवाड़ के सम्बन्धों में कई उतार-चढ़ाव आये और इससे दोनों ही राज्यों के इतिहास की दिशा बदल गयी। मीरां के दादा राव दूदा की बहन और राव जोधा की बेटी शृंगार देवी का विवाह मेवाड़ के महाराणा रायमल के साथ हुआ। मीरां के ससुर महाराणा सांगा का विवाह मारवाड़ के राव सूजा के बेटे बाघा की बेटी धनाबाई से हुआ। इसी तरह मीरां के ताऊ (बड़े पिता) वीरमदेव की पत्नी गोरज्या कुंवरी उसके ससुर महाराणा सांगा की बहन थी।[77] मीरां का महाराणा सांगा के बड़े बेटे भोजराज के साथ विवाह एक दीर्घकालीन परम्परा के अधीन था। इसे केवल कूटनीतिक सम्बन्ध बनाने के लिए किया गया विवाह कहना गलत है। कदाचित वीरमदेव की पत्नी, महाराणा सांगा की बहन और भोजराज की बुआ गोरज्यादेवी, जो मीरां की माँ की तरह थी, ने ही इस वैवाहिक सम्बन्ध में निर्णायक भूमिका निभाई होगी।

मीरां का आरम्भिक वैवाहिक जीवन कुछ मामूली प्रतिरोधों और दैनन्दिन ईर्ष्या-द्वेषों के अलावा कमोबेश सुखी था। उसके अपने पति भोजराज से सम्बन्ध सामान्य थे। मीरां की कविता में जिस राणा से तनावपूर्ण सम्बन्ध और नाराजगी का बार-बार उल्लेख आता है वह भोजराज नहीं है। भोजराज तो सत्तारूढ़ ही नहीं हुआ और राणा सांगा के जीवित रहते ही उसका निधन हो गया इसलिए यह संज्ञा उससे सम्बन्धित हो ही नहीं सकती। राणा संज्ञा उसने अपने सत्तारूढ़ मूर्ख और छिछोरे देवर विक्रमादित्य (1531-1536 ई.) के लिए प्रयुक्त की है। सभी इतिहासकारों ने भी इसी तथ्य की पुष्टि की है। श्यामलदास ने *वीर विनोद* की अपनी एक पाद टिप्पणी में लिखा है कि "मीरां विक्रमादित्य और उदयसिंह के समय तक जीवित रही, और महाराणा ने उसको दुःख दिया वो उसकी कविता से स्पष्ट है।"[78] गौरीशंकर हीराचन्द ओझा ने भी यही बात कही है। उनके अनुसार "महाराणा सांगा की मृत्यु के बाद रत्नसिंह उसका उत्तराधिकारी हुआ और उसके भी वि.सं.1588 (ई.सन् 1531) में मरने पर विक्रमादित्य मेवाड़ की राजगद्दी पर बैठा। इस समय से पूर्व ही मीरांबाई की अपूर्व भक्ति और भावपूर्ण भजनों की ख्याति दूर-दूर तक फैल गयी थी और सुदूर स्थानों के साधु-सन्त उससे मिलने आया करते थे। इसी कारण विक्रमादित्य उससे अप्रसन्न रहता था और उसको तरह-तरह की तकलीफें दिया करता था। ऐसा प्रसिद्ध है कि उसने उस (मीरांबाई) को मरवाने के लिए विष देने आदि के प्रयोग किये, परन्तु वे निष्फल हुए।"[79]

विक्रमादित्य से पूर्व 1528 से 1531 तक अल्प समय के लिए सत्तारूढ़ रत्नसिंह से भी मीरां के सम्बन्ध अच्छे नहीं रहे होंगे। कुछ लोगों की यह धारणा गलत है कि राठौड़ों के भानजे रत्नसिंह का व्यवहार राठौड़ों की बेटी मीरां के प्रति सद्भाव और

सहानुभूति का रहा होगा।[80] रत्नसिंह और उसकी माँ धनाबाई राठौड़ वीरमदेव के खिलाफ थे इसलिए, जाहिर है, उनके मीरां से भी सम्बन्ध खराब रहे होंगे। धनाबाई जोधपुर के राव सूजा के बेटे बाघा की बेटी थी[81] और वह अपने बेटे रत्नसिंह को सत्तारूढ़ देखना चाहती थी, जिसमें उसे जोधपुर के राठौड़ों का समर्थन हासिल था। भोजराज के निधन के सम्बन्ध में निश्चित और प्रामाणिक जानकारी उपलब्ध नहीं है, लेकिन इतना तो सभी मानते हैं कि वह राणा सांगा के मालवा, गुजरात या इब्राहिम लोदी के विरुद्ध किसी अभियान में मारा गया। भोजराज के मरने के बाद सबसे बड़ा होने के कारण रत्नसिंह उत्तराधिकारी था, लेकिन लाखा के समय मेवाड़ पर आधिपत्य की चेष्टा के कारण राठौड़ों पर सांगा को विश्वास नहीं था इसलिए उसका झुकाव अपने निष्ठावान और विश्वासपात्र सामन्त बूंदी के हाड़ा सूरजमल की बहन करमेती के बेटों—विक्रमादित्य और उदयसिंह की ओर था। करमेती उसकी प्रीतिपात्र भी थी। महाराणा सांगा पराक्रमी और अपने समय में उत्तर भारत के सबसे बड़े साम्राज्य का अधिपति था लेकिन मालवा, गुजरात और दिल्ली के सुल्तानों से जूझते-जूझते उसकी स्थिति बहुत कमजोर हो गयी थी। वह अब घायल और विकलांग भी था। इब्राहिम लोदी के विरुद्ध खातोली के अभियान में उसका बायाँ हाथ तलवार से कट गया और घुटने में एक तीर लगने से वह सदा के लिए लँगड़ा हो गया था।[82] निरन्तर युद्ध अभियानों से वह थक भी गया था। गुजरात के मुजफ्फरशाह की मेवाड़ पर चढ़ाई रोकने लिए तो उसे संधि करनी पड़ी और इसमें उसे अपना एक बेटा बन्धक रखना पड़ा।[83] निरन्तर युद्ध अभियानों में बाहर रहने के कारण उसके अन्तःपुर में उसके उत्तराधिकार को लेकर अन्तःकलह बहुत बढ़ गया। धनाबाई ने अपने जोधपुर समर्थकों के साथ सांगा के अशक्त और विकलांग होने का तर्क देकर अपने बेटे रत्नसिंह का सत्तारूढ़ करने की मुहिम चलाई। इस गुट के दबाव में राणा सांगा ने अपने सामन्तों को एकत्रत किया और सिंहासन छोड़कर उनसे नया शासक चुनने का आग्रह किया। सत्ता पलट की यह साजिश कामयाब हो जाती, लेकिन मेड़ता के वीरमदेव, सलूंबर के रत्नसिंह, बूंदी के सूरजमल, आमेर के पृथ्वीराज ने यह प्रस्ताव अस्वीकार कर दिया। वीरमदेव और इन सामन्तों ने हाथ पकड़कर राणा सांगा को फिर से सिंहासन पर बिठाया।[84] सांगा कूटनीतिज्ञ था। निरन्तर विपरीत परिस्थितियों में रहने कारण उसे इस तरह के संकटों से निबटने की आदत थी। उसने शक्ति सन्तुलन के लिए रत्नसिंह को अपना उत्तराधिकारी तो घोषित कर दिया लेकिन उसने इस गुट को कमजोर और विक्रमादित्य और उदयसिंह का भविष्य सुरक्षित करने का मन बना लिया। उसे फिर षड्यन्त्र की आशंका थी इसलिए विक्रमादित्य और उदयसिंह को उसने उनकी माँ सहित उनके पराक्रमी मामा और अपने विश्वासपात्र सामन्त सूरजमल के संरक्षण में रत्नसिंह की इच्छा के विरुद्ध दी गयी सामरिक महत्त्व की जागीर रणथंभोर भेज दिया।[85] उसने मालवा के सुल्तान से मिला बहुमूल्य

रत्नजटित मुकुट और सोने की कमरपेटी भी करमेती को दे दी।[86] सत्ता पलट की इस साजिश को विफल करने में अग्रणी रहना वीरमदेव को बहुत महँगा पड़ा। जोधपुर के मालदेव ने उस पर आक्रमण कर दिया। मीरां को भी इसका खमियाजा भुगतना पड़ा होगा। रत्नसिंह और उसकी माँ धनाबाई ने अपने समर्थकों के साथ उसको भी दुःखी और प्रताड़ित किया होगा। दरअसल सांगा के शासनकाल में हुए इस घटनाक्रम को ठीक से पढ़ा-समझा नहीं गया है और इसमें खलनायक और षड्यन्त्रकारी केवल करमेती और सूरजमल को मान लिया गया जबकि धनाबाई भी इसी दौरान अपने बेटे रत्नसिंह को सत्तारूढ़ करने के लिए षड्यन्त्र रच रही थी जिसमें उसे जोधपुर के राठौड़ों का समर्थन हासिल था। मुंशी देवीप्रसाद ने एक स्थान पर लिखा भी है कि "मीरांबाई ने जमाने के पलटे को देखकर दूसरा अजब तमाशा कुदरत का यह देखा कि उनके 3 देवर रत्नसिंह, विक्रमादित्य और उदयसिंह हुये; रत्नसिंह तो चित्तौड़ में कातिक सुदी 5 सं. 1584 (1527 ई.) को बाप की गद्दी पर और विक्रमादित्य रणथंभोर के किले में थे वे उस किले के मालिक हो गये दोनों की अनबन से नोबत यहाँ तक पहुँची कि एक दिन एक वकील बाबर बादशाह के पास जाता था और दूसरे दिन दूसरे का और दोनों ही अपने-अपने स्वारथ के लिए उसको रणथंभोर के देने का इकरार करते थे और वह दोनों को ही दम देता था।"[87]

मीरां की कविता में बार-बार राणा सम्बोधन को उसके पति भोजराज से सम्बन्धित मानने से पति से उसके सम्बन्ध कटु और तनावपूर्ण होने की बात प्रचारित हो गयी, जबकि ऐसा नहीं था। भोजराज वीर और शान्त स्वभाव का था और उससे मीरां की नाराजगी का कोई साक्ष्य नहीं मिलता। ससुराल में परिजनों से मीरां के सम्बन्ध प्रतिरोध और तनावपूर्ण होने का एक प्रकरण भक्तमाल की टीका में आता है। इसके अनुसार विवाह के तत्काल बाद परम्परा के अनुसार देवी पूजन के सास के आग्रह को मीरां ने यह कहकर ठुकराया दिया कि उसके आराध्य तो कृष्ण हैं इसलिए वह देवी की पूजा नहीं करेगी।[88] इस प्रकरण के कई निहितार्थ निकाले गये। कुछ लोगों का मानना है कि मीरां के ससुराल मेवाड़ में शैव भक्ति की परम्परा थी और एकलिंग यहाँ के शासकों के आराध्य थे जबकि मीरां अपने पारिवारिक वैष्णव भक्ति के संस्कारों के कारण कृष्ण भक्त थी इसलिए वह देवी पूजा का विरोध करती है। वस्तुस्थिति इससे एकदम अलग है। दरअसल शैव और वैष्णव भक्ति और पूजा के शास्त्रीय रूप जो भी रहे हों लोक के दैनन्दिन जीवन में उनके बीच कोई स्पष्ट विभाजक रेखा नहीं थी। लोक में शिव हो या विष्णु, सभी भगवान थे और पूज्य थे। यह निराधार है कि मेवाड़ में केवल शैव भक्ति की परम्परा थी। यहाँ शैव पूजा के बरक्स विष्णु की पूजा-आराधना की लम्बी परम्परा थी और लोक में उसका प्रभाव शैव पूजा की तुलना में ज्यादा ही गहरा और व्यापक था।[89] दरअसल यह प्रकरण प्रियादास ने कुछ बढ़ा-चढ़ाकर अपने साम्प्रदायिक आग्रह के कारण गढ़ा प्रतीत होता है। मध्यकाल में

वैष्णव भक्ति के कुछ सम्प्रदाय लोक में अपने वर्चस्व के लिए आग्रही थे और शैव और शाक्त पूजा की निन्दा-भर्त्सना भी करते थे। प्रियादास चैतन्य गौड़ीय सम्प्रदाय से सम्बन्धित थे इसलिए भक्ति के अपने ढंग और पूजा विधानों के लिए उनमें खास प्रकार का आग्रह था। मीरां सामन्त स्त्री थी और अपने जीवन काल में ही लोक में प्रसिद्ध हो गयी थी इसलिए उसको अपने रंगढंग में दिखाना प्रियादास को अपने सम्प्रदाय की लोकप्रियता के लिए उपयोगी लगा होगा।

विवाहोपरान्त मीरां मेवाड़ के अन्तःपुर में सहज और सामान्य थी। कुछ लोगों का मानना है कि मीरां मेड़ता की एक छोटी जागीर के स्वामी की बेटी थी, जबकि भोजराज उस समय उत्तर भारत के सबसे बड़े साम्राज्य के स्वामी महाराणा सांगा का सबसे बड़ा बेटा था इसलिए मीरां ने मेमड़ के अन्तःपुर में असहज महसूस किया होगा।[90] यह धारणा निराधार है। यह सही है कि उस समय मेवाड़ बहुत प्राचीन और सुस्थापित राज्य था, उसकी जीवन मूल्यों और आचरण आदि की दीर्घकालीन परम्पराएँ और मर्यादाएँ थीं लेकिन मेड़ता का महत्त्व और हैसियत भी कम नहीं थी। उसका संस्थापक दूदा जोधपुर के राव जोधा का बेटा था, जिसकी मेवाड़ से घनिष्ठ मैत्री थी। मारवाड़-मेड़ता और मेवाड़ में विवाह की भी दीर्घकालीन और निरन्तर परम्परा थी। शासक सामन्तों के अन्तःपुर में एक-दूसरे के भाई-बेटों की बेटियाँ भी कई थीं। मीरां के मेवाड़ के अन्तःपुर में आने से पहले वहाँ एकाधिक राठौड़ सामन्तों की बहन-बेटियाँ पहले से थीं। मेवाड़-मारवाड़ और मेड़ता के सामन्त-जागीरदारों के घरों में जीवन व्यवहार, मर्यादाएँ और रहन-सहन कमोबेश समान था। उत्तराधिकारी को पाटवी, मतलब उत्तराधिकारी कहा जाता था, जिससे उसकी हैसियत और महत्त्व बढ़ जाता था। सामन्त और जागीरदार पाँव बड़ा मानकर उसका सम्मान करते थे और उसकी आज्ञाओं का पालन करते थे। अन्यथा उनके रहन-सहन और जीवन स्तर में कोई बड़ा अन्तर नहीं था। मीरां का विवाह एक सामान्य और पारम्परिक विवाह था। उसके पहले भी कई राठौड़ कन्याएँ मेवाड़ के अन्तःपुर में गयी थीं और वहाँ से कई उसके परिवार में आयी थीं इसलिए उसको अपने परिजनों से बिछड़ने के सामान्य से दुःख के अलावा मेवाड़ के अन्तःपुर में कुछ भी असामान्य नहीं लगा होगा।

विवाहोपरान्त मीरां के अपने पति से सम्बन्ध सामान्य थे लेकिन खास प्रकार की ऐतिहासिक परिस्थितियों के कारण मेवाड़ के अन्तःपुर में कलह, ईर्ष्या और द्वेष का माहौल था।[91] महाराणा सांगा अपने आरम्भिक समय में उतर भारत के सबसे बड़े साम्राज्य के स्वामी था लेकिन यह साम्राज्य उसे अपने भाइयों से अन्तःसंघर्ष और अज्ञातवास के बाद प्राप्त हुआ था। सत्ता के लिए अन्तःकलह महाराणा सांगा के शासनकाल में उनके बेटों के बीच भी जारी रहा। खास बात यह हुई कि उत्तराधिकार के लिए कलह और संघर्ष में अब मेवाड़ का अन्तःपुर भी खुलकर सामने आ गया। महाराणा सांगा ने अपने जीवन काल में 28 विवाह किये, जिससे उसके सात बेटे

और चार बेटियाँ हुईं।[92] सबसे बड़े भोजराज के निधन के बाद जोधपुर के राठौड़ सूजा के बेटे बाघा की बेटी धनाबाई से उत्पन्न रत्नसिंह सबसे बड़ा था लेकिन राठौड़ों का भानजा होने के कारण सांगा के मन में उसको उत्तराधिकारी घोषित करने को लेकर अन्तर्बाधा थी। सांगा की रानियों में से दो निकटवर्ती बूंदी राज्य के राजा भांडा के बेटे नरबद की बेटियाँ—करमेतण और लाखू थीं।[93] करमेती महत्त्वाकांक्षी थीं और सांगा को उससे विशेष लगाव था इसलिए उसने अपने भाई हाड़ा सूरजमल के साथ अपने बेटे विक्रमादित्य और उदयसिंह के लिए उत्तराधिकारी रत्नसिंह की इच्छा के विरुद्ध रणथंभोर की जागीर हथिया ली। यही नहीं, उसने अपने बेटों को सांगा का उत्तराधिकार दिलवाने के लिए निरन्तर षड्यन्त्र किये। उसके समय में मेवाड़ के अन्तःपुर में दो गुट हो गये। मीरां के पति भोजराज के निधन के बाद उसका देवर रत्नसिंह सत्तारूढ़ हुआ जो राठौड़ सूजा के बेटे बाघा की बेटी धनाबाई से उत्पन्न था। धनाबाई के अलावा भी अन्तःपुर में कई राठौड़ स्त्रियाँ थीं, जिनके मन में रत्नसिंह के लिए समर्थन रहा होगा। दूसरी तरफ हाड़ा रानियों ने करमेती के नेतृत्व में विक्रमादित्य का पक्ष लिया होगा। विक्रमादित्य हाड़ाओं का भानजा होने के साथ मूर्ख और घमंडी भी था।[94] ऐसी स्थिति में मीरां ने अन्तःपुर में दोनों गुटों से अपने को अलग रखा होगा क्योंकि उसकी निष्ठा राणा सांगा के प्रति थी। मीरां की कविता में रत्नसिंह और विक्रमादित्य के अल्पकालीन शासन की खुलकर निन्दा और भर्त्सना हुई है। रत्नसिंह और विक्रमादित्य, दोनों के ही मन में आरम्भ से ही अपनी बड़ी विधवा भाभी मीरां के सम्मान को लेकर इस कारण कोई अन्तर्बाधा जरूर रही होगी इसीलिए उन्होंने उसको यातनाएँ दीं और परेशान किया।

विवाहोपरान्त मीरां सर्वथा असहाय और असुरक्षित नहीं थी। उसके आर्थिक स्वावलम्बन का प्रबन्ध था और उसे कुछ हद तक पारम्परिक सामाजिक सुरक्षा भी प्राप्त थी। सामन्तों की बहन-बेटियों को विवाह में दहेज के रूप में पर्याप्त स्त्रीधन दिया जाता था, जो विवाहोपरान्त उनकी निजी सम्पत्ति की तरह रहता था। मीरां को भी परम्परानुसार उसके पीहर पक्ष से पर्याप्त स्त्रीधन मिला था। सामन्त अपनी पत्नियों और बहू-बेटियों को परम्परा के अनुसार आर्थिक दृष्टि से स्वावलम्बी बनाते थे। उन्हें जागीरें दी जाती थीं। इनके प्रबन्ध और आय-व्यय का हिसाब-किताब सामन्त स्त्रियाँ स्वतन्त्र रूप से अपने कामदारों के माध्यम से करती थीं। इनमें सामन्त अकारण हस्तक्षेप नहीं करते थे। महाराणा सांगा ने अपनी पुत्रवधू के आर्थिक स्वावलम्बन के व्यापक प्रबन्ध किये थे। उसे विवाहोपरान्त मेवाड़ के पुर और मांडल के परगने हाथ खर्च के लिए जागीर के रूप में दिये थे। गुर्जर गौड़ ब्राह्मणों की ख्यात और एक प्राचीन श्लोक *(श्री चित्रकूटमुरलीधर नाम मूर्तिर्व्यासासनं द्विजवराय गजाधराय।/ प्रददाति मीरां पत्युः स्वस्त्यर्थकामा तस्यान्वयकुलजनः प्रथमो हि व्यास।)* से लगता है कि इस भूमि में से 200 बीघा सिंचित भूमि उसने अपने विद्या गुरु पंडित गजाधर

को व्यास की पदवी सहित दान में दी, जो कहते हैं कि अभी भी उसके वंशजों के पास है।[95] अपने संचित धन और परगनों की आय से मीरां दान-पुण्य, साधु-सेवा, अतिथि-सत्कार, दास-दासियों के वेतन, तीर्थाटन आदि का व्यय वहन करती थी। अपने दैनन्दिन खर्च के लिए वह किसी पर निर्भर नहीं थी। आर्थिक स्वावलम्बन के ये प्रावधान पारम्परिक थे। सामन्त स्त्रियों के इन पारम्परिक अधिकारों में कटौती आसान नहीं थी। ऐसा करने पर अधीनस्थ सामन्त बिरादरी विरोध करती थी और लोक में अपयश फैलता था। मीरां की जागीरों की आय में विक्रमादित्य के समय में कोई व्यवधान आया हो तो आया हो, अन्यथा यह निरन्तर थी। ऐसा माना जाता है कि इस आय से ही उसने द्वारिका में एक अन्नक्षेत्र कायम किया था, जो उदयसिंह और उसके बाद भी निरन्तर जारी था।[96]

5

मीरां का अधिकांश विधवा जीवन कष्टमय और घटनापूर्ण था। 1523 और 1540 ई. के बीच परिस्थितियाँ कुछ ऐसी बनीं कि मेवाड़ और मेड़ता, दोनों ही सत्ता संघर्ष, अन्तःकलह और बाह्य आक्रमणों की चपेट में आ गये। मीरां के आरम्भिक विधवा जीवन में सुरक्षा तो थी लेकिन शान्ति और सुख नहीं था। 1518-23 ई. में मेवाड़ के अन्तःपुर का माहौल विषाक्त हो चुका था। सांगा का अन्तःपुर बड़ा था—उसमें 28 रानियों के अलावा कई पासवानें, बहुएँ और बेटियाँ थीं। महाराणा सांगा के युद्ध अभियानों में बाहर रहने से अन्तःपुर में उत्तराधिकार के लिए अन्तःकलह और संघर्ष बढ़ गया था। जोधपुर जैसे बड़े राज्य से सम्बन्धित होने के कारण धनाबाई भोजराज के निधन के बाद बड़ा होने के कारण अपने बेटे रत्नसिंह को सत्तारूढ़ करना चाहती थी, जबकि दूसरी तरफ हाड़ा रानी करमेती अपने बेटे विक्रमादित्य को सतारूढ़ करने के लिए प्रयत्नशील थी और इसमें उसे अपने शक्तिशाली भाई सूरजमल का सहयोग और समर्थन हासिल था। करमेती ने उत्तराधिकारी रत्नसिंह की इच्छा के विरुद्ध राणा सांगा से आग्रह कर सूरजमल के संरक्षण में बेटों के लिए रणथम्भोर की जागीर हथिया ली थी। अन्तःपुर में हाड़ा और राठौड़ रानियों में द्वेष और अविश्वास का माहौल रहा होगा। मीरां अपनी भक्ति सम्बन्धी अलग रीति-नीति के कारण प्रभावशाली धनाबाई के राठौड़ और करमेती हाड़ा के गुटों में निन्दा-भर्त्सना का पात्र रही होगी।[97] मीरां सती नहीं हुई इस कारण भी अन्तःपुर के एक वर्ग में उसके प्रति नाराजगी, उपेक्षा और निन्दा का भाव रहा होगा। यों इस दौरान सती प्रथा बहुत व्यापक नहीं थी और यह कमोबेश स्वैच्छिक थी[98], लेकिन अन्तःपुर में जिस तरह का विषाक्त माहौल था उसमें मीरां से सती होने की अपेक्षा की गयी होगी। रत्नसिंह को सत्तारूढ़ करने के लिए प्रयत्नशील धनाबाई को अपना लक्ष्य पाने में मीरां बाधा लगती होगी, क्योंकि उसके मेड़ता के परिजनों का समर्थन

और सहयोग महाराणा सांगा के लिए था। मेड़ता के मीरां के परिजनों की मेवाड़ में शक्ति सन्तुलन में निर्णायक भूमिका थी। वे बहुत शक्तिशाली और पराक्रमी भी थे और मेवाड़ के साथ उनकी मैत्री पारम्परिक थी। यों हम्मीर से लगाकर राणा सांगा तक के मेवाड़ के महाराणाओं की कोई स्त्री सती नहीं हुई थी, लेकिन राणा सांगा के बड़े भाई पृथ्वीराज के निधन पर 16 स्त्रियाँ सती हुई थीं।[99] मीरां से भी सती होने का आग्रह किया गया प्रतीत होता है। मीरां की कविता के अन्तःसाक्ष्य और धार्मिक-साम्प्रदायिक आख्यान इसकी पुष्टि करते हैं। मीरां की कविता में एक जगह है कि *भजन करस्यां सती न होस्यां मन मोह्यो धणनामी*।[100] यह उल्लेख नागरीदास की *पद प्रसंग माला* में भी आता है। नागरीदास का यह उल्लेख इस प्रकार है :

यह जग प्रसिद्ध ही। सो कितनेक दिन उपरांत काहू समै राना के वा भाई को देहांत भयो, अरु राना हुते सौं मीरांबाई सों दुख पाय रहे ही हे, ये वैष्णवनि को सतसंग करिते यातैं। वा समै राना नैं कहाई, जौ यह औसर है, तुम भरता के संग सती होहु। तब मीरांबाई भगवत रंग आगै लगे है, त्योही लगे रहे। या समै कुछ भेद मानी नहीं, अरु या बात के उत्तर कौं एक विष्णु पद नयो बनाय राना कौं लिखि पठयौ। पद बहुत प्रसिद्ध भयौ/ सो वह यह पद।

मीरां के रंग लग्यो हरी कौ, और रंग सब अटक परी
गिरधर गास्यां, सती न होस्यां, मन मोह्यो धन नामी
जेठ बहू को नातो नहीं राणा जी, हूँ सेवग ये स्यामी
चूड़ो दोबड़ो तिलक जु माला, सील बर्त सिंगार
और सिंगार भावैं नहीं राणा जी, यौं गुर ग्यान हमार
कोई निंदों कोई बिंदो, गुण गोबिन्द रा गास्यां
जिण मारग वै सन्त पहूँता, तिण मारग म्हे जास्यां
चोरी करां न जीव संतावा, कांई करसी म्हारो कोई
हसती चढ़ि गधै न चढ़ा, या तो बात न होई
राज करंता नरक पडेसी, भोगीडा जम कै लीया
भगत करंता मुक्त पहूंता, जोग करंता जीया
गिरधर धणी, कडूंबो गिरधर, मात पिता सुत भाई
थ थारे म्हे म्हारे हो राणा जी, यौं कहे मीरांबाई॥[101]

मीरां के सती न होने को लेकर नाराजगी और निन्दा का भाव तब और बढ़ गया होगा, जब उसके सामने उसके देवर रत्नसिंह की मृत्यु पर उसकी चार में से तीन पत्नियाँ— रेणुकुंवर, सांखला रत्नाकुंवर और हाड़ा कंवराबाई सती हुईं।[102] इस नाराजगी, निन्दा-भर्त्सना और उपेक्षा-अवहेलना के कारण मीरां अन्तःपुर में एकाकी होकर अधिकाधिक भक्ति का आश्रय लेने लगी होगी। एकाकी हो जाने के बावजूद महाराणा सांगा के शासनकाल तक मीरां अरक्षित नहीं थी लेकिन उसके निधन के बाद उसकी

मुश्किलें बढ़ती ही गयीं। धनाबाई की महत्त्वाकांक्षाओं में बाधा और सती नहीं होने के कारण मीरां के प्रति नाराजगी और उपेक्षा-अवहेलना का जो भाव दबा हुआ था वह अब खुलकर सामने आ गया होगा। रत्नसिंह और सूरजमल जिस तरह से मरे उससे अन्तःपुर में द्वेष और अविश्वास और गढ़ गया होगा। 1531 ई. में रत्नसिंह के निस्सन्तान मरने पर विक्रमादित्य सत्तारूढ़ हुआ। वह अयोग्य और मूर्ख था—उसने सात हजार पहलवान रख लिए और सामन्तों का अपमान और उपेक्षा करने लगा। नतीजतन अधिकांश जागीरदार या तो अपने ठिकानों में चले गये या शत्रुओं से मिल गये और चारों तरफ अराजकता फैल गयी।[103] सामन्तों और अन्तःपुर में असुरक्षा और अविश्वास का माहौल हो गया। विक्रमादित्य और उसकी माँ करमेती के मन में मीरां को लेकर शत्रुता और नाराजगी तो पहले से ही थी, कुलोचित मान-मर्यादा के विरुद्ध उसके भजन-कीर्तन, साधु सत्संग आदि स्वेच्छाचारों से यह और बढ़ गयी। विक्रमादित्य ने मीरां पर कई पाबंदियाँ लगा दीं और उसे कष्ट और यातनाएँ देना शुरू कर दिया। मीरां को जहर देकर मारने के प्रयास की चर्चा उसकी कविताओं में एकाधिक बार आती है और इसकी पुष्टि विभिन्न धार्मिक चरित्र-आख्यानों और लोक स्मृतियों से भी होती है। मीरां के पदों में एक जगह आता है—

जहर प्याला राणाजी भेज्याजी, द्यो मीरां न व जाय;
कर चरणामृत मीरां पी गयी, कोई आप जानो
रघुनाथ।[104]

इस तरह एक अन्य पद में उल्लेख इस तरह है—

विसरा प्याला राणा जी,..........दोज्यो मीरां रै हाथ।
कर चरणामृत पी गयी भजु (जूं) रुग्नाथ॥[105]

मीरां को मारने के प्रयासों का प्रकरण नाभादास की भक्तमाल और मीरांबाई की परची में भी आता है। भक्तमाल में कहा गया है— *दुष्टनि दोष विचारि, मृत्यु को उद्दिम कीयो!/बार न बांको भयो, गरल अमृत ज्यों पीयो।*[106] परची में भी वृत्तान्त है कि मन्दिर में पूजा करने वाले एक दयाराम नाम के एक पंडे को राणा ने सिखाकर चरणामृत के बहाने मीरां को जहर दिलवाया।[107] मीरां को षड्यन्त्रपूर्वक जहर देकर मारने का प्रकरण लोक की स्मृति में सदियों से है। लोक में ऐसी धारणा है कि विक्रमादित्य के आदेश पर एक विजयवर्गीय जाति के महाजन ने गुर्जरगौड़ और दाहिमा जाति के दो ब्राह्मणों के साथ मिलकर मीरां को जहर दिया। लोक में इन तीनों षड्यन्त्रकारियों की निन्दा करने वाली जनश्रुति—*बीजावर्गी बाणियो, दूजो गुजरगोड़, तीजो मीले जो दाहिमो करे टापरो चोड़* अब भी प्रचलित है।[108] निरन्तर कष्ट यातना और प्रताड़ित होने के बावजूद मीरां ने विक्रमादित्य की मूर्खताओं और छिछोरपन का जमकर विरोध किया। वह खुलकर उसकी निन्दा और भर्त्सना पर उतर आयी। विक्रमादित्य को ललकारने का उसका स्वर बहुत उग्र और चुनौतीपूर्ण

है।[109] सामन्त विक्रमादित्य से असन्तुष्ट और अप्रसन्न थे, लोक में उसकी छवि मूर्ख और छिछोर की थी इसलिए मीरां को इन दोनों का समर्थन और सहयोग मिला होगा। विक्रमादित्य की ज्यादतियों और मीरां द्वारा इनके प्रतिरोध का लोक में खूब प्रचार-प्रसार हुआ। लोक ने विक्रमादित्य से अपनी नाराजगी और रोष को मीरां के विद्रोह और साहस की कहानियाँ गढ़ कर कई तरह से व्यक्त किया। लोक में मीरां को प्रताड़ित करने और यातनाएँ देने और मीरां के प्रतिरोध के जो कई रूप मिलते हैं, वे लोक की अपनी भावनाएँ भी हैं।

मीरां का विधवा जीवन मेवाड़ और मेड़ता में बाह्य आक्रमणों, अन्तःकलहों और परिजनों की मृत्यु के विषाक्त और शोकपूर्ण माहौल में बीता। महाराणा सांगा और बाबर के बीच हुआ खानवा का युद्ध बहुत भीषण था। महाराणा सांगा की इस युद्ध में पराजय से उत्तर भारत में मुगल साम्राज्य का बीजारोपण हो गया। मेवाड़ में इसके बाद षड्यन्त्र और अन्तःकलह शुरू हो गये। खानवा के युद्ध में वीरमदेव ने ससैन्य भाग लिया था। इसमें वीरमदेव तो घायल हो कर बच गया, लेकिन मीरां के पिता रत्नसिंह अपने भाई रायमल के साथ मारा गया।[110] अपनी पराजय से आहत महाराणा सांगा को उसके अपने ही सामन्तों ने जहर दे दिया, जिससे उसकी मृत्यु हो गयी।[111] पिता और ससुर, दोनों की मृत्यु ने मीरां को भीतर तक हिला दिया होगा। महाराणा सांगा की मृत्यु से पहले ही मेवाड़ में उत्तराधिकार को लेकर अन्तःकलह शुरू हो चुका था। सांगा के निधन के बाद रत्नसिंह सत्तारूढ़ हुआ तो करमेती ने अपने बेटे को सत्तारूढ़ करने के लिए बाबर से सम्पर्क किया।[112] रत्नसिंह करमेती और उसके भाई बूंदी के राव सूरजमल से आशंकित था। उसने सूरजमल की हत्या की योजना बनाई। शिकार के दौरान उसने सूरजमल को मारना चाहा, लेकिन दोनों ही एक-दूसरे के हाथों मारे गये।[113] रत्नसिंह के निस्सन्तान मरने पर विक्रमादित्य सत्तारूढ़ हुआ। मीरां के साथ उसके रिश्ते हमेशा तनावपूर्ण रहे। उसने मीरां को तकलीफें दीं। वह अयोग्य था इसलिए मेवाड़ में अराजकता फैल गयी और इसका लाभ उठाकर गुजरात के सुल्तान बहादुरशाह ने 1532 ई. में मेवाड़ पर चढ़ाई कर दी। बहादुरशाह ने पहले आक्रमण में तो सन्धि कर ली और लौट गया, लेकिन उसने 1535 ई. में मेवाड़ पर फिर आक्रमण किया। मेवाड़ इस आक्रमण के लिए तैयार नहीं था क्योंकि विक्रमादित्य के छिछोर चाल-चलन के कारण कुछ सामन्त तो अपने ठिकानों में चले गये थे और कुछ बहादुरशाह से मिल गये थे। आक्रमण बहुत भीषण था—इसमें मेवाड़ के कई सामन्त काम आये और करमेती को कई स्त्रियों के साथ जौहर करना पड़ा। यह युद्ध इतिहास में दूसरा शाका के नाम से प्रसिद्ध है।[114] मीरां मेवाड़ पर हुए इन दोनों आक्रमणों के बीच कभी मेड़ता चली गयी होगी क्योंकि यदि वह 1535 ई. के दूसरे शाके में चित्तौड़ में होती तो अन्य स्त्रियों की तरह उसे भी जौहर में जल कर मरना पड़ता। सम्भावना यही है कि मेवाड़ में षड्यन्त्रों के विषाक्त माहौल में निरन्तर

यातना और अपमान से त्रस्त और असुरक्षित मीरां बहादुरशाह के दूसरे आक्रमण के पहले कभी मेवाड़ से चली गयी होगी। मीरां की कविता के अन्तःसाक्ष्यों से यही लगता है कि बहुत दुःखी और प्रताड़ित होकर उसने अपने बड़े पिता वीरमदेव से अनुरोध किया कि उसे मेड़ता बुला लिया जाये। उसकी कविता में एक जगह उल्लेख है कि *म्हारा बाबो से ने केज्यो म्हाने वेगा लेवा आव*।[115] ठाकुर चतुरसिंह के अनुसार "वि.सं. 1588 में उनके कनिष्ठ देवर विक्रमादित्य जी के राज्यकाल में 1 या 2 वर्ष भारी कष्ट उठाये। इसके पश्चात वि.सं 1589 के आसपास उनके कष्टों को सुनकर राव वीरमदेवजी तथा राजकुमार जयमलजी ने राजकुमारी को मेड़ते बुलवा लिया। अथवा, जब बहादुरशाह के प्रथम आक्रमण पर राव वीरमदेवजी सहायतार्थ चित्तौड़ गये थे तब अपने साथ ले आये होंगे।"[116]

रत्नसिंह और विक्रमादित्य से प्रताड़ित और दुःखी मीरां अपने पीहर में अपने बड़े पिता वीरमदेव के पास आ गयी, लेकिन यहाँ भी उसका जीवन निश्चिन्त और निर्विघ्न नहीं रहा। अन्तःसंघर्ष और बाह्य आक्रमणों ने यहाँ भी उसका पीछा नहीं छोड़ा। जोधपुर के राव गांगा के समय से ही उसके उत्तराधिकारी मालदेव और वीरमदेव में शत्रुता चली आ रही थी। वीरमदेव स्वतन्त्र और स्वाभिमानी प्रवृत्ति का व्यक्ति था इसलिए उसने मालदेव की अधीनता स्वीकार नहीं की। उसने मेवाड़ में धनाबाई के राठौड़ गुट की महाराणा सांगा के जीवित रहते रत्नसिंह को सत्तारूढ़ करने की मुहिम को भी असफल कर दिया। नतीजतन मालदेव ने 1536 ई. में मेड़ता पर चढ़ाई कर दी। वह इतना क्रूर और नृशंस था कि उसने मेड़ता को पूरी तरह तहस-नहस कर दिया। उसने वीरमदेव को कई वर्षों तक निराश्रय यहाँ-वहाँ भटकने के लिए मजबूर कर दिया। मीरां भी कुछ समय तक अपने परिजनों के साथ यहाँ-वहाँ भटकती रही। वीरमदेव मेड़ता से उखड़कर मीरां सहित अजमेर आया, लेकिन यहाँ उसे अपने चाचा वरसिंह के वंशज रीयां के सहसा राठौड़ से उलझना पड़ा। उसने रीयां पर चढ़ाई की, जिसमें उसका भाई रायमल मारा गया। मालदेव ने उस पर अजमेर में भी आक्रमण किया तो उसे वहाँ से उखड़ कर डीडवाना जाना पड़ा। मालदेव के सेनापति जेता और कूंपा ने वीरमदेव को वहाँ भी नहीं टिकने दिया। वीरमदेव कई स्थानों—चाटसू, लालसोट, टोडा, बांवली, मलारवा और रणथम्भोर होता हुआ अन्ततः आगरा में शेरशाह से मिला। 1543 ई. में शेरशाह ने सुमेल-गिररी के युद्ध में जब मालदेव को परास्त कर दिया तो वीरमदेव का मेड़ता पर फिर आधिपत्य कायम हुआ।[117] मेड़ता से उखड़ने के बाद यहाँ-वहाँ भटकने के दौरान ही कभी मीरां पहले वृन्दावन और फिर द्वारिका गयी होगी। मीरां की कविता के अन्तःसाक्ष्यों से लगता है कि वह टोडा तक वीरमदेव के साथ थी। उसके एक अल्पचर्चित पद में यह उल्लेख मिलता है। वह कहती है—*जाण न दी जी प्यारे कारणे रे ज मीरां टोडारे बेस मोटी हुई*।[118] हुकमसिंह भाटी ने *यशोधर चरित्र* के साक्ष्य से अनुमान लगाया

है कि टोडा पर मालदेव का आधिपत्य 1538 ई. में हुआ, इसलिए सम्भावना है कि इस समय तक मीरां वीरमदेव के साथ रही होगी।[119]

मीरां भगवाधारी साध्वी या बैरागन नहीं थी जैसा कि लोकप्रिय साहित्य और अन्य माध्यमों में प्रचारित किया गया है। उसने तीर्थयात्राएँ और देशाटन किया, वह साधुओं के साथ उठती-बैठती थीं लेकिन साधु वेश उसने कभी धारण नहीं किया। इतिहासकार और मीरां के पितृपक्ष के वंशज ठाकुर चतुरसिंह के अनुसार "दस करोड़ वार्षिक आय (तुजुक-ए-बाबरी) के राज्य के स्वामी परम प्रतापी महाराणा संग्रामसिंहजी की युवराज वधू होने से धन, रत्नाभूषणादि सम्पति भी (मीरांजी के पास) बड़ी भारी होनी चाहिए। उसी संचित द्रव्य से तथा उक्त परगनों की आय से भगवती मीरां दान, पुण्य, साधु-सेवा, अतिथि-सत्कार, राजसेवक और दास-दासियों का वेतन और तीर्थ यात्राओं आदि का व्यय वहन करती थी। वह अकेली योगिनियों के समान वीणा लेकर गाती हुई विदेशों में कदापि नहीं घूमा करती थी जैसाकि आजकल अनेक आधुनिक और मध्य शताब्दी के विद्वान मानते और लिखते हैं। जब वे तीर्थ यात्रा पर जाती तब हाथी, घोड़े, रथ, मियाना आदि वाहनों पर शतशः वीर कर्मचारी, क्षत्रिय, सेवक दास-दासी आदि मनुष्यों की सेना के साथ चलती थी और वे मेड़ता नरेश की राजकुमारी तथा चित्तौड़ भूपाल के ज्येष्ठ पुत्रवधू के अनुरूप ही समस्त राजवैभव रखती थी।"[120] मीरां के प्राचीन चित्रों से भी नहीं लगता कि कभी उसने वैरागण वेश धारण किया था। जोधपुर के इतिहासवेत्ता रामकर्ण आसोपा ने मीरां का एक रंगीन चित्र *माधुरी* में प्रकाशित करवाया था। यह जोधपुर के राजमहलों से लिया गया था और मोटाराजा उदयसिंह या सूरसिंह के समय, मीरां की मृत्यु के 50 वर्ष के भीतर ही चित्रित हुआ होगा। यह चित्र अत्यन्त सुन्दर है और राजसी वस्त्राभूषण से युक्त है।[121] नाभादास की भक्तमाल की प्रियादास की टीका सहित सत्रहवीं सदी की एक पांडुलिपि राजस्थान प्राच्यविद्या प्रतिष्ठान, उदयपुर में सुरक्षित है। इस पांडुलिपि में उपलब्ध मीरां का चित्र भी प्राचीन है। इस चित्र में भी मीरां साधुवेश में नहीं है। इसमें उसने सामान्य स्त्री वस्त्र और आभूषण पहन रखे हैं।[122]

लोक में सदियों से यह धारणा है कि रैदास मीरां के गुरु थे। मीरां की कविता के कुछ अन्तःसाक्ष्य भी इसकी पुष्टि करते हैं। इस धारणा को बल इस तथ्य से भी मिलता है कि चित्तौड़गढ़ में कुम्भश्याम मन्दिर के पास बनी छतरी को लोग रैदास की छतरी कहते हैं। शोभालाल शास्त्री की 1932 ई. की एक संस्कृत रचना से भी इसकी पुष्टि होती है। इसमें लिखा गया है कि *श्री नन्दनन्दन-पदा-म्बरुहस्य भृंगी मीरां हरेर्निलयमुच्चमिमं चकार।/यस्याग्रतो लसति मण्डपिकांतरस्थं तस्या गुरोश्चरण-पंकज-युग्म-चिह्नम॥* (श्री नन्दनन्दन के चरणारविंदों की मधुकरी मीरांबाई ने यह ऊँचा विष्णु मन्दिर बनवाया था, जिसके सन्मुख ही छत्री के भीतर गुरु के चरणों के चिह्न शोभायमान हैं।)[123] लोक की स्मृति में रैदास और मीरां के गुरु-शिष्य

सम्बन्ध को लेकर कई धारणाएँ हैं। लोक मर्मज्ञ महेन्द्र भानावत ने मीरां की लोक स्मृतियों से जुड़े राजस्थान और गुजरात के कई स्थानों की यात्राएँ कीं। उनके अनुसार लोक मानता है कि राजस्थान के जोधपुर जिले के पिपलोदा गाँव के रैदास जाति से चमार थे, पढ़े-लिखे नहीं थे पर अन्तर्ज्ञानी थे। मीरां उनके साथ चित्तौड़ से निकल गयी और कई स्थानों की यात्रा करती हुई द्वारिका पहुँची। उसने डाकोर में रैदास को अपना गुरु बनाया। लोक की यह भी धारणा है कि रैदास मीरां के वाट गुरु थे। वे मीरां के भक्ति और अध्यात्म गुरु ही नहीं थे, उसके सच्चे पालक, संभालक और प्रदर्शक थे और उनका और मीरां का साथ अन्त तक रहा।[124] पश्चिमी राजस्थान की निम्न जातियों में मीरां के भजन हरजस के रूप में सदियों से गाये जाते हैं और वहाँ भी यह माना जाता है कि रैदास ही मीरां के गुरु थे।[125] गुजरात में भी इस तरह की लोक स्मृतियाँ हैं। वहाँ प्रसिद्ध है कि मीरां के गुरु रैदास गिरनार के पास सरसई गाँव में बस गये थे और मीरां भी वहाँ गयी थी।[126] मीरां की कविता में भी रैदास के उसके गुरु होने का उल्लेख आता है। वह कहती है–

खोजत फिरुं भेद वा घर को, कोई न करत बखानी।
रैदास सन्त मिले मोहि सतगुरु, दीन्ही सुरत सहदानी॥

मेरो मन लाग्यो हरिजी सूं, अबन रहूंगी अटकी।
गुरो मिलिया रैदासजी, म्हाने दीनी ज्ञान की गुटकी॥[127]

एक अन्य स्थान पर वह कहती है–

नहिं मैं पीहर सासरे, नहीं पियाजी री के साथ।
मीरां ने गोविंद मिल्या जी, गुरु मिलिया रैदास॥[128]

रैदास रामानन्द के शिष्य और कबीर के समकालीन सन्त-भक्त थे। रैदासपन्थियों के अनुसार उनका जन्म 1376 ई. में और निधन 1506 ई. में हुआ।[129] भक्तमाल की टीका के अनुसार चित्तौड़गढ़ की एक झाली रानी ने काशी जाकर उनसे दीक्षा ली।[130] टीका में इस रानी का नामोल्लेख नहीं है लेकिन हर्मन गोएट्ज़े सहित कुछ विद्वानों का अनुमान है यह रानी गुजरात के काठियावाड़ के हलवद के झाला राजपूत राजधर की बेटी रतनकंवर है, जिसका विवाह महाराणा सांगा के पिता रायमल (1473-1509 ई.) के साथ हुआ था। भक्ति के संस्कार इस रानी को बचपन में सौराष्ट्र से मिले होंगे जो उस समय भक्ति आन्दोलन का केन्द्र था और जहाँ नरसी मेहता आदि सक्रिय थे। भक्ति सम्बन्धी अपने अनुराग और सक्रियता के कारण मीरां को मेवाड़ के अन्तःपुर में इसी रानी का संरक्षण और समर्थन भी हासिल रहा होगा।[131] कहते हैं कि इसी झाली रानी के आग्रह पर रैदास चित्तौड़ आये और वहीं उनका निधन हुआ। जनसाधारण में रैदास की स्वीकार्यता और सम्मान बहुत था।

उनकी लोकप्रियता का अनुमान इस तथ्य से लगाया जा सकता है कि भक्ति पर ब्राह्मणों का एकाधिकार मानने वाले लोगों ने उनके पूर्व जन्म में ब्राह्मण होने की कथाएँ गढ़कर उन्हें सन्त-भक्त मान लिया था। कथा के अनुसार मांसादि सेवन के कारण शापित होकर उन्हें चमार के घर जन्म लेना पड़ा, लेकिन उन्होंने स्तनपान तब किया, जब रामानन्द ने उन्हें राममंत्र का उपदेश दिया। दूसरी कथा के अनुसार चित्तौड़गढ़ में ब्राह्मणों ने जब उनके साथ बैठकर भोजन करना स्वीकार नहीं किया तो उन्होंने पूर्वजन्म में अपने ब्राह्मण होने के प्रमाणस्वरूप चमड़ी चीरकर अपनी जनेऊ दिखाई।[132] कुछ विद्वानों के अनुसार मीरां के जन्म के आस-पास रैदास का निधन हो गया था इसलिए मीरां का रैदास की शिष्य होना सम्भव नहीं है।[133] उनकी धारणा है कि या तो सामन्त स्त्री और लोकप्रिय होने के कारण अन्य सम्प्रदायों से प्रतिद्वन्द्विता के चलते रैदासपन्थियों ने अपने पन्थ से सम्बद्ध दिखाने के लिए यह कथा गढ़ी हो या रैदास के परवर्तीकाल में होते हुए भी मीरां ने उनका पुण्य स्मरण गुरु के रूप में किया हो अथवा किसी रैदासी साधु के प्रति उसका गुरु भाव रहा हो। उत्तर भारत के लोक की स्मृति में जिस तरह रैदास और मीरां के गुरु-शिष्य सम्बन्ध की कहानियाँ प्रचलित हैं उससे यह तो तय है कि मीरां किसी-न-किसी तरह रैदास से परिचित जरूर रही होगी। जहाँ तक मीरां के रैदास के परवर्ती होने का सवाल है तो रैदास के जन्म का समय अधिकांश आधिकारिक विद्वान अज्ञात मानते हैं।[134] धार्मिक साहित्य में रैदास के जन्म और निधन के सम्बन्ध में जो तिथियाँ दी गयी हैं वे बहुत प्रामाणिक नहीं हैं। यह भी तय है कि मीरां ने रैदास से शिष्यत्व की स्थायी और कोई औपचारिक दीक्षा भी नहीं ली होगी। मध्यकालीन भक्ति आन्दोलन के दौरान जनसाधारण सभी तरह के सन्त-भक्तों का सम्मान करता था और उनसे प्रभावित होने पर उनके प्रति अनौपचारिक गुरुभाव रखता था। इस आन्दोलन में कई सन्त-भक्त निम्न जातियों से थे। आरम्भिक कुछ अन्तर्बाधाओं के हट जाने के बाद जब वे स्वीकार्य और सम्माननीय हो जाते थे तो उनसे मेलजोल की वर्जनाएँ नहीं रहती थीं। राजस्थान के मेवाड़-मारवाड़ में ऐसे कई सन्त हुए, जिनका जनसाधारण और सामन्त समाज में सम्मान और स्वीकार्यता थी।[135] झाली रानी के रैदास से औपचारिक दीक्षा लेने के प्रकरण से सिद्ध है कि इस सम्बन्ध में सामन्त समाज में कोई वर्जना नहीं थी। सम्भवतया मीरां झाली रानी रतनकंवर से घनिष्टता और सम्पर्क के कारण रैदास से प्रभावित रही होगी और इस कारण उसके मन में उनके प्रति अनौपचारिक गुरु भाव रहा होगा। एक सामन्त स्त्री और एक निम्न जाति के सन्त के बीच का यह सम्बन्ध जन भावनाओं और आकांक्षाओं के अनुसार था इसलिए खूब प्रचारित हुआ। इसको लेकर जनसाधारण ने कई कहानियाँ गढ़ीं और उनको भजनों में गूँथकर खूब गाया।

कथोपकथन शैली के कुछ पदों में मीरां की एक ननद ऊदांबाई का उल्लेख

आता है। संवादों में ऊदांबाई मीरां को भक्ति और सत्संग का मार्ग छोड़कर राज और कुल मर्यादा के अनुसार जीवन व्यतीत करने के लिए कहती है और उत्तर में मीरां दृढ़तापूर्वक इसी मार्ग पर चलने का अपना संकल्प व्यक्त करती है। ऊदांबाई तर्क देती है कि भक्ति और सत्संग का यह मार्ग लोकलाज और कुल मर्यादा के विरुद्ध है और राणा इससे अप्रसन्न है, जबकि मीरां का तर्क है कि वह भगवान कृष्ण को समर्पित है, उसने लोकलाज और कुल मर्यादा छोड़ दी है और इसके लिए वह कुछ भी करने और सहने के लिए तैयार है।[136] इन पदों में ऊदांबाई मीरां की ननद है, लेकिन ऐतिहासिक साक्ष्य इसकी पूरी पुष्टि नहीं करते। बड़वा देवीदान की ख्यात में राणा सांगा की बेटियों के नामोल्लेख में ऊदांबाई नहीं है। ख्यात और इस पर निर्भर आधुनिक इतिहासकार श्यामलदास और गौरीशंकर हीराचन्द ओझा के अनुसार राणा सांगा की चार बेटियां—कंवराबाई, गंगाबाई, पद्‌मबाई और राजबाई थीं।[137] यह सही है कि ऊदांबाई के नामोल्लेख वाले कथोपकथनप्रधान ये सभी पद मीरां की अपनी रचनाएँ ही नहीं हैं। लोक ने अपनी भावनाओं और आकांक्षाओं के अनुसार ऐसे कई पद गढ़ लिए हैं या प्रचलित पदों में उसने अपनी तरफ़ बहुत कुछ घटा-बढ़ा दिया है। लेकिन जिस तरह से यह प्रसंग लोक में प्रचारित हुआ उससे लगता है कि लोकलाज और कुलमर्यादा के लिए सजग और चिंतित मीरां की कोई ऊदांबाई नाम की ननद जरूर थी। यह ननद हैसियत में भी बड़ी और प्रभावशाली रही होगी और मीरां को अपने मार्ग से विमुख करने के उसके उपक्रम भी काफी ज्यादा और मुखर रहे होंगे, अन्यथा लोक उसको अपने लेखे में नहीं लेता। मीरां की यह ननद ऊदांबाई ही थी इसकी आधी-अधूरी पुष्टि इतिहास भी करता है। इतिहासकार जगदीशसिंह गहलोत के अनुसार ''ईडर के राव सूर्यमल के पुत्र राव रायमल जब अपने चाचा भीम के डर से सिंहासन छोड़कर राणा सांगा की शरण में आये तब रायमल की सगाई राणा ने अपनी पुत्री से कर दी। भीम के पश्चात भारमल गद्दी पर बैठा, जिसे वि.सं. 1571 में रायमल ने राणा सांगा की सहायता से उतार दिया और स्वयं राजा बना। इन्हीं ईडर के राव रायमल की पत्नी ऊदां मीरां की ननद थी।''[138] इस तथ्य की आंशिक पुष्टि श्यामलदास और गौरीशंकर हीराचन्द ओझा भी करते हैं। श्यामलदास के अनुसार "रायमल का विवाह चित्तौड़ के महाराणा संग्रामसिंह अव्वल की बेटी के साथ हुआ था।"[139] इसी तरह ओझा ने भी लिखा है कि "ईडर के राव भाण के दो पुत्र—सूर्यमल और भीम थे। राव भाण का देहान्त होने पर सूर्यमल गद्दी पर बैठा और 18 मास तक राज्य करके मर गया। सूर्यमल की जगह उसका पुत्र रायमल ईडर का राजा बना, परन्तु उसके कम उमर होने के कारण उसका चाचा भीम उसको गद्दी से उतारकर स्वयं राज्य का स्वामी बन गया। रायमल ने वहाँ से भाग कर महाराणा सांगा की शरण ली। महाराणा सांगा ने अपनी पुत्री की सगाई उसके साथ कर दी। कुछ दिनों में भीम मर गया और उसका पुत्र भारमल

गद्दी पर बैठा। युवा होने पर रायमल ने महाराणा सांगा की सहायता से फिर ईडर पर अधिकार कर लिया।"[140] ऊदांबाई का ईडरगढ़ से सम्बन्ध मीरां की रचनाओं के अन्तःसाक्ष्य से भी सिद्ध होता है। एक जगह मीरां से उसके कुल मर्यादा विरुद्ध आचरण की आलोचना करती हुई ऊदांबाई कहती है कि *भाभी मीरां कुल ने लगाई गाल, ईडरगढ़ ते आया ओलंबा,*[141] मतलब भाभी मीरां ने कुल को गाली दिलवाई है, ईडरगढ़ से भी इस सम्बन्ध में शिकायत आयी है। सुखासारण की मीरांबाई की परची में भी ऊदांबाई को मीरां की ननद बताया गया है। ऊदांबाई यहाँ विधवा के रूप में वर्णित है। सास के यह कहने पर कि देवी सुहाग की दाता है मीरां कहती है कि फिर तुम्हारे घर ऊदां विधवा क्यों है।*(स्वाग भाग देवी के सारै, तो क्यूं ऊदां विधवा घरां तुमारै।)*[142]

6

मीरां का अन्तिम कुछ समय वृन्दावन और शेष द्वारिका में निकला। मीरां वृन्दावन जाने से पहले पुष्कर की तीर्थ यात्रा पर भी गयी। उसकी कविता में एकाधिक स्थानों पर यह उल्लेख मिलता है।[143] उसके पीहर मेड़ता और ससुराल मेवाड़ में जिस तरह के हालात थे उनमें उसका तीर्थाटन पर निकल जाना सामान्य घटना थी। यह परम्परा थी कि अन्तःपुर की विधवा स्त्रियाँ अपनी जागीरों की आय से दूर-दूर की तीर्थ यात्राएँ करती थीं। प्रमुख तीर्थ स्थानों पर मेवाड़ की हवेलियाँ थीं जहाँ सम्मानपूर्वक रहा जा सकता था।[144] स्त्रियाँ तीर्थों पर जाकर दान-पुण्य करती थीं, बावड़िया बनवाती थीं और मन्दिरों के जीर्णोद्धार करवाती थीं।[145] वृन्दावन उस समय कृष्ण भक्ति का केन्द्र था। कृष्ण भक्ति के अधिकांश सांस्थानिक सम्प्रदाय यहाँ सक्रिय थे इसलिए मीरां यहाँ जरूर गयी होंगी। वीरमदेव के साथ टोडा आदि जिन स्थानों पर वह रही वे वृन्दावन से बहुत दूर नहीं थे। वृन्दावन में मीरां के प्रवास की पुष्टि धार्मिक चरित्र-आख्यानों और उसकी कविता के अन्तःसाक्ष्यों से होती है। मीरां ने अपनी कविता में एकाधिक जगहों पर वृन्दावन को बहुत अनुराग और श्रद्धा के साथ स्मरण किया है। एक जगह वह कहती है–*व्रन्दावन निज धाम देख्यौ री व्रन्दावन निज धाम।/श्रीजमुना ज्यांकै निकट वैहत है सब विध पूरण काम।*[146] मीरां के वृन्दावन प्रवास में धार्मिक आख्यानों में आये जीव गोस्वामी से उसकी भेंट और उनके स्त्री मुख नहीं देखने के प्रण को छुड़ाने के प्रसंग से भी होती है।[147] यह प्रसंग कुछ सच्चाई लिए हुए है, क्योंकि इसका उल्लेख जीव गोस्वामी से सम्बन्धित चैतन्य गौड़ीय सम्प्रदाय के प्रियादास के साथ *पद प्रसंग माला* में वल्लभ सम्प्रदाय के नागरीदास ने भी किया है।[148] यह सच्चाई है कि सामन्त और लोक प्रसिद्ध होने के कारण मीरां को अपने प्रभाव में लेने के लिए ब्रजमंडल के सांस्थानिक कृष्ण भक्ति सम्प्रदायों में होड़ लगी हुई थी। वल्लभ सम्प्रदायी मीरां के सम्पर्क में भी थे।

जीव गोस्वामी चैतन्य महाप्रभु के छह प्रमुख शिष्यों में से थे और उनका कार्य क्षेत्र वृन्दावन था। कहते हैं कि चैतन्य महाप्रभु स्वयं 1516 ई. के आसपास वृन्दावन आये थे।[149] प्रेम और ममता और भावुकता उनकी भक्ति के आधार थे। उनका व्यक्तित्व इतना प्रभावशाली था कि उनके सम्पर्क में आनेवाला उनके साथ बह जाता था।[150] मेवाड़-मेड़ता की उठापटक से त्रस्त मीरां में कृष्ण भक्ति की जड़ें इस समय तक बहुत गहरी और मजबूत हो चुकी थीं इसलिए वह जीव गोस्वामी के सम्पर्क में जरूर आयी होगी। इस भेंट को प्रियादास आदि ने अपनी तरह से प्रचारित किया।

मेड़ता पर आधिपत्य के लिए निराश्रय यहाँ-वहाँ भटकते वीरमदेव से अलग होकर मीरां वृन्दावन आयी, लेकिन शान्ति और सुख उसे यहाँ भी नहीं मिले। वृन्दावन मेवाड़ से दूर था लेकिन यह उससे पूरी तरह असम्बद्ध नहीं था। आगरा उस समय की राजनीतिक गतिविधियों का केन्द्र था। आगरा वृन्दावन के समीप था इसलिए यहाँ की मीरां की गतिविधियों की सूचनाएँ मेवाड़ तक पहुँचती होंगी। मेवाड़ में अब माहौल और विषाक्त हो गया था और सत्ता के लिए उठापटक बढ़ गयी थी। विक्रमादित्य के चाल-चलन में कोई अन्तर नहीं आया था। 1536 ई. में राणा सांगा के मृत बड़े भाई पृथ्वीराज के पासवानिये पुत्र बनवीर ने एक दिन मौका पाकर विक्रमादित्य की हत्या कर दी। वह उसके छोटे भाई उदयसिंह को भी मारना चाहता था, लेकिन वह बचकर सुरक्षित कुम्भलगढ़ पहुँच गया।[151] मीरां का वृन्दावन में खुलकर साधुओं के साथ उठना-बैठना और भजन-कीर्तन करना असुरक्षित और कमजोर विक्रमादित्य और बाद में बनवीर को चिढ़ाने वाला रहा होगा। हो सकता है कि उन्होंने मीरां को वृन्दावन से विस्थापित करने के उपक्रम किये हों। धार्मिक आख्यानों में इसका संकेत मिलता है। प्रियादास की टीका में कहा गया है कि *राणा की मलीन मति देखी बसी द्वारावती*।[152] लोक ने भी मीरां के द्वारिका प्रवास के लिए राणा को उत्तरदायी ठहराया है। लोक में प्रचलित मीरां सम्बन्धी हरजसों में यह प्रसंग आता है। मीरां एक हरजस में राणा को देश छोड़ने के लिए उत्तरदायी ठहराती हुई कहती है– *आंबा पाक्या, कळहर कैरी, निंबूडा म्हारे देस। उदपुर रा राणा किण विध छोड्यो देस, मेवाड़ी राणा कण पर छोड्यो देस।* (आम पक गये होंगे, केरियाँ आ गयी होंगी। मेरे देश में तो केवल नींबू हैं। हे उदयपुर के राणा! तू नहीं जानता क्या कि मैंने देश क्यों छोड़ा?)[153]

मीरां के विधवा जीवन के अन्तिम वर्ष द्वारिका और बेट द्वारिका में भजन-कीर्तन, पुण्यकार्य और सत्संग आदि में निकले। इतिहास, लोकाख्यान कविता, जनश्रुतियाँ आदि सभी इसकी पुष्टि करते हैं। गुजरात में मध्यकालीन भक्ति आन्दोलन को वहाँ के जनसाधारण के सरल, समावेशी और उदार होने के कारण व्यापक स्वीकृति मिली। नरसी मेहता, ईसरदान आदि कई सन्तों ने वहाँ के सामन्तों और जनसाधारण को गहराई तक प्रभावित किया। यहाँ के गिरनार,

जूनागढ़, डाकौर आदि कई स्थान बड़े भक्ति केन्द्रों के रूप में विकसित हुए। यहाँ गुजरात से बाहर के भी कई सन्तों का आवागमन हुआ। कहते हैं कि मीरां के गुरु रैदास भी गिरनार के पास सरसई गाँव में बस गये थे।[154] मीरां के द्वारिका आने के तीन कारण प्रतीत होते हैं– एक तो उस समय गुजरात भक्ति आन्दोलन का केन्द्र हो गया था, दूसरे यहाँ वह सुरक्षित थी क्योंकि उस समय यहाँ उसके पितृपक्ष के राठौड़ वंश की एक शाखा वाढ़ेल (वाढ़ेर) का शासन था और तीसरे यह उसके आराध्य कृष्ण का निवास स्थान था।[155] कहते हैं कि मीरां सौराष्ट्र में पहले जूनागढ़ आयी। जूनागढ़ से सरसई, सोमनाथ, गोरखमणि, माधवपुर, घेड, सुदामापुरी, पोरबंदर और नियाड़ी होते हुए वह आरंभड़ा पहुँची, जहाँ उस समय शिवा सांगा नामक वाढ़ेल राजा शासक था। शिवा सांगा तेरहवीं सदी में मारवाड़ से आये राठौड़ वेरावलजी बीजल का वंशज था। वेरावलजी और बीजलजी ने कच्छ के छोटे रेगिस्तान के पास वेदमती नदी तक का इलाका कब्जे में ले लिया था और उन्होंने द्वारिका की उत्तरी खाड़ी के किनारे आरंभड़ा गाँव में नयी बस्ती बसा कर वहाँ पर सत्ता कायम की।[156] शिवा सांगा स्वयं कृष्ण भक्त था। कहते हैं कि मीरां काफी समय तक आरंभड़ा में रही।[157] मीरां आरंभड़ा के बाद बेट द्वारिका में रही। यहाँ उसने एक मन्दिर बनवाया। मीरां ने बेट द्वारिका में मन्दिर बनवाया, यह उल्लेख इतिहास में सर्वप्रथम *पश्चिमी भारत की यात्रा* में लेफ्टिनेंट कर्नल टॉड ने किया। टॉड ने 1822 ई. में इंग्लैंड जाने के लिए उदयपुर से प्रस्थान किया और वह आबू, सिद्धपुर, पाटन आदि होते हुए द्वारिका पहुँचा। बेट द्वारिका सम्बन्धी अपने वृत्तान्त में उसने लिखा कि “जो देवालय मेरे लिए अधिक आकर्षण की वस्तु सिद्ध हुआ वह था मेरी भूमि मेवाड़ की रानी लाखा की स्त्री सुप्रसिद्ध मीरांबाई का बनवाया हुआ सौरसेन के गोपाल देवता का मन्दिर जिसमें वह नौ का प्रेमी अपने मूल स्वरूप में विराजमान था; और निस्सन्देह यह राजपूत रानी उसकी सबसे बड़ी भक्त थी।”[158] टॉड का यह उल्लेख प्रामाणिक होना चाहिए क्योंकि टॉड को मीरां के बेट में मन्दिर बनवाने की जानकारी मेवाड़ में मिली होगी और उसने इस जानकारी को मन्दिर को साक्षात देखकर प्रमाणित किया होगा। मीरां के बेट में मन्दिर बनवाने की जानकारी बेट के इतिहास और लोक स्मृतियों में भी है। पुरातत्त्व और इतिहास के साक्ष्यों के आधार पर तैयार की गयी *द्वारिका परिचय* में मीरांबाई सम्बन्धी प्रकरण में एक जगह उल्लेख है कि “मीरांबाई आरम्भडा पहुँची। उस समय आरम्भडा में शिवा सांगा नाम का वाढ़ेर राजा था। वह मीरांबाई की ही तरह रणछोड़ का भक्त था और मीरां के पीहर का था। मीरां काफी समय तक आरम्भडा में रहीं। शिवा सांगा को प्रेरित कर बेट में द्वारिकाधीश का मन्दिर बनवाया।”[159] यह असम्भव नहीं है। सामन्त स्त्रियाँ दूरस्थ तीर्थस्थानों पर मन्दिर और बावड़ियाँ आदि बनवाती थीं और उनका जीर्णोद्धार करवाती थीं। कहते हैं कि स्वयं मीरां ने चित्तौड़ में कुम्भस्वामी मन्दिर के समीप कृष्ण का मन्दिर बनवाया

था। *चित्तौड़-उदयपुर पाटनामा* में मीरां द्वारा मन्दिर बनवाने और इसके निर्माण और प्रतिष्ठा में हुए व्यय का विवरण मिलता है।[160] एक धारणा यह भी है कि मीरां ने द्व ारिका के लगभग नष्ट हो गये मुख्य मन्दिर का जीर्णोद्धार करवाया। जर्मन भारतविद् हरमन गोएट्ज़े के अनुसार द्वारिका का वर्तमान मन्दिर बहुत बाद में अठारहवीं शती में गोपाल नायक तांबेकार ने बनवाया था। मीरां 1537 ई. में द्वारिका पहुँची तब वहाँ का मुख्य कृष्ण मन्दिर नष्टप्राय अवस्था में था। सम्भवतया मीरां की प्रेरणा से इसका पुनर्निर्माण हुआ। मीरां द्वारा पुनर्निर्मित मन्दिर वर्तमान मन्दिर की तुलना में बहुत छोटा था।[161] द्वारिका में मन्दिर निर्माण के अलावा मीरां द्वारा एक अन्न क्षेत्र कायम करने का भी उल्लेख मिलता है। इस अन्नक्षेत्र में साधुओं और तीर्थयात्रियों को भोजन मिलता था। मीरां के निधन के बाद महाराणा उदयसिंह ने अपने परिवार सहित द्वारिका की तीर्थयात्रा की थी और उनके साथ गये उनके सामन्त सुरजणजी हाड़ा ने मीरां के अन्नक्षेत्र की तरह एक नया अन्नक्षेत्र कायम किया था।[162]

मीरां जीवन के अन्तिम चरण में गुजरात में पूरी तरह रच-बस गयी थी। यहाँ उसकी गणना नरसी मेहता के साथ पन्द्रहवीं शती के गुजराती भक्ति साहित्य के दो प्रमुख कवियों में होती है। मीरां जितनी राजस्थान की है, उतनी ही गुजरात की भी है। उसकी अधिकांश रचनाएँ गुजराती में भी मिलती हैं। दरअसल गुजरात और राजस्थान उपनिवेशकाल से पहले तक उस तरह से दो पृथक सांस्कृतिक और भाषायी इकाइयाँ नहीं थीं जिस तरह से आज लगती हैं। वैसे तो सम्पूर्ण उत्तर भारत का भाषायी इकाइयों में विभाजन ही उपनिवेशकालीन निहित स्वार्थों के अधीन हुआ है अन्यथा इससे पहले तक इस क्षेत्र की भाषाएँ और बोलियाँ एक-दूसरे के साथ गुंथी हुई थीं और इनमें परस्पर संवाद, अन्तःक्रिया और आदान-प्रदान होता था।[163] गुजराती और मारवाड़ी (राजस्थानी) में कुछ क्षेत्रीय वैविध्य तो था अन्यथा वे एक जैसी थीं। राजस्थान के मेवाड़-मारवाड़ और गुजरात के लोगों के बीच संवाद और आदान-प्रदान में कोई बाधा नहीं थी। गुजराती साहित्य के आरम्भिक अध्येता और विशेषज्ञ कृष्णलाल एम. झवेरी के अनुसार आधुनिक गुजराती की दो बोलियों, कच्छी और मारवाड़ी में से मारवाड़ी में गुजराती और ब्रजभाषा का मिश्रण है, जो वहाँ के बड़े भाग में रहने वाले मारवाड़ी बोलते-समझते हैं।[164] मीरां की रचनाओं का इसलिए गुजराती में होना कोई असामान्य घटना नहीं है।

मीरां की द्वारिका से मेवाड़-मारवाड़ वापसी के प्रयत्नों का कोई ऐतिहासिक साक्ष्य तो नहीं है, लेकिन लोकाख्यानों, धार्मिक चरित्राख्यानों और पारिस्थितिक साक्ष्यों से लगता है कि ऐसा हुआ होगा। बनवीर के पतन के बाद मेवाड़ में अराजकता और संकट का दौर कुछ हद तक समाप्त हुआ। उधर मेड़ता में लम्बी जद्दोजहद के बाद पहले वीरमदेव और उसकी मृत्यु के बाद जयमल सत्तारूढ़ हुए। जयमल से मीरां के आत्मीय सम्बन्ध थे। जिस तरह से मीरां वृन्दावन और फिर द्वारिका गयी उससे

लोक में मेवाड़ का अपयश फैला। मेवाड़ का पतन लोक में मीरां के शाप के रूप में प्रचारित हुआ। कहते हैं कि उदयसिंह और जयमल, दोनों ने ही कुछ सामन्तों को ब्राह्मणों सहित द्वारिका भेजकर मीरां की वापसी के प्रयत्न किये, लेकिन मीरां ने मेवाड़-मेड़ता लौटने से इनकार कर दिया।[165] इस प्रकरण को श्रद्धालुओं ने कई तरह से प्रचारित किया। यह प्रसंग सबसे पहले प्रियादास की भक्तमाल की टीका में आता है। उसमें कहा गया है कि राणा मीरां को साक्षात भक्ति स्वरूप जानकर बहुत दुःखी हुआ। उसने ब्राह्मणों से कहा कि मीरां को लाकर मुझे प्राण दान दो। ब्राह्मणों ने मीरां के द्वार पर धरना दिया और उसको राणा की विनती सुनाई। मीरां यह सुनकर रणछोड़ भगवान से विदा लेने मन्दिर में गयी और वहीं मूर्ति में विलीन हो गयी। वह ब्राह्मणों को नहीं मिली।[166] यह प्रसंग कमोबेश इसी तरह नागरीदास कृत *पद प्रसंग माला* में भी आता है। नागरीदास लिखते हैं :

सो या भाँति मनोरथ करत यह पद गावत द्वारिका पहुँचे, तहाँ कोई दिन रहे ता पछै मीरांबाई के संग प्रौहितादिक जे राणा के लोक है, तिन कह्यौ अब बहुत दिन भये है अब देस कौं चलो, राना की आग्या है, ऐसैं द्वै तीन दिन तो कह्यौ, फिरी मिरां बाई पर धरना कियो तब मीरांबाई ठाकुर रनछोड़जू सौ विदा ह्वैंबै को नांव लै मन्दिर में अकेले ही जाय महाआरति सहित एक नयो पद बनाय गायो। सो वह यह पद—

हरि, हरिहो जन की भीर।
द्रोपदी की लाज राखी, तुम बढ़ायों चीर॥
भक्ति कारन रूपनरसिंघ, धरयो आप सरीर
हरिनस्यप मारि लीनौ, धरयौ नाहिन धीर
बूढ़ते गज ग्राह तारयो, कियो बाहिर नीर
दासि मीरां लाल गिरिधर, दुख जहाँ तहाँ पीर॥

सो यह पद गायें हुँ उतते न ढरें, तब महा आरति प्रेमावेस सहित एक और पद बनाय गायो, तब ही ठाकुर आप में उनकौं याही शरीर तै लीन करि लीन देह हूँ न रही, सो जा पद गायें लीन भये, सो वह यह पद है—

सजन ज्यों सुधि जानैं ज्यों लीजैं।
तुम बिन मेरैं न और कोई, कृपा रावरी कीजै।
द्यौस न भूख, रैन नहीं निद्रा, यह तन पलपल छीजैं
मीरां प्रभु गिरधर नागर अब, मिलि बिछुरनि नहिं कीजैं॥[167]

मीरां का निधन कब और कैसे हुआ यह अभी तक अज्ञात है। यह माना जाता है मीरां द्वारिका के मन्दिर में रणछोड़जी की प्रतिमा के समक्ष प्रार्थना करती हुई अदृश्य हो गयी। मीरां के आरम्भिक अध्येता मुंशी देवीप्रसाद और इतिहासकार गौरीशंकर ओझा ने मेड़ता क्षेत्र के ग्राम लूणवे के भाट भूरदान की जबानी के आधार पर मीरां

का मृत्यु समय 1546 ई. माना है।[168] हरविलास सारड़ा के अनुसार मीरा का निधन द्वारिका में 1549 ई. में हुआ।[169] कल्याणसिंह शेखावत आदि मेडतिया राठौड़ों के कुलगुरुओं की बही के साक्ष्य के आधार पर 1547 ई. को मीरां का मृत्यु समय बताते हैं।[170] केहरदान और दाऊदान की *राणीमंगा भाटों की बही* के अनुसार उसका निधन द्वारिका में 1548 में हुआ। बही में उल्लेख है कि *समत 1605 चेत वद 3 ने द्वारका में राम केयो*।[171] यह मीरां के अदृश्य होने का समय है जो सब तरफ उसके निधन के समय के रूप में प्रचारित हुआ। यह सूचना मीरां से लौटने का आग्रह करने वाले धरना देने वाले ब्राह्मणों या तीर्थयात्रियों के माध्यम से मेवाड़-मारवाड़ पहुँची होगी और कुछ वर्षों के इधर-उधर के साथ प्रचारित हुई होगी। गुजरात के ऐतिहासिक और साहित्यिक स्रोतों के अनुसार मीरां जब सौराष्ट्र आयी तो उसकी उम्र 30 वर्ष की थी। 1540 ई. में कच्छ से आये हुए जाड़ेजाओं ने जामनगर की स्थापना की और चारण भक्त कवि ईसरदास की प्रेरणा से उन्होंने 1560 ई. में द्वारिका के जगत मन्दिर में प्रतिमा स्थापित करवाई तो मीरां उस समय बेट द्वारिका में विद्यमान थी और उस वक्त उसकी उम्र 60 वर्ष की थी।[172]

मीरां अदृश्य हो गयी- उसने जल समाधि ले ली या वह चुपचाप कहीं चली गयी, लेकिन लोक ने इस घटना को उसकी मृत्यु मानकर अपनी तरह से प्रचारित किया। उसकी द्वारिका और सौराष्ट्र में पहचान एक ऐसी सन्त-भक्त स्त्री के रूप में थी जो मेवाड़ का अपना समस्त सामन्ती वैभव छोड़कर ईश्वर की शरण में आयी गयी थी। मध्यकालीन जनसाधारण में भक्त-सन्त की पहचान एक अतिमानवीय चमत्कारी व्यक्ति के रूप में थी। उसको सामान्य मनुष्यों से अलग समझा जाता था और उसके जन्म, मृत्यु, विवाह आदि से सम्बन्धित अतिमानवीय कथाएँ प्रचारित हो जाती थीं। मीरां अपने जीवनकाल में ही सन्त-भक्त की हैसियत प्राप्त कर चुकी थी इसलिए उसके इस अदृश्य होने को भक्तों और जनसाधारण ने अतिमानवीय रूप दे दिया। लोक में प्रचारित यह हुआ कि कि मेवाड़ वापसी के लिए धरना देने वाले ब्राह्मणों की सम्भावित मृत्यु पर ब्रह्म हत्या का पाप लगने के भय से मीरां भगवान रणछोड़ से अनुमति लेने मन्दिर में गयी और वहीं उनकी मूर्ति में विलीन हो गयी। यह भी प्रचारित हुआ कि मूर्ति में समा जाने के दौरान उसके वस्त्र का कुछ हिस्सा बाहर रह गया।[173] सांकेतिक रूप में अभी भी द्वारिका में द्वारिकाधीश की प्रतिमा के शृंगार में वस्त्र का एक हिस्सा इसीलिए बाहर रखा जाता है। कुछ गुजराती स्रोतों के अनुसार सम्भवतः मीरां ने भी जयदेव, वल्लभाचार्य और ईसरदान की तरह जीवित ही जलसमाधि ली थी।[174]

लोक में प्रचारित हो गया कि 1546 ई. के आसपास मीरां भगवान रणछोड़जी की मूर्ति में समा गयी। मीरां के अध्येताओं और इतिहासकारों ने भी मान लिया कि किसी दुर्घटना, बीमारी या जल समाधि लेने से हुई मीरां की मृत्यु को लोक ने अपने स्वभाव के अनुसार चमत्कार के रूप में प्रचारित किया है। क्योंकि यह घटना 1546 ई. के आसपास हुई इसलिए इसके बाद मीरां की अकबर, मानसिंह, तुलसीदास, तानसेन और बीरबल से भेंट से सम्बन्धित जनश्रुतियों को अनैतिहासिक और कपोल कल्पित मान कर खारिज कर दिया गया।[175] कुछ लोगों का अनुमान है कि मीरां का निधन 1546 ई. के आसपास नहीं हुआ। अधिकांश पारम्परिक स्रोतों के अनुसार मीरां की मृत्यु 65-67 वर्ष की उम्र में हुई इसलिए इस हिसाब से 1498 ई. के आसपास जन्म लेने वाली मीरां का निधन 1563-1565 ई. में हुआ होगा। उनका मानना है कि मूर्ति में समा जाने की कहानी मीरां से मेवाड़ लौटने का आग्रह करने वाले ब्राह्मणों ने अपनी असफलता छिपाने के लिए गढ़ी होगी। मीरां के जीवन की पुनर्रचना करने वाले हरमन गोएट्ज़े का अनुमान है कि मीरां द्वारिका से चुपचाप निकलकर चली गयी। उसके अनुसार द्वारिका से अदृश्य हो जाने के बाद मीरां दक्षिण और पूर्वी भारत के तीर्थस्थानों की यात्रा और प्रवास पर रही होगी। इन यात्राओं के सम्बन्ध में कोई जानकारी उपलब्ध नहीं है। लोक में भी इस सम्बन्ध में कोई विश्वास या धारणा नहीं है। लगभग एक दशक बाद 1560 ई. से कुछ पहले सबसे पहले उत्तर भारत में बांधवगढ़ (रीवां) के राजा रामचन्द्र बाघेला (1555-1592 ई.) के दरबार में उसकी मौजूदगी के फिर संकेत मिलते हैं। लोक धारणाओं के अनुसार यहाँ कुछ समय रहने के बाद वह आम्बेर और मथुरा गयी। जनश्रुतियों में वर्णित तानसेन, तुलसीदास, अकबर, मानसिंह और बीरबल से उसकी भेंट इसी दौरान हुई होगी।[176] ये जनश्रुतियाँ एकबारगी पूरी तरह अनैतिहासिक और कपोल-कल्पित लगती हैं, लेकिन यदि मीरां का निधन 1546 ई. के आसपास नहीं हुआ और वह 1563-1565 ई. तक जीवित थी तो इस दौरान के ऐतिहासिक घटनाक्रम और परिस्थितियों के साथ इनका तालमेल बैठ जाता है। हरमन गोएट्ज़े ने इस सम्बन्ध में लिखा है कि "ये जनश्रुतियाँ, जैसी कि वे मौजूद हैं, निहायत मूर्खतापूर्ण हैं लेकिन फिर भी तुलनात्मक रूप से स्पष्ट ऐतिहासिक परिप्रेक्ष्य में वे बहुत अच्छी तरह समायोजित हो जाती हैं।"[177]

मीरां के लम्बी और दीर्घकालीन तीर्थयात्रा पर निकल जाने के स्पष्ट कारण थे। मीरां मेवाड़ लौटना नहीं चाहती थी। वहाँ स्थितियाँ अभी अनुकूल नहीं थीं। उदयसिंह को अधिकांश सामन्तों ने मिलकर शासक तो घोषित कर दिया था लेकिन मेवाड़ पर उसका आधिपत्य अभी पूर्ण और निर्विघ्न नहीं था। उसकी हैसियत अभी शेरशाह सूरी के सामन्त की थी। 1543 ई. में मालदेव को पराजित करने के बाद

शेरशाह ने अजमेर पर कब्जा किया और फिर वह चित्तौड़ की तरफ बढ़ा। उदयसिंह ने उसको किले की चाबियाँ सौंप कर सन्धि कर ली। शेरशाह चित्तौड़ आया और वहाँ अपना प्रतिनिधि रख कर बिना लड़े ही चला गया।[178] उदयसिंह के सम्बन्ध में अधिकांश इतिहासकारों की राय अच्छी नहीं है। गौरीशंकर ओझा के अनुसार उसमें वीरोचित साहस का अभाव था और वह विलासप्रिय और विषयी था।[179] मीरां के मन में भक्ति आन्दोलन का उत्स और केन्द्र होने के कारण दक्षिण भारत के लिए खास अनुराग और आग्रह रहा होगा। निरन्तर देशाटन और साधु-सन्तों के सत्संग से वह दक्षिण से अच्छी तरह परिचित भी थी। रैदास के गुरु रामानन्द दक्षिण के ही थे और वल्लभाचार्य और चैतन्य भी दक्षिण की यात्रा पर गये थे।

दक्षिण भारत की अपनी लम्बी यात्रा का समापन मीरां ने शायद पुरी और नदिया होते हुए बान्धवगढ़ में राजा रामचन्द्र बाघेला के यहाँ किया। रामचन्द्र बाघेला 523 या 626 ई. में गुजरात से वहाँ आकर बाघेला राज्य की बुनियाद रखने वाले व्याघ्रदेव का वंशज था।[180] उसका दरबार मध्यकाल में सन्त-भक्तों, कवियों और कलाकारों का प्रमुख आश्रय स्थल था। वह सन्तों-भक्तों का भी सम्मान करता था। कहते हैं कि कबीर भी वहाँ गये थे। बान्धवगढ़ के अभयारण्य में अभी भी कबीर का मन्दिर बना हुआ है। वल्लभाचार्य के पुत्र विठ्ठलनाथ भी जगन्नाथपुरी की यात्रा से लौटते हुए यहाँ रुके थे।[181] मेवाड़-मारवाड़ के लोक में भी मीरां के बाघेलों के यहाँ जीवित होने की अपुष्ट जानकारी थी। यह उल्लेख उसके पदों में एक स्थान पर आता है। मीरां की ननद ऊदां एक पद में कहती है कि राणाजी के बाघेलों, तुम खबर लो कि मेडतणी मीरां जीवित है या मर गयी *(राणाजी रा वाघेला थे ल्यो ने मीरां जी री खबरि, मुईक जीवै मीरां मेड़ती।)*[182] मीरां यहीं तानसेन के सम्पर्क में आयी होगी। तानसेन 1560 ई. से पूर्व तक रामचन्द्र बाघेला के दरबार में था। बाद में यहीं से अकबर आग्रहपूर्वक उसको अपने दरबार में ले गया। बीरबल के नाम से विख्यात महेशदास भी रामचन्द्र बाघेला के दरबार में रहा था इसलिए मीरां, हो सकता है, यहीं उसके भी सम्पर्क में आयी होगी। बान्धवगढ़ के पास ही रामभक्ति के लिए प्रसिद्ध और प्राकृतिक सुषमा से भरपूर चित्रकूट में तुलसीदास (1532-1623 ई.) भी थे।[183] सम्भवतया मीरां यहीं उनसे भी मिली होगी। तुलसीदास इस समय तक युवा थे और बहुत प्रसिद्ध भी नहीं थे। बान्धवगढ़ में कुछ समय प्रवास के बाद सम्भवतया मीरां ने आम्बेर और मथुरा का रुख किया होगा। मीरां यहाँ शायद आम्बेर के राजा भगवानदास के दत्तक पुत्र मानसिंह[184] के सम्पर्क में आयी। मानसिंह और बीरबल दोनों ही युवा अकबर के बहुत आत्मीय और निष्ठावान सामन्त और मित्र थे इसलिए आश्चर्य नहीं है कि वह इन दोनों के जरिये अकबर (1542-1605 ई.) के भी सम्पर्क में आयी हो। अकबर बहुत आरम्भ में ही हिन्दू सन्तों-भक्तों और रहस्यवादियों के पास आने-जाने लग गया था।[185]

आम्बेर के राजाओं के साथ मीरां की घनिष्ठता भी असामान्य नहीं थी। दरअसल वे अपने समय के उदार और प्रगतिशील राजपूत शासक थे। उनकी नीतियाँ और विचार मीरां से मेल खाते थे। आम्बेर का राजा भारमल अकबर के राज्यारोहण में गया था और युवा अकबर पर उसका अच्छा प्रभाव था।[186] बाद में 1562 ई. में उसने अपनी बेटी हरखाबाई का विवाह अकबर से करके मुगलों के साथ वैवाहिक सम्बन्धों की शुरुआत की।[187] अकबर ने अपनी इस हिन्दू रानी को 'मरियम जमानी' का खिताब दिया। मुगलों के साथ गठबन्धन में आम्बेर के राजा अग्रणी तो थे ही, अकबर की राजपूत नीति के निर्धारण में भी उनकी निर्णायक भूमिका थी। उन्होंने भक्ति आन्दोलन के नये और उदार विचारों को भी प्रश्रय दिया। उन्होंने ब्रज, गोवर्धन और वृन्दावन में हरदेवजी, गोविन्ददेवजी और राधावल्लभ के मन्दिर बनवाये।[188] वे परम्परा से कृष्ण भक्त थे। भारमल का पिता पृथ्वीराज कृष्णदास पयहारी का शिष्य और प्रसिद्ध कृष्ण भक्त था। उसका उल्लेख भक्तमाल में भी आता है।[189] बाबर के विरुद्ध खानवा के युद्ध में वह सांगा का सहयोगी था। बालाबाई के नाम से विख्यात उसकी एक राठौड़ रानी अपूर्वदिवी भी मीरां की तरह कृष्ण भक्त थी।[190] शायद मीरां का मानसिंह पर खास प्रभाव पड़ा। अकबर ने भगवानदास और मानसिंह के साथ 1568 ई. में चित्तौड़ पर आक्रमण किया। यह आक्रमण बहुत विध्वंसकारी था, इसमें नरसंहार भी खूब हुआ, लेकिन मानसिंह इस दौरान मीरां सेवित गिरधरजी की मूर्ति को सुरक्षित बचाकर अपने साथ ले गया। भगवानदास और मानसिंह ने बाद में आम्बेर में सुन्दर और भव्य जगतशिरोमणिजी का मन्दिर बनवा कर इसमें उसको प्रतिष्ठापित किया।[191] वृन्दावन में मानसिंह ने भारतीय और मुगल शैली के मिलेजुले स्थापत्यवाला गोविन्ददेव का जो विशालकाय और भव्य मन्दिर बनवाया उससे भी मीरां के सम्बन्ध का कुछ अनुमान किया जा सकता है। कहते हैं कि वृन्दावन पहले जंगल था। 1516 ई. के आसपास महाप्रभु चैतन्य वृन्दावन आये और उन्होंने वहाँ भागवतपुराण में वर्णित कई स्थान खोज निकाले। वे वहाँ कुछ समय रुक कर चले गये लेकिन बाद में उन्होंने अपने दो शिष्यों—रूप और सनातन को वहाँ भेजा। आगे चलकर रूप गोस्वामी के भतीजे जीव गोस्वामी और चैतन्य के कुछ और शिष्य—गोपाल भट्ट, रघुनाथदास और रघुनाथ भट्ट भी वहाँ आ गये। चैतन्य के इन छह शिष्यों ने वृन्दावन से कृष्ण की कई प्रतिमाएँ खोज निकालीं। उन्होंने मुस्लिम आक्रांताओं के भय से इनको जमीन या घरों में यहाँ-वहाँ छिपा दिया। गोविन्ददेव की प्रतिमा रूप गोस्वामी को वृन्दावन के गोमा टीले से मिली थी। रूप गोस्वामी का निधन 1563 ई. में हुआ। मानसिंह ने 1590 ई. वृन्दावन में गोविन्ददेव के मन्दिर में इसी प्रतिमा को स्थापित किया।[192] यह तो लगभग मान्य तथ्य है कि जीव गोस्वामी रूप गोस्वामी के भतीजे थे और उनकी मीरां से भेंट हुई थी और वे उससे प्रभावित भी थे। मीरां मन्दिर की प्रतिष्ठा तक जीवित नहीं थी लेकिन सम्भव है कि मानसिंह के मन में

मीरां से सम्बन्ध के कारण जीव गोस्वामी और रूप गोस्वामी के प्रति आदर-सम्मान और श्रद्धा का भाव रहा हो।

अकबर पर मीरां के प्रभाव के सम्बन्ध में कुछ भी ज्ञात नहीं है। शायद उस पर सीधा कोई प्रभाव नहीं रहा होगा लेकिन ऐसा हो सकता है कि वह मीरां के सीधे सम्पर्क में आनेवालों से प्रभावित रहा हो। कहते हैं कि अकबर की पहली और सबसे प्रभावशाली हिन्दू रानी हरखाबाई उर्फ मरियम जमानी मीरां की शिष्या थी।[193] यह तय है कि अकबर की हिन्दू समर्थक और राजपूत राजाओं के साथ गठबन्धन की नीति को मरियम जमानी ने दूर तक प्रभावित किया। यह उल्लेखनीय है कि इस प्रभाव के कारण ही अकबर ने आरम्भ में हिन्दू समर्थक और राजपूत राजाओं के साथ सद्भावपूर्ण गठबन्धन की नीति को खुलकर बढ़ावा दिया। 1562 ई. में, जब वह केवल बीस वर्ष का था, तो उसने युद्ध बन्दियों को दास बनाने की प्रथा समाप्त कर दी। उसने 1563 ई. में हिन्दुओं पर पूर्व के मुस्लिम शासकों द्वारा लगाया तीर्थ कर समाप्त कर दिया। यही नहीं, उसने 1564 ई. में गैर-मुस्लिमों के विरुद्ध लगाया गया सबसे अधिक घृणास्पद कर जजिया भी उठा लिया। वह हिन्दुओं की तरह वस्त्राभूषण पहनने लगा और मांसाहार के भी खिलाफ हो गया। तत्कालीन मुस्लिम इतिहासकारों के अनुसार यह सब युवा अकबर पर उसके हरम की हिन्दू राजकुमारियों के मजबूत नियन्त्रण और प्रभाव के कारण हुआ।[194] 1563-65 ई. में मीरां के निधन के बाद अकबर पर रूढ़िवादी उलेमाओं का प्रभाव बढ़ गया।

8

मीरां साधारण सामन्त स्त्री थी लेकिन खास प्रकार की घटना संकुल परिस्थितियों से उसकी जीवन यात्रा असाधारण हो गयी। सत्ता संघर्ष, अन्तःकलह और बाह्य आक्रमणों की निरन्तरता से उसके जीवन में मोड़-पड़ाव बढ़ गये। मीरां का जन्म 1498 ई. के आसपास हुआ। उसके जन्म समय की सटीक गणना की खींचतान निरर्थक है। दरअसल दस्तावेजी प्रमाणों और लोक में उसका जो जन्म समय मिलता है वो स्मृति आधारित है, जिसमें कुछ वर्षों के इधर-उधर की गुंजाइश है। नये उपलब्ध ऐतिहासिक साक्ष्यों से सिद्ध है कि मीरां का जन्म मेड़ता में ही हुआ। धार्मिक आख्यान और लोक स्मृतियाँ भी इसकी पुष्टि करती हैं। मीरां का पिता रत्नसिंह योद्धा था। उसको कुड़की सहित बारह गाँवों की जागीर मीरां के जन्म के बाद मिली। उसकी माता झाला परिवार से सम्बन्धित थी। उसके सम्बन्ध में ऐतिहासिक जानकारियाँ कम मिलती है, लेकिन आख्यानों से लगता है कि वह मीरां के विवाह के समय तक जीवित थी। मीरां को दूदा के उत्तराधिकारी अपने बड़े पिता वीरमदेव का भी स्नेह मिला। मीरां का बाल्यकाल सुखी थी। उसका लालन-पालन एक कुटुम्ब और भरे-पूरे परिवार के बीच हुआ। मध्यकाल में ब्राह्मण धर्म के श्रुत और लोक रूप की

अनौपचारिक शिक्षा देते थे। मीरां के लिए भी इस तरह की शिक्षा का प्रबन्ध किया गया था। मीरां के कुटुम्ब में कृष्ण भक्ति पारम्परिक थी इसलिए इसके संस्कार उसमें बाल्यकाल से थे। इससे सम्बन्धित कई जनश्रुतियाँ मिलती हैं। मीरां का दादा दूदा अपने समय का विख्यात योद्धा और कूटनीतिज्ञ था। उसने मीरां को इस तरह से पाला-पोसा होगा कि वह एक आत्मनिर्भर और स्वावलम्बी स्त्री के रूप में मेवाड़ और मारवाड़-मेड़ता के तत्कालीन कूटनीतिक और सामाजिक तानेबाने में आसानी से समायोजित हो सके। रैदास मीरां के औपचारिक गुरु नहीं थे, वह उनसे दीक्षित भी नहीं थी लेकिन उनसे उसका कोई सम्बन्ध—श्रद्धा, आस्था-विश्वास आदि का जरूर रहा होगा। लोक में इस सम्बन्ध में कई जनश्रुतियाँ मिलती हैं।

मीरां का विवाह 1516 ई. के आसपास महाराणा सांगा के ज्येष्ठ पुत्र भोजराज से हुआ। यह विवाह केवल कूटनीतिक विवाह नहीं था। मेवाड़ और मारवाड़-मेड़ता में विवाह की दीर्घकालीन परम्परा थी। मामूली प्रतिरोध और दैनन्दिन ईर्ष्या-द्वेषों के अलावा मीरां का आरम्भिक वैवाहिक जीवन सुखी था। पति से उसके सम्बन्ध सामान्य थे। भोजराज के निधन के बाद उसका विधवा जीवन घटनामय और दुःखी होता गया। इतिहास और मीरां की कुछ कविताओं से लगता है कि उसकी ऊदांबाई नामक एक ननद भी थी, जो उसके कुल-मर्यादाविहीन साधु-सत्संग आदि के विरुद्ध थी। सती प्रथा उस समय बहुत व्यापक नहीं थी, यह स्वैच्छिक थी लेकिन परिस्थितियाँ कुछ ऐसी बनीं कि मीरां से सती होने का आग्रह किया गया, लेकिन वह सती नहीं हुई। भोजराज के निधन के बाद मीरां को सांगा के उत्तराधिकार के लिए अन्तःपुर में हुए अन्तःकलह में दोनों गुटों—रत्नसिंह और उसकी राठौड़ माता धनाबाई और विक्रमादित्य और उसकी हाड़ा माता करमेती की नाराजगी झेलनी पड़ी। सांगा के बाद कुछ समय के लिए सत्तारूढ़ अपने देवर रत्नसिंह और विक्रमादित्य से मीरां के सम्बन्ध बहुत खराब थे। अपने मेड़ता के परिजनों की सांगा के प्रति निष्ठा के कारण रत्नसिंह और मूर्ख और असुरक्षित होने के कारण विक्रमादित्य ने मीरां को दुःखी और प्रताड़ित किया। इन दोनों के शासनकाल में मीरां को मारने के उपक्रम भी हुए। इस दौरान उसके पिता सहित कई परिजन भी नहीं रहे। मीरां निरन्तर दुःखी और एकाकी हो जाने से इस समय पूरी तरह भक्ति की शरण में चली गयी होगी।

मीरां सुरक्षा और स्थायित्व की तलाश में अपने परिजनों के पास मेड़ता गयी लेकिन बाह्य आक्रमणों ने यहाँ भी उसका पीछा नहीं छोड़ा। अपने मेड़ता के परिजनों के साथ निराश्रय यहाँ-वहाँ भटकने के दौरान मीरां ने तीर्थ यात्रा पर जाने का निर्णय लिया होगा। मीरां पहले वृन्दावन गयी। यह उस समय कृष्ण भक्ति का केन्द्र था। भक्ति के एकाधिक सांस्थानिक सम्प्रदाय यहाँ सक्रिय थे। आरम्भ में मीरां को स्त्री होने के कारण यहाँ प्रतिरोध का सामना करना पड़ा, लेकिन बाद में वह स्वीकार्य और मान्य हो गयी। मीरां यहाँ से द्वारिका गयी। यह असामान्य घटना नहीं थी।

सामन्त स्त्रियों का द्वारिका गमन पारम्परिक था। गुजरात का लोक समावेशी और उदार था। भक्ति आन्दोलन यहाँ खूब फल-फूल रहा था, इसलिए मीरां यहाँ पूरी तरह रच-बस गयी। उसे यहाँ अपने सजातीय सामन्तों का सहयोग भी मिला। मीरां ने यहाँ सत्संग, सेवा और भजन-कीर्तन में अपना समय व्यतीत किया। उसने यहाँ मन्दिर भी बनवाया। कहते हैं कि मीरां 1546 ई. के आसपास द्वारिका में भगवान रणछोड़ मूर्ति में समा गयी। मीरां की हैसियत एक सन्त-भक्त सामन्त स्त्री की थी इसलिए लोक ने इसको चमत्कार मानकर स्वीकार कर लिया। कुछ लोगों की धारणा है कि मीरां यहाँ से छिपकर चुपचाप दक्षिण की यात्रा पर निकल गयी। कुछ वर्ष तीर्थाटन पर रहने के बाद वह उत्तर भारत में रामचन्द्र बाघेला के यहाँ प्रकट हुई। यहाँ उसकी भेंट तानसेन, बीरबल और तुलसीदास से हुई। यहाँ से मीरां आम्बेर और मथुरा गयी, जहाँ वह मानसिंह और अन्ततः अकबर के सम्पर्क में आयी। 1546 ई. के बाद मीरां की यह जीवनयात्रा पूरी तरह जनश्रुतियों पर आधारित है, लेकिन खास बात यह है कि यह तत्कालीन ऐतिहासिक परिप्रेक्ष्य में अपने लिए जगह निकाल लेती है। यदि यह सही है तो मीरां का निधन 1561-63 ई. में 63-65 वर्ष की उम्र में हुआ होगा। मीरां के सम्बन्ध में कई भ्रांतियाँ हैं। वह पगली-दीवानी भक्ति में डूबी स्त्री नहीं थी। उसका लालन-पालन एक स्वाभिमानी, आत्मनिर्भर और जीवन की उठापटक से अवगत विवेकवान युवती के रूप में हुआ था। वह भगवाधारी, असहाय और दीनहीन साध्वी भी नहीं थी। उसके आर्थिक स्वावलम्बन के पारम्परिक प्रावधान थे और उसे मजबूत सामाजिक सुरक्षा प्राप्त थी।

मीरां के जीवन की यह पुनर्रचना उसके असल जीवन के आसपास ही हो सकती है। उसके असल जीवन की थाह और पड़ताल अब बहुत मुश्किल काम है। मीरां का जीवन जो अब ज्ञात है वो दरअसल हमारे लोक की कामनाओं, इच्छाओं और सपनों का जीवन है। लोक सदियों से मीरां के जीवन में अपने सपनों के लिए भी जगह बनाता रहा है और इस कारण उसके असल जीवन में निरन्तर कुछ घटता-बढ़ता रहा है।

सन्दर्भ और टिप्पणियाँ :

1. मेवाड़ एक पूर्व रियासत राज्य था जिसका विलय आजादी के बाद राजस्थान में हुआ। इसका प्राचीन नाम मेदपाट था जो अपभ्रंश होकर मेवाड़ हो गया। यह मध्यकाल में उत्तर भारत का सबसे बड़ा राज्य था। राजपूतों की गहलोत और बाद में इसकी एक उपशाखा सिसोदिया का इस पर शासन रहा। चित्तौड़गढ़ इसकी राजधानी थी लेकिन मध्यकाल में उदयसिंह के समय उदयपुर बसाया गया और यह इसकी राजधानी हुई। इसकी भौगोलिक सीमाएँ बदलती रही हैं। वर्तमान राजस्थान के उदयपुर, चित्तौड़गढ़, भीलवाड़ा और राजसमंद जिले इसमें हमेशा रहे।
2. देखिए : *मेवाड़ के राजाओं की राणियों, कुँवरों और कुँवरियों का हाल (बड़वा देवीदान की ख्यात : सं. देवीलाल पालीवाल)*, साहित्य संस्थान, राजस्थान विद्यापीठ, उदयपुर, 1985

3. मारवाड़ एक पूर्व रियासत राज्य था जिसका विलय आजादी के बाद राजस्थान में हुआ। वर्तमान राजस्थान के जोधपुर, पाली आदि जिले इसमें आते थे। राजपूतों की राठौड़ शाखा का इस पर शासन रहा। पहले मंडोर इसकी राजधानी थी। बाद में जोधा के समय जोधपुर बसाया गया और यह इसकी राजधानी हो गयी।
4. *राणीमंगा भाटों की बही (मारवाड़ का रनिवास,* सं. महेन्द्रसिंह नगर), महाराजा मानसिंह पुस्तक प्रकाश शोध केन्द्र, दुर्ग, जोधपुर, 2002
5. *एनल्स एंड एंटीक्विटीज ऑफ राजस्थान, खंड-2* (सं.विलियम क्रूक), मोतीलाल बनारसीदास, दिल्ली, पुनर्मुद्रित संस्करण, 1971, (लन्दन, प्र.सं., 1920) पृ.337
6. कुमकुम संगारी : *मीरांबाई और भक्ति की आध्यात्मिक अर्थनीति* (अनुवाद : अनुपमा गुप्ता), वाणी प्रकाशन, नयी दिल्ली, 2012; परिता मुक्ता : *अपहोल्डिंग दि कॉमन लाइफ-दि कम्यूनिटी ऑफ मीरांबाई,* ऑक्सफोर्ड युनिवर्सिटी प्रेस, कोलकाता, 1997 और मधु किश्वर और रूथ वनिता : 'मोडर्न वर्जन ऑफ मीरां', *मानुषी,* जनवरी-जून, 1989, अंक-50,51 और 52
7. मुंशी देवीप्रसाद : *मीरांबाई का जीवन चरित्र,* बंगीय साहित्य परिषद, कोलकाता, 1954 (प्रथम संस्करण, 1898)
8. *मीराबाई : हर लाइफ एंड टाइम्स,* भारतीय विद्याभवन, मुम्बई, 1966
9. 'मीरां प्रकरण' (विद्याभूषण हरिनारायण पुरोहित), *परम्परा* (सं. नारायणसिंह भाटी), भाग-63-64, राजस्थानी शोध संस्थान, चौपासनी, जोधपुर, 1982
10. *श्रीभक्तमाल* (श्रीप्रियादासजी प्रणीत टीका-कवित्त सहित, सं. सीतारामशरण भगवान्प्रसाद रूपकला), तेजकुमार बुक डिपो (प्रा.) लिमिटेड, लखनऊ, ग्यारहवाँ संस्करण, 2011
11. 'मीरांबाई री परची व परची काव्य', *परम्परा* (सं. नारायणसिंह भाटी), राजस्थानी शोध संस्थान, चौपासनी, जोधपुर, भाग 69-70
12. *भविष्य महापुराणम्* (द्वितीय खंड), मध्यम एवं प्रतिसर्ग पर्व, हिन्दी साहित्य सम्मेलन, इलाहाबाद, 1997, पृ.716
13. *मीरां बृहत् पदावली* (सं. हरिनारायण पुरोहित), भाग-1, राजस्थान प्राच्यविद्या प्रतिष्ठान, जोधपुर, तृतीय संस्करण, 2006
14. मीरां विषयक अधिकांश हरजसों का संकलन जयपालसिंह राठौड़ ने किया है। ये सभी हरजस समवेत रूप में *लूर* (मीरां विशेषांक) वर्ष-1, अंक-2, जुलाई-सितम्बर, 2003, (राजस्थान फोकलोर स्टडी एंड रिसर्च सोसायटी, जोधपुर) में प्रकाशित हैं।
15. कुमकुम संगारी : *मीरांबाई और भक्ति की आध्यात्मिक अर्थनीति*; परिता मुक्ता : *अपहोल्डिंग दि कॉमन लाइफ–दि कम्यूनिटी ऑफ मीराबाई; मधु किश्वर और रूथ वनिता :* 'मॉडर्न वर्जन ऑफ मीरां', मानुषी, जनवरी-जून, 1989, अंक-50, 51 और 52 आदि
16. *चौरासी वैष्णवन की वार्ता,* श्री विद्या विभाग, नाथद्वारा, 1970 (वि. सं. 2027), पृ.239
17. 'मीरां प्रकरण' (विद्याभूषण हरिनारायण पुरोहित), *परम्परा,* भाग-63-64, पृ.92
18. गोपालसिंह मेड़तिया : *जयमलवंश प्रकाश (बदनोर (मेवाड़) का इतिहास),* द्वितीय भाग, राजस्थानी ग्रन्थागार, जोधपुर, दूसरा संशोधित संस्करण, 2012 (प्र.सं. संस्करण 2031), पृ.421
19. गौरीशंकर हीराचन्द ओझा : *उदयपुर राज्य का इतिहास,* राजस्थानी ग्रन्थागार, जोधपुर (प्रथम संस्करण, 1928), 1996-97, पृ.394
20. *लागी चटपटी भूप भक्ति कौ सरूप जानि, अतिदुख मानि, बिप्र श्रेणी ले पठाइयै।। बैगी लैके आवौ मो को प्रान दे जिवावौ अहो गये द्वार धरनौ दे विनती सुनाइयै।–श्रीभक्तमाल* (श्रीप्रियादासजी प्रणीत टीका-कवित्त सहित), पृ.722

21. यह किंवदंती मन्दिर के मुख्य द्वार पर लिखकर टाँगी गयी है।
22. हुकुमसिंह भाटी : *मीरांबाई : ऐतिहासिक और सामाजिक विवेचन,* रतन प्रकाशन, प्रतापनगर, जोधपुर, 1986, पृ.16-20
23. हनुमानप्रसाद पोद्दार : *भक्त नारी* (भक्त चरित माला-2), गीता प्रेस, गोरखपुर, 2001
24. गिरिजाशरण अग्रवाल : *प्रेम दीवानी मीरा,* डायमंड पॉकेट बुक्स प्रा.लि., नयी दिल्ली, 2003
25. *मीरांबाई का जीवन चरित्र,* पृ.9
26. *चतुरकुल चरित्र इतिहास,* प्रथम भाग (श्रीमान ठाकुर चतुरसिंही वर्मा बड़ी रूपाहेली मेवाड़ ने परिश्रमपूर्वक बनाया और लाला सुखानन्द ने उक्त ठाकुर साहिब की आज्ञानुसार निज यंत्रालय (एडवर्ड प्रिंटिंग प्रेस, नसीराबाद) से प्रथम बार (1902 ई.) मुद्रित करवाया।), पृ.78
27. हरविलास सारड़ा : *हिन्दुपति महाराणा सांगा,* सूर्यनगरी प्रकाशन, जोधपुर, 2008, पृ.74
28. गौरीशंकर हीराचन्द ओझा : *उदयपुर राज्य का इतिहास,* पृ.359; गोपीनाथ शर्मा : *भक्त मीरांबाई,* मीरां कला मन्दिर, उदयपुर, 1990, पृ.10 और हरमन गोएट्ज़े : *मीराबाई : हर लाइफ एंड टाइम्स,* पृ.4
29. *राणीमंगा भाटों की बही (मारवाड़ का रनिवास),* पृ.xxvi
30. *राणीमंगा भाटों की बही (मारवाड़ का रनिवास),* पृ.16
31. हुकुमसिंह भाटी : मीरांबाई : *ऐतिहासिक और सामाजिक विवेचन,* पृ.9
32. *मुंहता नैणसी री लिखी मारवाड़ रा परगनां री विगत,* तृतीय भाग (सं.नारायणसिंह भाटी), राजस्थान प्राच्यविद्या प्रतिष्ठान, जोधपुर, 1994, पृ.336
33. *मीरांबाई का जीवन चरित्र,* पृ.9
34. *मीरां बृहत् पदावली,* भाग-1, पृ.2
35. *मीरां की प्रामाणिक जीवनी,* राजस्थानी साहित्य संस्थान, जोधपुर, 2006, पृ.10
36. *उदयभाण चांपावत री ख्यात* (मुरारीदान री ख्यात), ग्रंथांक-15675, राजस्थान प्राच्यविद्या प्रतिष्ठान, जोधपुर, पृ.574
37. वही, पृ.575
38. *श्रीभक्तमाल* (श्रीप्रियादासजी प्रणीत टीका-कवित्त सहित), पृ.714
39. *राघवदासकृत भक्तमाल* (चतुरदास की टीका सहित, सं.अगरचन्द नाहटा), राजस्थान प्राच्यविद्या प्रतिष्ठान, जोधपुर, 1965, पृ.99
40. 'मीरांबाई री परची', *परम्परा* (सं. नारायणसिंह भाटी), भाग 69-70, पृ.17
41. *मुंहता नैणसी री लिखी मारवाड़ रा परगनां री विगत,* द्वितीय भाग, पृ.41
42. *खाप चांदावत* (74/11), राजस्थान राज्य अभिलेखागार, बीकानेर
43. *ख्यात भेंसड़ा बड़ा* (11/33), राजस्थान राज्य अभिलेखागार, बीकानेर
44. *मुंहता नैणसी री लिखी मारवाड़ रा परगनां री विगत,* द्वितीय भाग, पृ.46
45. वही, पृ.47
46. *जयमलवंश प्रकाश (बदनोर (मेवाड़) का इतिहास),* प्रथम भाग, पृ.61
47. *मुंहता नैणसी री लिखी मारवाड़ रा परगनां री विगत,* द्वितीय भाग, पृ.46
48. *चतुरकुल चरित्र इतिहास,* प्रथम भाग, पृ.23
49. *उदयभाण चांपावत री ख्यात* (मुरारीदान री ख्यात), ग्रंथांक-15675, पृ.574
50. वही, पृ.574
51. *मुंहता नैणसी री लिखी मारवाड़ रा परगनां री विगत,* द्वितीय भाग, पृ.109
52. *मीरां बृहत् पदावली,* भाग-1, पृ.3
53. स्वामी आनन्द स्वरूप : *मीरां सुधा सिंधु,* यतीन्द्र साहित्य सदन, भीलवाड़ा, 1942, पृ.8

54. गौरीशंकर हीराचन्द ओझा : *उदयपुर राज्य का इतिहास*, पृ.341

55. *श्रीभक्तमाल* (श्रीप्रियादासजी प्रणीत टीका-कवित्त सहित), पृ.714

56. *जयमलवंश प्रकाश (बदनोर (मेवाड़) का तिहास)*, प्रथम भाग, पृ.99

57. *उदयभाण चांपावत री ख्यात* (मुरारीदान री ख्यात), ग्रंथांक-15675, पृ.574

58. *मेरतें बसत भूप, भक्ति कौ सरूप जानौं, जैमल अनूप जाकी कथा कहि आयै हैं।*
करी साधुसेवा रीति प्रीति को प्रतीति भई नयी एक सुनौ हरि कैसैकै लड़ाये हैं।
नीचे मानि मन्दिर सो सुन्दर बिचारि बात, छात पर बंगला कै चित्र ले बनाये हैं।
विविध बिछौना सेज राजत उढ़ौना पानदान धरि सौना जरी परदा सिवायै हैं।
ताकि दारु सीढि, करि रचना, उतारि धरैं, भरैं दूरि चौकी, आप भाव स्वच्छताई है।
मानसी विचारैं, लाल सेज पग धारै, पानखात लै उगार डारै, पौढै सुखदाई है।
तिया हूनभेद जानै, सो निसेनी धरी वानै, देखै को किशोर सोयौ फिरी भोर आयी है।
पति कों सुनाई, भई अति मन भाई, वाकौ खीझि डरपाई, जानी भागि अधिकाई है।—श्री भक्तमाल (श्रीप्रियादासजी प्रणीत टीका-कवित्त सहित), पृ.729

59. *राघवदासकृत भक्तमाल* (चतुरदास की टीका सहित), पृ.151

60. *जयमलवंश प्रकाश (बदनोर (मेवाड़) का इतिहास)*, द्वितीय भाग, पृ.427

61. गौरीशंकर हीराचन्द ओझा : *उदयपुर राज्य का इतिहास*, पृ.417

62. ठाकुर चतुरसिंह : 'मीरां प्रकरण', *परम्परा*, भाग-63-64, पृ.70

63. *मीरां बृहत् पदावली*, भाग-1, पृ.2

64. *रतन राव दूदा को जायो, जिण एक कुडकी नगर बसायो।*
जिण घर जनमी मीरांबाई, बैन अनोपा ओर न भाई॥—'मीरांबाई री परची', *परम्परा*, भाग 69-70, पृ.18

65. गोपीनाथ शर्मा : *भक्त मीरांबाई*, पृ.11

66. गौरीशंकर हीराचन्द ओझा : *जोधपुर राज्य का इतिहास*, प्रथम खंड *(राजपूताने का इतिहास)*, राजस्थानी ग्रन्थागार, जोधपुर, 1997, पृ.287

67. जी. एन. शर्मा : 'द हाउस ऑफ मेवाड़', *ए कांप्रिहेन्सिव हिस्ट्री ऑफ इंडिया* (सं. मोहम्मद हबीब एवं खालिक अहमद निजामी), खंड-5, पीपुल्स पब्लिशिंग हाउस, दिल्ली, 1970, पृ.802

68. हरमन गोएट्ज़े : *मीराबाई : हर लाइफ एंड टाइम्स*, पृ.8

69. जयमलवंश प्रकाश (बदनोर (मेवाड़) का इतिहास), द्वितीय भाग, पृ.422

70. गोपीनाथ शर्मा : *भक्त मीरांबाई*, पृ.12

71. *जयमलवंश प्रकाश (बदनोर (मेवाड़) का इतिहास)*, द्वितीय भाग, पृ.422

72. गौरीशंकर हीराचन्द ओझा : *उदयपुर राज्य का इतिहास*, पृ.358

73. वही, पृ.384

74. गौरीशंकर हीराचन्द ओझा : *उदयपुर राज्य का इतिहास*, पृ.384

75. वही, पृ.359 और गोपीनाथ शर्मा : *भक्त मीरांबाई*, पृ.13

76. *जयमलवंश प्रकाश (बदनोर (मेवाड़) का इतिहास)*, द्वितीय भाग, पृ.423

77. मेवाड़ के सिसोदिया और मारवाड़-मेड़ता के राठौड़ कुल में विवाह की दीर्घकालीन परम्परा थी : (1) मारवाड़ के राव चूंडा (1394-1423 ई.) की बेटी हंसाबाई का विवाह महाराणा लाखा (1382-1420 ई.) से हुआ। (2) मारवाड़ के राव जोधा (1453-1487 ई.) की बेटी शृंगारदेवी का विवाह मेवाड़ के महाराणा रायमल (1473-1509 ई.) से हुआ। (3) मारवाड़ के राव बाघा की बेटी धनाबाई का विवाह मेवाड़ के महाराणा सांगा (1509-1528 ई.) से हुआ। (4) मेवाड़ के महाराणा रायमल (1473-1509

ई.) की बेटी गोरज्यां कंवरी का विवाह मेड़ता के वीरमदेव (1515 ई.-1544 ई.) से हुआ। (5) मेड़ता के राव दूदा (1495-1515 ई.) के बेटे रत्नसिंह की बेटी मीरां का विवाह मेवाड़ के महाराणा सांगा के बेटे भोजराज से हुआ।

78. *वीर विनोद (मेवाड़ का इतिहास)*, द्वितीय भाग, खंड-1, मोतीलाल बनारसीदास, दिल्ली, 1986 (राज यंत्रालय, उदयपुर, प्र.सं.1886), पृ.2
79. *उदयपुर राज्य का इतिहास*, पृ.360
80. *मीरांबाई : ऐतिहासिक और सामाजिक विवेचन*, पृ.17
81. *मेवाड़ के राजाओं की राणियों, कुँवरों और कुँवरियों का हाल* (बड़वा देवीदान की ख्यात), पृ.8
82. हरविलास सारड़ा : *हिन्दुपति महाराणा सांगा*, पृ.49
83. मुहम्मद कासिम हिन्दू शाह फरिश्ता : *तारीखे फरिश्ता*, भाग-2 (अनुवाद : नरेन्द्र श्रीवास्तव), उत्तरप्रदेश हिन्दी संस्थान, लखनऊ, 2005, पृ.400
84. हरविलास सारड़ा : *हिन्दुपति महाराणा सांगा*, पृ.50
85. *उदयपुर राज्य का इतिहास*, पृ.360
86. *उदयपुर राज्य का इतिहास*, पृ.389
87. *मीरांबाई का जीवन चरित्र*, पृ.12
88. *देवी के पुजायबे कौं कियौ ले उपाय सासु, बर पै, पुजाइ सुनि वधू पूजि भाखियै।*
    बोली जू बिकायौ माथौ लाल गिरिधारी हाथ, और कौन नव, एक वही अभिलाखियै॥ –श्री भक्तमाल (श्रीप्रियादासजी प्रणीत टीका-कवित्त सहित), पृ.716
89. माधव हाड़ा : 'मीरां का समय और समाज', *बनास जन* (सं पल्लव), अंक-1, वर्ष-1, जनवरी, 2012, पृ.37
90. आलमशाह खान : *मीरां का लोकतात्त्विक अध्ययन*, संघी प्रकाशन, उदयपुर, प्रथम संस्करण, 1989, पृ.27
91. गोपीनाथ शर्मा : *भक्त मीरांबाई*, पृ.14
92. *मेवाड़ के राजाओं की राणियों, कुँवरों और कुँवरियों का हाल* (बड़वा देवीदान की ख्यात : सं. देवीलाल पालीवाल), पृ.9
93. वही, पृ.7
94. *उदयपुर राज्य का इतिहास*, पृ.394
95. ठाकुर चतुरसिंह : 'मीरां प्रकरण' (विद्याभूषण हरिनारायण पुरोहित), *परम्परा*, भाग-63-64, पृ.68 और गोपालसिंह मेड़तिया : *जयमलवंश प्रकाश (बदनोर (मेवाड़) का इतिहास)*, द्वितीय भाग, पृ.427
96. ठाकुर चतुरसिंह : 'मीरां प्रकरण' (विद्याभूषण हरिनारायण पुरोहित), *परम्परा*, भाग-63-64, पृ.70
97. गोपीनाथ शर्मा : *भक्त मीरांबाई*, पृ.14
98. 'मीरां का समय और समाज' (माधव हाड़ा), *बनास जन* (सं. पल्लव), अंक-1, वर्ष-1, जनवरी, 2012, पृ.29
99. *उदयपुर राज्य का इतिहास*, पृ.342
100. *मीरां बृहत् पदावली*, भाग-1, पृ.316
101. *नागरीदास ग्रन्थावली* (सं.किशोरीलाल गुप्त), द्वितीय खंड : पदेतर रचनाएँ, नागरीप्रचारिणी सभा, वाराणसी, 1955 (सं. 2012), पृ.363
102. *मेवाड़ के राजाओं की राणियों, कुँवरों और कुँवरियों का हाल* (बड़वा देवीदान की ख्यात : सं. देवीलाल पालीवाल), पृ.9
103. *वीर विनोद (मेवाड़ का इतिहास)*, द्वितीय भाग, खंड-1, पृ.25

104. *मीरां बृहत् पदावली*, भाग-1, पृ.43

105. *मीरां बृहत् पदावली*, भाग-2 (सं. कल्याणसिंह शेखावत), राजस्थान प्राच्यविद्या प्रतिष्ठान, जोधपुर, 1975, पृ.82

106. *श्रीभक्तमाल* (श्रीप्रियादासजी प्रणीत टीका-कवित्त सहित), पृ.713

107. *दयाराम पिंडो एक नांमा, राजमिंदर सेवौ अठजांमा।*
सीसोद्यो बौहौ भांत सिखायौ, यूं कहिज्यौ चरणमति लायौ॥
गुप्त दान वाकूं ले घाल्यौ, सो मारण मीरां कूं चाल्यौ।
पिंडो कहै भाग धिन राणी, जिण प्रभु की भक्त पिछाणी॥
हरिजी की अग्या भई मौने, चारणामति हरि भेज्यौ तौने।
कै लेवो कै पूठो फेरो, बिना लियां पण जेहै तेरो॥
जाण्यौ जेहैर मरण के काजै, बिना पियां मेरो बिड़द लाजै।
चरणामृत सुण मीसं लीयो, राम भरोसे प्यालो पीयो॥-'मीरांबाई री परची', *परम्परा*, भाग-69-70, पृ.47

108. *रिपोर्ट-मरदुमशुमारी राज मारवाड़* 1891 ई. (राजस्थान की जातियों का इतिहास एवं रीतिरिवाज), संस्करण, 2010 (प्रथम संस्करण, 1894), पृ.440 और *जयमलवंश प्रकाश (बदनोर (मेवाड़) का मेवाड़ का इतिहास)*, द्वितीय भाग, पृ.425

109. *म्हे तो सुमरया छै मदनगोपाल, राणांजी म्हारा कांई करसी। –मीरां बृहत् पदावली*, भाग-1, पृ.227
राणाजी थारो देसड़लो रंग रूड़ो। थारे मुलक में भक्ति नहीं छै, लोग बसे सब कूड़ो॥–मीरां बृहत् पदावली, भाग-1, पृ.248
राणाजी थे क्यांने राखो मोसूं बैर। राणांजी म्हाने ऐसा लगत है, ज्यूं बिरछन में केर॥–मीरां बृहत् पदावली, भाग-1, पृ.248
राणूं महरो कांई करैलो राज, म्हे तो छांड़ी कुल की लाज।–मीरां बृहत् पदावली, भाग-1, पृ.257
राणोंजी मेवाड़ो म्हारे दाय न आवै। गिरधर म्हारै मन भाया, भोलि माय॥ –मीरां बृहत् पदावली, भाग-1, पृ.258

110. *वीर विनोद (मेवाड़ का इतिहास)*, द्वितीय भाग, खंड-1, पृ.1

111. *उदयपुर राज्य का इतिहास*, पृ.383

112. *बाबरनामा* (हिन्दी अनुवाद : युगजीत नवलपुरी), साहित्य अकादेमी, नयी दिल्ली, पुनर्मुद्रण, 2012, पृ.405

113. *उदयपुर राज्य का इतिहास*, पृ.392

114. वही, 399

115. *मीरां बृहत् पदावली*, भाग-2, पृ.75

116. ठाकुर चतुरसिंह : '*मीरां प्रकरण*' (विद्याभूषण हरिनारायण पुरोहित), *परम्परा*, भाग-63-64, पृ.74

117. जयमलवंश प्रकाश *(बदनोर (मेवाड़) का मेवाड़ का इतिहास)*, प्रथम भाग, पृ.77

118. *मीरां बृहत् पदावली*, भाग-2, पृ.48

119. *मीरांबाई : ऐतिहासिक और सामाजिक विवेचन*, पृ.20

120. ठाकुर चतुरसिंह : *मीरां प्रकरण* (विद्याभूषण हरिनारायण पुरोहित), *परम्परा*, भाग-63-64, पृ.69

121. वही, पृ.92

122. *भक्ति रस बोधिनी संग्रह (भक्तमाल) सह टीका*, ग्रंथांक-2092, राजस्थान प्राच्यविद्या प्रतिष्ठान, शाखा कार्यालय, उदयपुर

123. *श्रीवीरभूमि : चित्तौड़गढ़ (श्रीचित्रकूट गुण मालिका)*, मोहनलाल दशोरा, एडवोकेट, उदयपुर, द्वितीय संस्करण, 2013, पृ.41

124. महेन्द्र भानावत : *निर्भय मीरां* (यह पुस्तक मीरां सम्बन्धी लोक स्मृतियों पर आधारित है। इसके लिए भानावत ने 1982 से 1987 ई. तक मीरां से सम्बन्धित अधिकांश स्थानों की शोध यात्राएँ कीं), मुक्तक प्रकाशन, उदयपुर, 1994
125. परिता मुक्ता : *अपहोल्डिंग दि कॉमन लाइफ–दि कम्यूनिटी ऑफ मीराबाई,* पृ.105
126. 'मीरांबाई का जीवन चरित्र', *द्वारिका परिचय* (प्राचीन तीर्थ भूमि के अर्वाचीन दर्शन, सं. भरत सी. सुखपरिया, प्रदीप आर. माधवाणी एवं गिरीश वी. गणात्रा), रवि प्रकाशन, द्वारिका, (प्रथमावृत्ति-गुजराती, 2004) प्रथमावृत्ति-हिन्दी, 2005, पृ.79
127. *मीरां बृहत् पदावली,* भाग-1, पृ.207, पृ.220
128. *मीरां बृहत् पदावली,* भाग-1, पृ.201
129. धर्मपाल मैनी, *रैदास,* साहित्य अकादेमी, नयी दिल्ली, 2008, पृ.14
130. *बसत चित्तौर माँझ रानी एक झाली नाम, नाम बिन कान खाली आन शिष्य भई है। –श्री भक्तमाल* (श्रीप्रियादासजी प्रणीत टीका-कवित्त सहित), पृ.477
131. हरमन गोएट्ज़े : *मीराबाई : हर लाइफ एंड टाइम्स,* पृ.11
132. *सन्त सुधा सार* (संकलन-सम्पादन : वियोगी हरि), सस्ता साहित्य मंडल, नयी दिल्ली, तीसरी बार, 2004, पृ.155
133. गोपीनाथ शर्मा : *भक्त मीरांबाई,* पृ.19
134. वियोगी हरि : *सन्त सुधा सार,* पृ.155
135. माधव हाड़ा : 'मीरां का समय और समाज', *बनास जन* (सं. पल्लव), अंक-1, वर्ष-1, जनवरी, 2012, पृ.37
136. *मीरां बृहत् पदावली,* भाग-1 (पदांक-345 और 346), पृ.163
137. *मेवाड़ के राजाओं की राणियों, कुँवरों और कुँवरियों का हाल* (बड़वा देवीदान की ख्यातः सं. देवीलाल पालीवाल), पृ.9
138. जगदीशसिंह गहलोत : *मीरांबाई का जीवन और काव्य,* हिन्दी साहित्य मन्दिर, जोधपुर, 1973, पृ.24
139. *वीर विनोद (मेवाड़ का इतिहास),* प्रथम भाग, पृ.354
140. *उदयपुर राज्य का इतिहास,* पृ.347
141. *मीरां बृहत् पदावली,* भाग-1, पृ.163
142. 'मीरांबाई री परची', *परम्परा,* भाग-69-70, पृ.39
143. *मीरां बृहत् पदावली,* भाग-1, पृ.198
144. *गोपीनाथ शर्मा* : भक्त मीरांबाई, पृ.18
145. माधव हाड़ा : 'मीरां का समय और समाज', *बनास जन* (सं. पल्लव), अंक-1, वर्ष-1, जनवरी, 2012, पृ.31
146. *मीरां बृहत् पदावली,* भाग-2, पृ.93
147. *वृन्दावन आयी, जीव गुसाईं जी सों झिलीं, तिया मुख देखिबे को पन ले छुटायो है।–श्रीभक्तमाल* (श्रीप्रियादासजी प्रणीत टीका-कवित्त सहित), पृ.721
148. *ता पीछैं मीरांबाई गंगादिक तीरथ करिकैं अरु श्री वृन्दावन हू आये, तहां जीव गुसाईजू को प्रण स्त्री के न देखिबे को छुटाय सबसौं गुरु गोविन्दवत सनमान सतसंग कहि द्वारिका को चले, उहां बास करिबैं के लियैं।– नागर ग्रन्थावली* (सं.किशोरीलाल गुप्त), द्वितीय खंड : पदेतर रचनाएँ, पृ, 364
149. *जयमलवंश प्रकाश (बदनोर (मेवाड़) का इतिहास),* द्वितीय भाग, पृ.426
150. *हिन्दी भक्ति रसामृत सिंधु* (श्री रूप गोस्वामी विरचित मूल ग्रन्थ, हिन्दी अनुवाद तथा दीपिका

सहित, सं. नगेन्द्र एवं विजयेंद्र स्नातक) हिन्दी विभाग, दिल्ली विश्वविद्यालय, 1963, पृ.10

151. *उदयपुर राज्य का इतिहास*, पृ.401

152. *श्रीभक्तमाल* (श्रीप्रियादासजी प्रणीत टीका-कवित्त सहित), पृ.722

153. हरजस पश्चिमी राजस्थान में मेघवाल जाति के गायकों द्वारा रात्रि जागरण के दौरान गाये जाते हैं। यह अंश विख्यात लोक गायक पदमाराम के गाये हुए एक हरजस में से लिया गया है।

154. 'मीरांबाई का जीवन चरित्र', *द्वारिका परिचय*, पृ.79

155. वही, पृ.80

156. "ओखामंडल का वाढ़ेल वंश के वेरावलजी और बिजलजी नाम के राठौड़ राजपूत भाई लगभग 13वीं सदी में (राजस्थान के) मारवाड़ से द्वारिका आ पहुँचे। उस प्रदेश में हिरौंल राजपूतों और चावड़ा राजपूतों के बीच विग्रह चल रहा था। इस विग्रह के अन्त में राठौड़ जीते और उस प्रदेश में से चावड़ाओं को नेस्तनाबूद कर दिया। उन्होंने आसपास के प्रदेशों पर कब्जा करके एक छोटी पर प्रबल सत्ता की स्थापना की। अब इन राठौड़ों ने वाढ़ेल या वाढ़ेर अल्ल (उपनाम) लगाना शुरू किया। वैरावलजी ने कच्छ के छोटे रेगिस्तान के पास वेदमती नदी तक का इलाका कब्जे में ले लिया था। उसने अपनी राजधानी द्वारिका की उत्तरी खाड़ी के किनारे आरंभड़ा गाँव में नयी बस्ती बसा कर वहाँ पर सत्ता कायम की। उसकी मृत्यु के बाद उसके बेटे विकमसी ने सत्ता प्राप्त की। इस विकमसी के बाद लगभग 9 राणा हुए। सभी ने मिलकर लगभग 120 साल तक शासन किया। विकमसी की...(अस्पष्ट) पीढ़ी में सांगणजी आते हैं, जिन्होंने अपनी सत्ता जामखंभाळिया तक फैला ली थी। सांगणजी ने राव मांड़लिक के शंखोद्धार द्वीप पर चढ़ाई करके उसे पराजित किया था। सांगणजी का माणेक अवटंक के वाघेरों के साथ संघर्ष होता रहता था इसलिए उसने ओखामंडल पर वाढ़ेरों का शासन तथा द्वारिका पर वाघेरों का शासन रहें, ऐसी संधि की थी। उसने इस प्रकार का समझौता भी करवाया था कि दोनों सामंजस्य के साथ रहे, जिससे बाहर के शत्रु आकर दोनों का विनाश न करें। तबसे दोनों जातियाँ साथ मिलकर रहने लगीं। सांगणजी के बाद उनका पुत्र भीमजी सत्ता पर आया। भीमजी के समय में द्वारिका के समुद्र में होने वाली सामुद्रिक लूट को रोकने के लिए महमूद बेगड़ा ने चढ़ाई की और भीमजी को भगा कर समग्र प्रदेश पर मुस्लिम सत्ता कायम की। पर बाद में वाढ़ेरों ने बलशाली सेना एकत्रित कर समग्र प्रदेश को कब्जे में ले लिया था। लगभग ईसवी सन् 1592 में अकबर के दबाव से मुजफ्फर हार कर आरंभड़ा के वाढ़ेर राणा शिव (सवजी) के आश्रय में आया। उस समय मुगल सत्ता ने चढ़ाई की थी। उसके साथ के युद्ध में शिवराणा ने अपने प्राणों का बलिदान दिया। इसका परिणाम यह हुआ कि ओखामंड़ल का प्रदेश मुस्लिम सत्ता के (उस समय मुगल सत्ता के नीचे) हस्तक आ गया था। इस समय शिवराणा का बेटा सांगणजी सिंध की तरफ भाग गया। परन्तु उसने मल्ल नाम के मुस्लिम शासकों को हथियार फेंककर भागने के लिए विवश कर दिया। सांमणा माणेक सिंध में सांगणजी को ढूँढ़ने गया। वह उसे वापस ले आया, तब जो भयंकर युद्ध हुआ उसमें मुस्लिम सेना हार गयी। युद्ध के बाद आरंभड़ा की राजगादी पर सांगणजी का राज्याभिषेक हुआ। सांगणजी के बाद अखेराज सत्ता पर आया। वह अभी कुमार ही था तब उसके बहनोई नवानगर के जाम ने उन्हें कैद कर लिया था तब द्वारिका के माणेक के पुत्र पतरामेल ने वाघेरों की फौज ले जाकर उसे छुड़ाया था। ईसवी सन् 1664 में अखेराजजी का अवसान हुआ और उसका पुत्र भोजराज गद्दी पर बैठा। उसके राजकुमार वजेराजजी की अपने अन्य छः भाइयों के साथ अनबन हुई, इसीलिए भोजराजजी ने उसे पोशितर की जागीर वंश परम्परा के रूप में देकर वहाँ का प्रशासन सौंपा। ईसवी सन् 1715 तथा 1718 के दरमियान आरंभड़ा तथा पोशितर के वाढ़ेर सरदारों ने द्वारिका वाले वाघेरों की मदद से सौराष्ट्र के कुछेक स्थानों पर डाका डाला था। तब नवानगर, गौड़ल और

पोरबंदर की सेनाओं ने चढ़ाई की और उन्हें दबाने की कोशिश की। इस अवसर पर नवानगर का वह प्रदेश जो वाढ़ेरों ने हथिया लिया था वह उन्हें छोड़ देना पड़ा। ओखामंडल के प्रदेश में ही उनकी सत्ता सीमित हो गयी। वजेराजजी को पोशितरा की जागीर दे दिये जाने पर आरंभड़ा के दो हिस्से हुए, तो वाघेरों के भी द्वारिका और वसई ऐसे दो हिस्से हुए। ये चारों अपने आपको राजा कहलवाते थे, फिर भी बाहर का कोई शत्रु आता था तो वह सभी एक साथ हो जाते थे।" —रसिकलाल पारीख : *गुजरात का राजकीय और सांस्कृतिक इतिहास (मुगल काल),* (प्रकाशक सूचना विषयक पृष्ठ नहीं है) पृ.138-140

157. *मीरां बृहत् पदावली*, भाग-1, पृ.16
158. *पश्चिमी भारत की यात्रा* (हिन्दी अनुवाद : गोपालनारायण बहुरा), राजस्थान प्राच्यविद्या प्रतिष्ठान, जोधपुर, द्वितीय संस्करण, 1996, पृ.442
159. 'मीरांबाई का जीवन चरित्र', *द्वारिका परिचय*, पृ.80
160. *महाराणी जी श्री मीरां कंवरी राठौड़ मेड़ता रा दूदा भारमलोत जोधउत की ने मंदर करायो श्री नांराईण चारभुजाजी को जी को समोरथ संमत पदरसे चवदा से कामचलतो हुवो संमत 1514 का महा सुदी पंचमी रे दन नीम दीदी गढ़ चित्तौड़ उपरे भगवान श्री कुम्भ श्याम को मंदर राणा जी श्री कुम्भाजी करायो जणी मंदर नखे राणी मीरां कंवरी ने करायो संमत पदरासे छतीसा ताई हुवो बरस बीस महे हुवो संमत 1536 ताई हुवो। जी की षरचदारी का रुपिया चार लाष सेतालीस हजार नवसे ननाणवे लागा रूपीया 44799, उदीयापण का रुपीया बाब्बन हजार नवसे चौतीस लागा 52934 चीतोड़ ऊपर आयी ठाणा मंदर का छ जी सु सगला सु सगस काम मीराबाई का मंदर हुवो। अकंदर रुपीया पाँच लाख नवसे तेतीस लागा 500933 उदीयापण हुवो। संमत पदरासे छतीसा बरषे 1536 का माह बुदी आठम गुरुवार के दन उदीयापण हुवा।* (यहाँ मीरां को महाराणा सांगा की रानी लिखा गया है, जो गलत है। इसी तरह जो तिथियाँ दी गयी हैं, वे भी इतिहाससम्मत नहीं हैं।—लेखक)—*उदयपुर-चित्तौड़ पाटनामा*, भाग-2, पृ.156
161. हरमन गोएट्जे : *मीराबाई: हर लाइफ एंड टाइम्स*, पृ.31
162. ठाकुर चतुरसिंह : 'मीरां प्रकरण' *परम्परा* (विद्याभूषण हरिनारायण पुरोहित), भाग-63-64, पृ.70
163. भालचन्द नेमाडे : *हाउ मच स्पेस डज एन इंडियन राइटर नीड?* (संवत्सर व्याख्यान), साहित्य अकादेमी, नयी दिल्ली, 2013, पृ.9
164. *माइल स्टोन्स इन गुजराती लिटरेचर*, एशियन एज्युकेशनल्स सर्विसेज, नयी दिल्ली, पुनर्मुद्रण, 1993, पृ.35
165. ठाकुर चतुरसिंह : 'मीरां प्रकरण' *परम्परा* (विद्याभूषण हरिनारायण पुरोहित), भाग-63-64, पृ.70
166. *राना की मलीन मति, देखि, बसी द्वारावति, रति गिरधारील, नित ही लड़ाइये।*
लागी चटपटी भूप भक्ति कौ सरूप जानि, अति दुख मानि, बिप्र श्रेणी लै पठाइयै॥
बेगि लेके आवौ मोको प्रान दे जिवावौ अहो गये द्वार धरनौ दै विनती सुनाइयै।
सुनि विदा होन गयी राय रनछोर जू पै छांड़ौ राखौ हीन लीन भई नहीं पाइयै॥—*श्री भक्तमाल* (श्रीप्रियादासजी प्रणीत टीका-कवित्त सहित), पृ.722
167. *नागरीदास ग्रन्थावली* (सं.किशोरीलाल गुप्त), द्वितीय खंड : पदेतर रचनाएँ, पृ.365
168. *मीरांबाई का जीवन चरित्र*, पृ.26 और *उदयपुर राज्य का इतिहास*, पृ.360
169. *हिन्दुपति महाराणा सांगा*, पृ.74
170. कल्याणसिंह शेखावत : *मीरांबाई का जीवनवृत्त एवं काव्य*, हिन्दी साहित्य मन्दिर, जोधपुर, 1974, पृ.46
171. *राणीमंगा भाटों की बही (मारवाड़ का रनिवास)*, पृ.16
172. 'मीरांबाई का जीवन चरित्र', *द्वारिका परिचय*, पृ.79

173. मुंशी देवाप्रसाद : *मीरांबाई का जीवन चरित्र*, पृ.26
174. 'मीरांबाई का जीवन चरित्र', *द्वारिका परिचय*, पृ.80
175. सी.एल. प्रभात : *मीरां : जीवन और काव्य*, प्रथम खंड, राजस्थानी ग्रन्थागार, जोधपुर, 1999, पृ.153
176. हरमन गोएट्ज़े : *मीराबाई : हर लाइफ एंड टाइम्स*, पृ.33
177. वही, पृ.35
178. 'तारीखे शूरशाही', *द हिस्ट्री ऑफ इंडिया* (एच.एम. इलियट), खंड-5, किताब महल, इलाहाबाद, पृ.504
179. गौरीशंकर हीराचन्द ओझा : उदयपुर राज्य का इतिहास, पृ.422
180. *रिपोर्ट्स ऑफ ए ट्यूर इन रीवा, बुन्देलखंड, मालवा एंड ग्वालियर, इन 1884-1885* (आरकियोलोजिकल सर्वे ऑफ इंडिया), इंडोलोजिकल बुक हाउस, वाराणसी, 1969, पृ.103
181. जे.एम.सहेलात : *अकबर*, भारतीय विद्याभवन, मुम्बई, 1964, पृ.218
182. *मीरां बृहत् पदावली*, भाग-1, पृ.16
183. माताप्रसाद गुप्त : 'तुलसीदास : जीवन वृत्त और कृतियाँ', *रामचरितमानस* (सं. सुधाकर पांडेय) राधाकृष्ण प्रकाशन, दिल्ली, 1972, पृ.9
184. जगदीशसिंह गहलोत के अनुसार मानसिंह भगवानदास के छोटे भाई भगवंत दास का पुत्र था।—*कछवाहों का इतिहास*, युनिक ट्रेडर्स, जयपुर, संशोधित संस्करण, 2004, पृ.91
185. जे.एम.सहेलात : *अकबर*, भारतीय विद्याभवन, मुम्बई, 1964, पृ.221
186. वही, पृ.195
187. विंसेट ए. स्मिथ : *अकबर द ग्रेट मुगल*, 1542-1605, ऑक्सफोर्ड यूनिवर्सिटी प्रेस, लन्दन, 1917, पृ.57
188. जगदीशसिंह गहलोत : *कछवाहों का इतिहास*, पृ.91 एवं 101
189. *श्रीभक्तमाल* (श्रीप्रियादासजी प्रणीत टीका-कवित्त सहित), पृ.724
190. देवीसिंह मंडावा : *कच्छवाहों का इतिहास*, राजस्थानी ग्रन्थागार, जोधपुर, द्वि.सं. 2010, पृ.15
191. *प्रोग्रेस रिपोर्ट आरकियोलोजिकल सर्वे ऑफ इंडिया*, वेस्टर्न सर्किल, 1910 और जगदीशसिंह गहलोत : *कछवाहों का इतिहास*, पृ.23
192. असीमकुमार राय : *हिस्ट्री ऑफ जयपुर स्टेट, मनोहर*, नयी दिल्ली, 1973, पृ.161
193. हरमन गोएट्ज़े : *मीराबाई : हर लाइफ एंड टाइम्स*, पृ.37
194. एच.जी.कीने : *ए स्केच ऑफ द हिस्ट्री ऑफ हिन्दुस्तान*, इदाराए अदबियात देहली, दिल्ली, 1972, पृ.98 और जे.एम.सहेलात : अकबर, भारतीय विद्याभवन, मुम्बई, 1964, पृ.221

2
समाज

आम धारणा यह है कि मीरां का समय और समाज ठंडा और ठहरा हुआ था। मीरां को रहस्यवादी सन्त-भक्त और कवयित्री माननेवाले इतिहासकार, समालोचक और नये स्त्रीविमर्शकार, इस सम्बन्ध में कमोबेश सभी एकमत हैं। आश्चर्यजनक यह है कि द्वन्द्व को विकास की प्रक्रिया का जरूरी कारक तत्त्व मानने वाले विद्वान भी मानते हैं कि मीरां के समाज में गतिशीलता नहीं थी और यह धर्म और शास्त्र के सदियों पुराने विधानों से बँधा हुआ गत्यावरुद्ध समाज था। मीरां के समय और समाज के सम्बन्ध में ही नहीं, सम्पूर्ण भारतीय समाज के सम्बन्ध में आरम्भिक उपनिवेशकालीन इतिहासकारों और प्राच्यविदों ने यह धारणा भारत में यूरोपीय मौजूदगी को मान्य और जरूरी ठहराने के लिए बनाई थी। राजस्थान की रियासतों का पहला इतिहास लिखने वाला लेफ्टिनेंट जेम्स टॉड यों तो कुछ हद तक इन यूरोपीय इतिहासकारों से अलग था, लेकिन यहाँ के समाज के सम्बन्ध में उसका नजरिया इनसे प्रभावित था। राजस्थान के तत्कालीन समाज के सम्बन्ध में उसके कई निष्कर्ष बहुत यथार्थसम्मत हैं, लेकिन वह भी मानता है कि यह "रीति-रिवाजों और व्यवहारों के मामले में अपरिवर्तनशील है।"[1] उसके अनुसार "इस देश में और विशेषकर राजस्थान के राज्यों में आश्चर्यजनक परिवर्तन हुए हैं। उनके पुराने अस्तित्व मिट गये हैं। बड़ी-बड़ी राजधानियाँ बरबाद हो गयी हैं, विशाल नगर वीरान हो गये हैं और उनमें रहने वाले मनुष्यों के जीवन में अगणित परिवर्तन हुए हैं। परन्तु उनके प्रचलित रीति-रिवाजों में कोई परिवर्तन नहीं हुआ है।"[2] टॉड की इस धारणा का ही पिष्टपेषण कालान्तर में इतिहास और साहित्य में होता रहा और इस समाज की पहचान स्मृति और पुराण ग्रन्थों में वर्णित आचरण नियमों के अनुसार ही होती रही। नये स्त्री विमर्शकार भी मीरां के विद्रोही तेवर, साहस और स्वेच्छाचार की तो सराहना करते हैं, लेकिन उसे हाशिए की वंचित-उत्पीड़ित आवाज कहकर उसके समाज को ठंडा और ठहरा हुआ मान लेते हैं। मीरां उनके अनुसार असाधारण स्त्री थी, जिसने अपने इस ठहरे हुए समाज के विरुद्ध विद्रोह किया। यह समाज उनकी निगाह में पितृसत्तात्मक और पूरी तरह निर्देशात्मक ब्राह्मण साहित्य से अनुप्राणित समाज था। कुमकुम संगारी ने इस सम्बन्ध में एक जगह लिखा है कि "मध्यकाल तक आते-आते स्मृति और पुराण

अब कानून के रूप में मान्य नहीं रह गये थे, लेकिन उस वैचारिक पृष्ठभूमि और आदर्शों के मानक की तरह वे अब भी उपलब्ध थे, जिसने शासक राजपूत जातियों के पारम्परिक प्रभाव क्षेत्र और जातीय बोध को आकर दिया था।"[3]

मीरां के समाज के सम्बन्ध में प्रचलित ये दोनों धारणाएँ पूरी तरह सही नहीं हैं। उपनिवेशकालीन इतिहासकारों और स्त्री विमर्शकारों ने, लगता है, अपने पहले से तय निष्कर्षों को पुष्ट करने के लिए इन धारणाओं का निर्माण किया है। उपनिवेशकालीन इतिहासकारों और प्राच्यवादियों का नजरिया यूरोपीय हितों के अनुसार था। वे भारतीय सामाजिक गतिशीलता और द्वन्द्व की अनदेखी कर उसके गैरभौतिक पहलुओं– धार्मिक, आध्यात्मिक, रूमानी, रहस्यवादी आदि पर जोर देते थे। टॉड ने राजस्थान के सामन्त समाज में स्त्रियों की हैसियत, सामन्त व्यवस्था आदि के सम्बन्ध में बहुत तथ्यसम्मत वर्णन किये हैं, लेकिन यहाँ के समाज की निरन्तर गतिशीलता और द्वन्द्व को उसने भी अपनी निगाह में नहीं लिया। ब्राह्मण वर्चस्व और धर्म के व्यापक प्रभाव के जो विवरण टॉड ने दिये हैं, उनमें और यहाँ के दैनन्दिन 'रीति भाँति और चाल चलगत' में भारी अन्तर है। नये स्त्री विमर्शकारों का नजरिया भी इस सम्बन्ध में यथार्थसम्मत नहीं है। यह सही है कि अन्य प्राचीन और मध्यकालीन समाजों की तरह स्त्रियों की हैसियत यहाँ भी पुरुषों के बराबर नहीं थी, उनके साथ लैंगिक भेदभाव था और उनका शोषण और उत्पीड़न भी होता था, लेकिन यह पूरे समाज का सच नहीं था। इसको पूरे समाज का सच मानने वाले अपने निष्कर्ष यथार्थ से नहीं, निर्देशात्मक ब्राह्मण ग्रन्थों से निकालते हैं। मीरां के समय के सती, वैधव्य, सुहाग आदि विधानों के सम्बन्ध में स्त्री विमर्शकारों की निर्भरता तत्कालीन समाज पर कम, ब्राह्मण शास्त्रों पर ज्यादा है। मीरां की व्यापक लोक स्वीकृति और मान्यता ही इस बात का पर्याप्त सबूत है कि यह समाज अन्याय के प्रतिकार का सम्मान भी करता था और इस प्रतिकार के लिए जरूरी खाद-पानी भी मुहैया करवाता था। मीरां को अन्याय के प्रतिकार और अपनी शर्तों पर जीवन यापन का साहरा और सुविधाएँ इस समाज ने ही दी थीं। मीरां पर विस्तार से शोध करने वाली परिता मुक्ता ने इस समाज में मीरां की स्वीकृति और सम्मान को लेकर बहुत भ्रामक निष्कर्ष निकाले हैं। परिता मुक्ता की यह धारणा कि मेवाड़-मारवाड़ से उसकी स्मृतियाँ निर्वासित थीं और यहाँ के लोग उसे कुलबोरन और स्वैरिणी मानते थे[4], पूरी तरह सही नहीं है। मीरां का समाज आदर्श समाज तो नहीं था, लेकिन यह पर्याप्त गतिशील और द्वन्द्वात्मक समाज था। तमाम अवरोधों के बाद भी इसमें कुछ हद तक मीरां होने की गुंजाइश और आजादी थी। इस तरह की गुंजाइश और आजादी को स्वीकृति और सम्मान कोई भी समाज तत्काल नहीं देता। इसके लिए उसे दीर्घकालीन अन्तःसंघर्ष और कई अन्तर्बाधाओं से गुजरना पड़ता है। विडम्बना यह है कि इस अन्तःसंघर्ष और इन अन्तर्बाधाओं को ही आधार बनाकर इस समाज को ठंडा और ठहरा हुआ मान लिया गया है।

परम्परा का आग्रह इस समाज में था, लेकिन यह परम्परा ठहरी या जमी हुई नहीं थी। यह "दैनन्दिन व्यवहार की निरन्तरता से प्राप्त होने वाली जीवन्त संवेदना"[5] से पुनर्नवा होती रहती थी। इस परम्परा में कुछ हद तक व्यक्ति सत्ता की स्वीकृति, तर्कसंगत सामाजिक व्यवहार, सहिष्णुता आदि सभी थे। मीरां का यह समाज कुछ मायनों में खास भी था। निरन्तर बाहरी आक्रमणों और आन्तरिक संघर्ष के कारण यहाँ राजनीति और जीवन का ढंग तथा पारिवारिक सम्बन्ध निरन्तर बदल रहे थे। मीरां से सम्बन्धित अधिकांश शोधालोचनाओं में इस तथ्य की भी अनदेखी हुई है। कई तरह की अन्तर्बाधाओं से घिरे और निरन्तर अन्तःसंघर्ष से गुजरते मीरां के इसी गतिशील और द्वन्द्वात्मक, और कुछ हद तक खास समय और समाज की समग्र पहचान बनाने की कोशिश यहाँ की जा रही है।

1

भारतीय इतिहास में क्षत्रिय जातीय समूहों का प्रभुत्व और राजनीतिक उत्थान नौवीं और दसवीं सदी में हुआ। उत्तर भारतीय क्षत्रिय जातीय समूहों की उत्पत्ति अनिश्चित है, लेकिन अधिकांश विद्वानों की धारणा है कि ये हूण और उनके साथ आयीं आक्रमणकारी जातियों के वंशज हैं।[6] गुप्त साम्राज्य से पहले और बाद में हूण, शक, पहलवी आदि कई जातियाँ यहाँ आयीं और यहाँ पहले से मौजूद क्षत्रियों के रीति-रिवाज और जीवन शैली में रच-बस कर यहाँ के उत्तरी-पश्चिमी इलाकों में बस गयीं। हूणों के आक्रमण तक राजस्थान में छोटे-छोटे प्रजातंत्रों की परम्परा चलती रही थी इसलिए इन जातियों का इन राज्यों में आत्मसात होना अधिक सरल रहा होगा।[7] बाद में ब्राह्मणों के सहयोग से इन जातियों ने अपने अग्नि, सूर्य और चन्द्रवंशी होने के दावे किये। आरम्भ में अपने को अग्निवंशी मानने वाली चौहान, परिहार, सौलंकी और परमार जातियों ने प्रादेशिक राज्य कायम किये। अपने सूर्य एवं चन्द्रवंशी होने का दावा करने वाली गुहिल, तोमर आदि अन्य जातियां पश्चिमी भारत में क्षेत्रीय शासकों के रूप में स्थापित हो गयीं। ग्यारहवीं और बारहवीं सदी में ये जातियाँ राजनीतिक प्रभुत्व के लिए एक-दूसरे से लड़ती रहीं। इनके लिए "युद्ध करना अब शौर्य का अंग बन चुका था।।"[8] दिल्ली सल्तनत कायम होने के बाद इसके शासकों ने सम्पूर्ण भारत को एक साम्राज्य का रूप देने की कोशिश की। उन्होंने कुछ छोटे-छोटे राजपूत राज्यों को सल्तनत में मिला लिया, लेकिन इनके शासकों की अर्ध स्वतन्त्र हैसियत बनी रही। सल्तनत के उत्कर्षकाल में भी मेवाड़ के गुहिल एवं मारवाड़ के राठौड़ अपनी स्वतन्त्रता बनाये रखने में कामयाब रहे। चौदहवीं सदी के अन्त तक दिल्ली सल्तनत कमजोर हो गयी। इसके मुक्ता, मतलब प्रान्तीय राज्यपालों ने अपने को स्वतन्त्र घोषित कर दिया।[9] यह राजस्थान के राजपूत राज्यों के उत्कर्ष का समय था। यहाँ के मेवाड़ और मारवाड़ राज्य इस दौरान उत्तर भारत की प्रमुख शक्तियों के रूप में उभरे।

मीरां का पीहर मेड़ता और ससुराल मेवाड़ पड़ोसी होते हुए भी अलग हैसियत वाले राज्य थे। मेवाड़ उस समय एक 800 वर्ष पुराना सुस्थापित राज्य था, जबकि मेड़ता मारवाड़ का एक भाग, जिसे अभी राज्य की हैसियत देने की जद्दोजहद चल रही थी। उत्तर भारत में मेवाड़ ही एक ऐसा राज्य था, जो दीर्घकालीन विदेशी प्रभुत्व के उपरान्त भी अपना अस्तित्व और गौरव सुरक्षित रखने में सफल रहा था।[10] इसके शासक अपना सम्बन्ध रघुवंश से जोड़ते थे। माना जाता था कि राम के पुत्र कुश के वंशज राजा सुमित्र के वंश में 566 ई. के आसपास गुहिल नामक प्रतापी राजा हुआ, जिससे इस वंश का नाम गुहिल वंश पड़ा।[11] मेवाड़ के राजवंश में गुहिल के लगभग 200 वर्ष बाद बप्पा के नाम से विख्यात काला भोज सत्तारूढ़ हुआ, जिसका समय 734 से 753 ई. माना जाता है। बप्पा के इतिहास के सम्बन्ध में केवल इतना ही कहा जा सकता है कि उसने मोरियों से चित्तौड़ का किला लेकर अपने राज्य में मिलाया। उसके समय की एक सुवर्ण मुद्रा से स्पष्ट है कि वह स्वतन्त्र, प्रतापी और एक विशाल राज्य का स्वामी था।[12] बप्पा के बाद मेवाड़ राजवंश में खुम्माण, अल्लट, नरवाहन, समरसिंह आदि कई राजा हुए। समरसिंह के पुत्र रत्नसिंह ने कुछ समय तक ही शासन किया था कि दिल्ली के सुल्तान अलाउद्दीन खिलजी ने चित्तौड़गढ़ पर आक्रमण किया और छह महीने के संघर्ष के बाद किला जीत लिया। इस लड़ाई में रत्नसिंह अपने कई सामन्तों के साथ मारा गया और उसकी रानी पद्मिनी ने कई स्त्रियों के साथ जौहर किया। चित्तौड़गढ़ का राज्य बाद में अलाउद्दीन ने मालदेव सोनगरा को सौंप दिया। गुहिल वंश के ही सिसोदा नाम की एक छोटी जागीर के स्वामी हम्मीर ने 1326 ई. के आसपास दिल्ली सल्तनत के कमजोर होते ही मालदेव को पर.... कर मेवाड़ पर अपना आधिपत्य कायम कर लिया। इस तरह मेवाड़ में सिसोदिया राजवंश की बुनियाद रखी गयी।[13] उसने चित्तौड़गढ़ में अपना राज्याभिषेक करवाया और महाराणा की उपाधि धारण की। हम्मीर बहुत पराक्रमी शासक था। हम्मीर के बाद क्रमशः क्षेत्रसिंह (खेता), लक्षसिंह (लाखा) और मोकल ने मेवाड़ की सत्ता सँभाली। मोकल लाखा की रानी और राठौड़ रणमल की बहिन हंसाबाई का कनिष्ठ पुत्र था, लेकिन ज्येष्ठ पुत्र चूंडा ने अपना हक उसके लिए छोड़ दिया।[14] मोकल के सात पुत्र थे, जिनमें से ज्येष्ठ कुम्भा 1433 ई. में सत्तारूढ़ हुआ। अपने पराक्रम से उसने मांडू, दिल्ली और गुजरात राज्यों के कई इलाके अपने राज्य में मिला लिए थे। उसने मालवा और गुजरात की सेना को पराजित किया और नागौर पर जीत दर्ज की। कुम्भा विद्यानुरागी और विद्वान था। उसकी हत्या कर उसका पुत्र ऊदा मेवाड़ का स्वामी बना, लेकिन सरदारों ने परामर्श कर पितृघाती ऊदा को मेवाड़ से खदेड़ दिया और उसके छोटे भाई रायमल को मेवाड़ की बागडोर सौंप दी। रायमल के पुत्रों—पृथ्वीराज, जयमल और संग्रामसिंह में भी सत्ता के लिए संघर्ष हुआ और इस कारण लम्बे समय तक संग्रामसिंह को अज्ञातवाश में रहना पड़ा।

अन्ततः 1509 ई. में वह सत्तारूढ़ हुआ। सांगा उत्तर भारत के सबसे बड़े साम्राज्य का स्वामी था। बाबर ने *तुजुके बाबरी* में लिखा है कि “राणा सांगा अपनी वीरता और तलवार के बल पर बहुत बड़ा हो गया है। उसकी शक्ति इतनी बढ़ गयी है कि मालवे, गुजरात और दिल्ली के सुल्तानों में से कोई भी अकेला उसे नहीं हरा सकता।”[15] इब्राहिम लोदी के विरुद्ध बाबर से मैत्री सांगा को मँहगी पड़ी। बाबर भारत में रहकर दिल्ली पर शासन करना चाहता था इसलिए सांगा उसके खिलाफ हो गया। वह खानवा के युद्ध में बाबर से परास्त हुआ। यहीं से भारत में मुगल साम्राज्य की नींव पड़ी। सांगा का सम्पूर्ण जीवन युद्ध लड़ते बीता। उसने 28 विवाह किये, जिनसे उसके सात पुत्र– भोजराज, कर्णसिंह, रत्नसिंह, विक्रमादित्य, उदयसिंह, पर्वतसिंह और कृष्णसिंह हुए। उसके ज्येष्ठ पुत्र भोजराज से ही 1516 ई. मीरां का विवाह हुआ।[16] सांगा के जीवित रहते हुए ही सम्भवतया 1518 से 1523 ई. के बीच भोजराज का निधन हो गया।[17] सांगा का बाबर से दूसरी बार सामना चन्देरी में हुआ, लेकिन युद्ध से पहले ही कुछ युद्ध विरोधी सरदारों ने सांगा को जहर दे दिया, जिससे उसकी मृत्यु हो गयी। 1528 ई. में सांगा के बेटे रत्नसिंह ने मेवाड़ की सत्ता सँभाली, लेकिन उसका शासन निर्विघ्न नहीं रहा। यह समय मेवाड़ में व्यापक राजनीतिक उठापटक और दुश्चक्रों का था। रत्नसिंह की हत्या के बाद उसका भाई विक्रमादित्य चित्तौड़ में सत्तारूढ़ हुआ। वह एक अयोग्य शासक था। गुजरात के सुल्तान बहादुरशाह ने इसी समय मेवाड़ पर चढ़ाई कर दी। इस युद्ध में कई हजार राजपूत मारे गये और हाड़ी रानी करमेती ने कई स्त्रियों के साथ जौहर किया। कुछ समय बाद मेवाड़ के सरदारों ने अपनी शक्ति संचित कर चित्तौड़ पर आक्रमण किया और आसानी से उस पर वापस कब्जा कर लिया। विक्रमादित्य के छिछोरपन में फिर भी कमी नहीं आयी, जिससे मेवाड़ के सरदारों में असन्तोष बढ़ने लगा। इसी विक्रमादित्य ने मीरां को तकलीफें दी थीं।[18] मीरां की कविता में मूर्ख के सत्तारूढ़ होने की विडम्बना सम्बन्धी जो पंक्तियाँ मिलती हैं, वे सम्भवतया इसी विक्रमादित्य से सम्बन्धित हैं। पृथ्वीराज के पासवानिए पुत्र (दासी पुत्र) बनवीर ने मौका पाकर इस विक्रमादित्य की हत्या कर दी और उसने उसके अल्पवय भाई उदयसिंह को भी मारना चाहा, लेकिन वह पन्ना धाय के प्रयत्नों से बच गया। बनवीर बहुत दम्भी था और अकुलीन होने के कारण मेवाड़ के सरदार उससे घृणा करते थे। सामन्तों ने कुम्भलगढ़ में एकत्र होकर उदयसिंह को मेवाड़ का महाराणा घोषित कर दिया। उदयसिंह ने इन सामन्तों के साथ चित्तौड़ पर चढ़ाई की और बनवीर को परास्त कर 1540 ई. में वह समस्त मेवाड़ का स्वामी हो गया। उदयसिंह के समय ही 1567 ई. में अकबर ने चित्तौड़गढ़ पर आक्रमण किया, जिसमें कई राजपूत योद्धा मारे गये और उनकी स्त्रियों और बच्चों को जौहर करना पड़ा।[19]

मेवाड़ की तुलना में मेड़ता मारवाड़ का छोटा और नवस्थापित अर्धस्वतन्त्र राज्य

था और इस पर मेड़तिया राठौड़ों का आधिपत्य कभी निर्विवाद और निर्विघ्न नहीं रहा। राजस्थान के राठौड़ वंश का आदि पुरुष राव सीहा था, जो यहाँ कन्नौज की तरफ से तेरहवीं सदी में आया। सीहा के वंशज रणमल के यहाँ 1416 ई. में राव जोधा का जन्म हुआ, जिसने जोधपुर की स्थापना की। उसने अपनी रानी सोनगरी चंपा से उत्पन्न दो पुत्रों—वरसिंह और दूदा को मेड़ता का उजाड़ इलाका बसाने के लिए दिया।[20] दोनों ने यहाँ अपना दुर्ग बनाकर पाली, नागौर, फलौदी, बीकानेर, अजमेर आदि से राजपूतों, जाटों आदि को लेकर यहाँ बसाया। मेड़ता वरसिंह और दूदा की सम्मिलित जागीर थी, लेकिन इसके आबाद हो जाने के बाद दोनों में अनबन हो गयी और दूदा मेड़ता छोड़कर बीकानेर चला गया। वरसिंह के निधन के बाद उसका पुत्र सीहा मेड़ता का स्वामी हुआ, लेकिन वह अयोग्य था इसलिए सीहा की माता ने दूदा को बीकानेर से बुला लिया और दोनों में जागीर बराबर बाँट दी। सीहा की अयोग्यता का लाभ उठाकर जब जोधपुर के सातल और सूजा ने मेड़ता में दखलंदाजी शुरू कर दी, तो उसे केवल राहण की जागीर देकर दूदा ने मेड़ता पर अपना आधिपत्य कायम कर लिया।[21] दूदा के पाँच पुत्र— वीरमदेव, रत्नसिंह, रायमल, रायसण और पंचायण थे। दूदा के उत्तराधिकारी राव वीरमदेव ने 1515 ई. में सत्तारूढ़ होने के बाद अपने चाचा वरसिंह के पौत्र और सीहा के पुत्र भोजा को उत्पात करने के कारण कुड़की से निष्कासित कर कुड़की की बारह गाँवों की जागीर अपने छोटे भाई रत्नसिंह को दी।[22] मीरां इसी रत्नसिंह की इकलौती बेटी थी, जिसका जन्म 1498 ई. में मेड़ता में हुआ। उसका लालन-पालन राव दूदा की देखरेख में हुआ। मीरां का विवाह चित्तौड़ के राणा सांगा के ज्येष्ठ पुत्र भोजराज के साथ हुआ। वीरमदेव हमेशा संकटों से घिरा रहा। जोधा का वंशज मालदेव क्रूर और महत्त्वाकांक्षी था। उसने आक्रमण करके मेड़तियों के महल, आवास आदि सब को नष्ट कर मैदान करके वहाँ अपने प्रण के अनुसार मूली की खेती करवाई।[23] वीरमदेव चौदह बरस तक निरन्तर यहाँ-वहाँ घूमता रहा। उसका पूरा परिवार बिखर गया।[24] इसी समय मेवाड़ में विक्रमादित्य की ज्यादतियों से त्रस्त मीरां मेड़ता आयी थी। सम्भवतया मीरां को भी अपने परिजनों के साथ मेड़ता छोड़कर अजमेर— शेखावटी में यहाँ-वहाँ भटकना पड़ा होगा। मीरां बाद में द्वारिका चली गयी, जहाँ कहते हैं कि 1546 ई. के आसपास वह अदृश्य हो गयी। लोक में यह घटना उसकी मृत्यु के रूप में प्रचारित हो गयी।[25] वीरमदेव के निधन के बाद उसका बेटा जयमल सत्तारूढ़ हुआ। जोधपुर में आन्तरिक विग्रह के कारण दस वर्ष तक उसका शासन निर्विघ्न रहा, लेकिन बाद में वह संकटों से घिर गया। अन्ततः वह मेड़ता छोड़कर मेवाड़ चला गया, जहाँ उसे बदनोर की जागीर दी गयी। जयमल असाधारण योद्धा था। 1567 ई. में वह महाराणा उदयसिंह और अकबर के बीच हुए युद्ध में काम आया।[26] मीरां का पिता रत्नसिंह इससे पहले राणा सांगा और बाबर के बीच 1527 ई. में हुए विख्यात खानवा के युद्ध में मारा गया था।[27]

2

मीरांकालीन शासक क्षत्रिय जातीय समूहों में जीवन और राजनीति से सम्बन्धित आचरण की कुछ मर्यादाएँ, परम्पराएँ, रूढ़ियाँ और नियम-सिद्धान्त बन गये थे, लेकिन इनके पालन में कोई खास एकरूपता नहीं थी और इनमें जरूरतों के अनुसार रद्दोबदल भी होते रहते थे। अपनी परम्परा पर कायम रहने का आग्रह इस दौरान कुछ शासक क्षत्रिय जातीय समूहों में जुनून की हद तक था। इसके लिए वे अपना जीवन दाँव पर लगाकर युद्ध के लिए आमादा हो जाते थे। बाप-दादों की चाल छोड़ने वालों से वे घृणा करते थे[28] और उन्हें अपने सम्बन्ध और मैत्री के दायरे से बाहर रखते थे। स्त्रियों का मोह युद्ध और मृत्यु से विरत करता था, इसलिए उनमें बहुत दिलचस्पी को वे कायरता मानते थे। शान्ति और फुरसत के दिनों में जब किसी सामन्त को अपनी रात्रि व्यतीत करनी होती थी, तो उसका किसी एक स्त्री के यहाँ खान-पान और मनोरंजन का प्रबन्ध किया जाता था। सामन्तों की सन्तानों का लालन-पालन धायों और दासियों-डावड़ियों के जिम्मे था। माता-पिता के साथ इनका सम्पर्क-संसर्ग औपचारिक और कभी-कभार होता था। पुरुष सन्तानों में कम वय में ही उत्तराधिकार के लिए संघर्ष शुरू हो जाते थे, इसलिए उनका जीवन बहुत असुरक्षित रहता था।[29] मेवाड़ के सांगा को युवावस्था में ही अपने भाइयों के साथ उत्तराधिकार के संघर्ष में उलझना पड़ गया था। अपने मारे जाने की आशंका के कारण ही वह अजमेर के पंवारों के पास अज्ञातवास में रहा।[30] सांगा के बाद सत्तारूढ़ रत्नसिंह को भी अपनी विमाता करमेती और भाइयों—विक्रमादित्य और उदयसिंह के कुचक्रों से जूझना पड़ा था। अन्ततः वह करमेती के भाई हाड़ा सूरजमल के हाथों मारा गया।[31] पारिवारिक सम्बन्ध शासक क्षत्रिय जातीय समूहों में इस दौरान औपचारिक हो गये थे। सत्ता के लिए उनमें पिता, भाई आदि की हत्याएँ बढ़ गयी थीं। मेवाड़ में महाराणा कुम्भा की हत्या कर उसका बेटा ऊदा सत्तारूढ़ हुआ था, जिसे बाद में मेवाड़ के सरदारों ने पदच्युत कर दिया।[32] मालदेव ने भी अपने पिता गांगा की हत्या कर जोधपुर की सत्ता हथिया ली थी।[33] उत्तराधिकार के लिए भाइयों में हिंसक संघर्ष भी इस दौरान यहाँ होते रहते थे। मेवाड़ में रायमल के पुत्रों के बीच उत्तराधिकार के लिए जो हिंसक संघर्ष हुआ, उसमें पृथ्वीराज के प्रहार से सांगा की एक आँख चली गयी थी। जोधपुर में भी राव जोधा के पुत्रों में उत्तराधिकार के लिए लड़ाइयाँ हुईं। बीका ने नये राज्य बीकानेर की स्थापना कर ली थी, इसलिए उसने सातल के सत्तारूढ़ होने पर आपत्ति नहीं की, लेकिन जब उसकी मृत्यु पर सूजा सत्तारूढ़ हुआ, तो उसने जोधपुर पर आक्रमण कर दिया था।[34] मीरां के दादा राव दूदा और वरसिंह सहोदर भाई थे, दोनों के सम्मिलित प्रयत्नों से मेड़ता का राज्य कायम हुआ था, लेकिन दोनों में अनबन हो गयी और दादू मेड़ता छोड़कर बीकानेर चला गया और वरसिंह की मृत्यु के बाद ही लौट कर आया था।[35] वरसिंह के पुत्र

सीहा के बेटे भी महत्त्वाकांक्षी थे। उन्होंने मालदेव के साथ मिलकर दूदा के पुत्र वीरमदेव को सत्ताच्युत करने के लिए निरन्तर षड्यन्त्र किये।[36] जोधपुर और मेड़ता के शासक भाई थे, लेकिन जोधपुर के राव गांगा का पुत्र मालदेव में प्रतिहिंसा की भावना इतनी तीव्र थी कि उसने मेड़ता को पूरी तरह नष्ट कर दिया और उसको मैदान में तब्दील कर वहाँ मूली की खेती करवाई।

मीरांकालीन समाज में स्वामिभक्ति निष्ठा, शरणागत की रक्षा आदि के साथ छल-छद्म, विश्वासघात और कृतघ्नता के भी कई उदाहरण मिलते हैं। मेवाड़ के उमराव-सरदारों में राज्य के प्रति निष्ठा इतनी दृढ़ होती थी कि वे नजराने में अपना सिर देने की प्रतिज्ञा करते थे।[37] मेवाड़ का शासक जब भोजन करने बैठता था, तो वह अपनी थाली में से कुछ हिस्सा निकालकर अपने उमराव-सरदारों को खाने के लिए देता था, जिसे वे मान-सम्मान मानकर ग्रहण करते थे।[38] वीर और निष्ठावान उमराव-सरदारों की जागीरें दी जाती थीं। सांगा ने अपने अज्ञातवास के संरक्षक कर्मचन्द पंवार को अजमेर, परबतसर, मांडल, फूलिया, बनेड़ा आदि परगने जागीर में दिये थे।[39] मीरां के परिजन आजीवन मेवाड़ के प्रति निष्ठावान रहे इसीलिए मेड़ता से उखड़ जाने के बाद जयमल को मेवाड़ में बदनोर की जागीर दी गयी थी।[40] शरणागत की रक्षा सामन्त इस दौरान अपना कर्तव्य समझते थे और इसके लिए युद्ध करने को तत्पर रहते थे। उत्तराधिकार से वंचित ईडर के शासक सूर्यमल का पुत्र रायमल सांगा की शरण में आया। सांगा ने गुजरात के सुल्तान के विरुद्ध अभियान कर उसे ईडर की सत्ता दिलवाई।[41] सांगा ने मालवा के राजपूत सरदार मोदिनीराय की भी इसी तरह सहायता की थी। उसने मोदिनीराय को गागरोन, चन्देरी आदि के इलाके जागीर में दिये और मालवा के सुल्तान महमूद को बन्दी बना लिया था।[42] सांगा ने गुजरात के सुल्तान के शहजादे बहादुरशाह को अपने यहाँ शरण दी थी, जिसे उसकी माँ बेटा मानती थी। यह शरण सांगा के लिए बाद में बहुत घातक सिद्ध हुई।[43] काठियावाड़ के हलवद राज्य के शासक झाला राजसिंह के पुत्र अज्जा-सज्जा जब भ्रातृ कलह के कारण मेवाड़ में शरणागत हुए तो उन्हें सादड़ी, देलवाड़ा और गोगूंदा की जागीरें दी गयीं।[44] मीरांकालीन शासक क्षत्रिय जातीय समूहों में छल-छद्म, विश्वासघात और षड्यन्त्र भी होते थे। मेवाड़ के महाराणा कुम्भा की हत्या उसके राज्य लोभी पुत्र ऊदा ने की थी। मेवाड़ में ही रायमल के पुत्रों—पृथ्वीराज, जयमल और सांगा के बीच भी उत्तराधिकार के लिए लम्बा हिंसक संघर्ष चला, जिसमें सांगा को अपनी आँख गँवानी पड़ी। सिरोही के राव जगमाल ने अपने साले पृथ्वीराज को अपने अपमान का बदला लेने के लिए जहर दे दिया था।[45] जोधपुर के शासक मालदेव ने भी अपने पिता गांगा की झरोखे से नीचे धक्का दे कर हत्या कर दी थी। मीरां के पिता के बड़े भाई वीरमदेव के विरुद्ध सीहा के बेटों ने मालदेव से मिलकर निरन्तर षड्यन्त्र किये। मीरां के दादा राव दूदा के भाई वरसिंह की मृत्यु भी जहर देने से ही हुई

थी।[46] मीरां के ससुर सांगा के समय विश्वासघात और षड्यन्त्रों का जो सिलसिला शुरू हुआ, उससे अन्ततः मेवाड़ का पतन हुआ। सांगा की चहेती हाड़ी रानी करमेती ने अपने भाई बूँदी के शासक सूरजमल के साथ मिलकर अपने पुत्रों, विक्रमादित्य और उदयसिंह को उत्तराधिकारी बनाने के लिए कई षड्यन्त्र किये। उसने इसके लिए मेवाड़ के शत्रु बाबर से भी सम्पर्क किया था। सांगा के बाद सत्तारूढ़ रत्नसिंह और करमेती का भाई हाड़ा सूरजमल भी एक-दूसरे की हत्या की साजिशें करते रहे। अन्ततः एक दिन शिकार के दौरान एक-दूसरे की हत्या की कोशिश में दोनों मारे गये। रत्नसिंह के बाद विक्रमादित्य सत्तारूढ़ हुआ। विक्रमादित्य अयोग्य शासक था, इसलिए मेवाड़ में अराजकता हो गयी। उसकी हत्या कर पृथ्वीराज के पासवानिए पुत्र बनवीर ने मेवाड़ की सत्ता हस्तगत कर ली। उसने उदयसिंह को भी मारना चाहा, लेकिन वह पन्ना धाय के प्रयत्नों से बच गया। मीरांकालीन मेवाड़-मारवाड़ की राजनीति में उमराव-सरदारों का उनकी पद-प्रतिष्ठा के अनुसार निर्णायक योग रहता था। उनकी मान्यता और सहमति सत्तारूढ़ होने के लिए जरूरी थी। परम्परा विरुद्ध या अपचारी सामन्त के सत्तारूढ़ होने पर उमराव-सरदार एकत्र होकर विरोध करते थे। मेवाड़ के महाराणा कुम्भा के हत्यारे पुत्र ऊदा को उमराव-सरदारों ने पदच्युत कर उसके स्थान पर ईडर से लाकर रायमल को मेवाड़ का स्वामी बनाया था।[47] मारवाड़ के राव सूजा की मृत्यु पर बड़े भाई वीरम के जीवित रहते हुए भी उमराव-सरदारों ने अपने आतिथ्य-सत्कार से प्रसन्न होकर उससे छोटे गांगा को जोधपुर का स्वामी घोषित कर दिया था।[48] मेवाड़ में सत्तारूढ़ विक्रमादित्य के स्वेच्छाचार और दुष्कृत्यों का विरोध भी उमराव-सरदारों ने ही किया था। उसके छिछोरपन से अप्रसन्न अधिकांश उमराव-सरदार अपने ठिकानों में चले गये थे। कुल और रक्त की शुद्धता का आग्रह इन उमराव-सरदारों में बहुत था। रायमल के बेटे पृथ्वीराज का पासवानिया पुत्र बनवीर विक्रमादित्य की हत्या कर सत्तारूढ़ तो हो गया, लेकिन अकुलीन होने के कारण मेवाड़ के उमराव-सरदारों ने उसे कभी शासक स्वीकार नहीं किया। उन्होंने उसके स्थान पर कुम्भलगढ़ में किलेदार आशा देपुरा के यहाँ छिपकर रहनेवाले उदयसिंह को शासक घोषित कर सत्तारूढ़ किया।[49] शासन में इस दौरान मुसाहिब-कामदारों की भी कई मामलों में परोक्ष भूमिका रहती थी। महाजन जाति का आशा देपुरा कुम्भलगढ़ का किलेदार था, लेकिन उसने पन्ना धाय के साथ बनवीर के भय से बचकर निकल जाने वाले उदयसिंह का लालन-पालन किया और अन्ततः मेवाड़ के उमराव-सरदारों के साथ मिलकर उसको सत्तारूढ़ भी करवा दिया।[50] मारवाड़ में महाजन जाति के मुत्सद्दी वर्ग की शासन में बहुत महत्त्वपूर्ण भूमिका रहती थी। मुत्सद्दी या कामदार शासक सामन्तों और उनके अधीन जागीरदारों के यहाँ लेन-देन और हिसाब-किताब का कार्य करते थे। योग्य व्यक्तियों को बुलाकर यह दायित्व दिया जाता था। जोधा के शासनकाल में गोडवाड़ से आये भंडारी जाति के मुत्सद्दी

जैनों का राजकाज में दखल था। गांगा के समय सिरोही से आये सिंगी भी मारवाड़ में बहुत प्रभावशाली रहे। वर्षों तक उनके पास बख्शी का ओहदा रहा।[51] लोकप्रिय चमत्कारी साधुओं के कहे का भी इस दौरान जनसाधारण में पर्याप्त महत्त्व था। सत्ता संघर्ष में सांगा का पक्ष मजबूत करने में एक भविष्यवक्ता और देवी कही जानेवाली एक चारण पुजारिन की निर्णायक भूमिका रही थी।[52]

3

मीरांकालीन समाज में वर्ण और जातीय गतिशीलता थी। उपनिवेशकाल से पहले तक जिस तरह से यहाँ निरन्तर वर्ण मिश्रण हुआ, पेशे बदले और नयी जातियाँ बनीं, उससे लगता है कि वर्ण व्यवस्था का ब्राह्मण आदर्श यहाँ के दैनन्दिन जीवन में पूरी तरह कभी प्रभावी नहीं रहा। वर्ण व्यवस्था के ब्राह्मण आदर्श की कुछ बातें यहाँ के समाज की स्मृति और संस्कार में अवश्य थी, लेकिन यहाँ की 'रीत भाँति और चाल चलगत' का उनसे कोई मेल नहीं था। दरअसल वर्ण व्यवस्था के ब्राह्मण आदर्श को भारतीय समाज की शाश्वत सच्चाई मानने वालों ने अभी तक इस समाज की 'रीत भाँति और चाल चलगत' को ठीक से नहीं समझा है। इस समाज का अध्ययन अभी तक उन ब्राह्मण साक्ष्यों के आधार पर हुआ है, जो दैनन्दिन सामाजिक वास्तविकता के बजाय शास्त्रों में वर्णित ब्राह्मण आदर्शों से लिए गये हैं। यहाँ की जातियों की 'रीत-भांति और चाल चलगत'[53] में तो अनुलोम विवाह, विश्रृंखलता, संकट, संघर्ष, आपदा, राज्याज्ञा आदि के कारण वर्ण मिश्रण भी होता रहा, पेशे भी बदलते रहे और नयी जातियाँ भी बनती रहीं। वर्ण और जातीय गतिशीलता इस समाज की ऐतिहासिक सच्चाई है, यह मेवाड़ में रायमल के समय (1473-1509) में लिखे गये *श्रीमद् एकलिंगपुराणम्* में आयी इससे सम्बन्धित ब्राह्मणों की चिन्ता से भी प्रमाणित है। इसमें कलियुग का वर्णन करते हुए रचनाकार ने साफ-साफ कहा है कि "जैसे ब्राह्मणों सहित चार वर्ण हैं वैसे ही कृतादि सहित चार युग हैं। कलियुग जाति की दृष्टि से शूद्र है इसी कारण इसमें द्विजातय– विप्र, क्षत्रिय व वैश्य भी शूद्र की भाँति रहेंगे। *(यथा वर्णाश्च चत्वारः कृताद्याश्च तथा युगाः॥ अतः शूद्रः कलियुगः शूद्राचारा द्विजातयः।)*[54] जातीय गतिशीलता की एम.एन.श्रीनिवास की संस्कृतीकरण की धारणा, "जिसके द्वारा कोई नीच हिन्दू जाति या कोई जनजाति अथवा समूह किसी उच्च और द्विजजाति की दिशा अपने रीति-रिवाज, कर्मकांड, विचारधारा और जीवन पद्धति को बदलता है,"[55] इस समाज पर लागू नहीं होती। यहाँ तो यह गतिशीलता हमेशा नीचे ऊपर के बजाय ऊपर से नीचे की ओर रही है। विश्रृंखलता और संकट के दौरान जीवन को सुरक्षित और सुगम करने की जद्दोजहद में यहाँ सोपान क्रम के ऊपर की जातियों के कुछ समूह अपने रीति-रिवाज, कर्मकांड, विचारधारा और जीवन पद्धति छोड़ कर या तो नीचे की शिल्पी, कृषक, शूद्र और आदिवासी जातियों में सम्मिलित

हुए हैं या किसी नये और अलग जातीय समूह में तब्दील हो गये हैं। संस्कृतीकरण की एम.एन. श्रीनिवास की प्रक्रिया तो यहाँ उपनिवेशकाल पहले से तक के समाज में लगभग नहीं थी। यह प्रक्रिया यहाँ अंशतः उपनिवेशकाल में, और व्यापक रूप में आजादी की बाद में ही शुरू हुई।

मीरांकालीन समाज में जमीन पर आधिपत्य के लिए क्षत्रिय जातीय समूहों में आपसी संघर्ष आम थे। जमीन पर आधिपत्य के लिए हुए मुगलों और तुर्कों के बाहरी आक्रमणों का भी यहाँ सीधा प्रभाव हुआ। जमीन छूट जाने पर अक्सर क्षत्रिय जातीय समूह अपना पैतृक स्थान छोड़कर लूटमार करने लगते थे, जिसको 'बिखा' कहा जाता था।[56] मध्यकाल में बार-बार होनेवाले ये बिखा यहाँ पर जातीय गतिशीलता का कारण रहे हैं। यहाँ की प्रमुख सैन्यकर्मी क्षत्रिय जातियों की लगभग सभी खांपें यहाँ की व्यापारी, कृषक, शिल्पी, शूद्र, आदिवासी और मुसलमान जातियों में भी मिलती हैं। यह एक ऐसा तथ्य है जो इतिहासकारों और समाजशास्त्रियों को चौंकानेवाला है। यहाँ की 'रीत भाँति और चाल चलगत' में यह माना जाता है कि विशृंखलता और संकट के समय कुछ सैन्यकर्मी क्षत्रिय जातीय समूह या तो मुसलमान हो गये या पदक्रम की नीचे की जातियों में सम्मिलित हो गये। 1891 ई. में मारवाड़ में हुई मरदुमशुमारी के सुपरिंटेंडेंट मुंशी हरदयालसिंह इस सम्बन्ध में पड़ताल के बाद रिपोर्ट में इसी निष्कर्ष पर पहुँचे :

> "राजपूतों को मुसलमान बनाने का लग्गा मुहम्मद कासिम की चढ़ाई से जो संवत् 770 के करीब अरब सिन्ध की तरफ हुई थी, शुरू हुआ था जिसका खातमा औरंगजेब के मरने पर संवत् 1762 में हुआ। इस 1000 बरस के अरसे में लाखों राजपूत मुसलमान कर दिये गये शुरू में तो जब कि अरबों और तुर्कों के हमले होते थे यह कायदा था कि वे लोग फतह होने के पीछे आम हिन्दुओं और खास करके राजपूत और दूसरी लड़ने वाली कौमों के आदमियों को या मुसलमान कर लेते थे या मार डालते थे, जिससे वे मुकाबिला करने के लायक न रहें उस वक्त राजपूतों को जो लड़ाई में हार कर फिर मुकाबिला नहीं कर सकते थे जान बचाने की दो ही सूरतें थीं या तो मुसलमान हो जाते थे या राजपूती छोड़कर कमीन जातों में मिल जाते थे और उन्हीं का कसब भी करने लगते थे। आज जो हरेक कौम में राजपूतों की खांपें पायी जाती हैं वे उन्हीं दिनों में मुसलमानों के दबाव से उनके शामिल हुई थीं और जो मुसलमान हो जाते थे उनको सिपाहियों में नौकरी मिल जाती थी।"[57]

राजस्थान में हथियार बाँधना छोड़कर या दूसरा पेशा अपनाकर पदक्रम में अपने से नीचे की जातियों में घुलमिल जाने वाले सैन्यकर्मी क्षत्रिय जातीय समूह कई हैं, जिनकी पहचान अब केवल उनकी खांप की संज्ञा और कुछ रीति-रिवाजों में रह गयी है। पश्चिमी राजस्थान की कुछ पिछड़ी जातियों में इनकी कई खापें मौजूद हैं। कहा

जाता है कि खारी-खाबड़ क्षेत्र के तुर्कों से पराजित 24 जाति के सैन्यकर्मी समूहों ने हथियार बाँधना छोड़कर जालोर के शासक कान्हडदेव की अनुमति से अपनी अलग जाति तय कर ली और खेती करना शुरू कर दिया। धीरे-धीरे ये पहले से मौजूद कुछ जातियों में मिल गये और उनसे इनके रोटी-बेटी के सम्बन्ध भी हो गये। राजस्थान के कुछ पिछड़े जातीय समूह भी अपना सम्बन्ध क्षत्रिय जातियों से जोड़ते हैं। इनके अनुसार सल्तनतकाल और बाद में अपनी जान बचाने के लिए ये पिछड़ी जातियों में शामिल हुए हैं। इनमें एक भाट के पास उपलब्ध एक लिखत के अनुसार तुर्कों के भय से हथियार बाँधना छोड़कर वे इधर-उधर दूसरी जातियों में पनाह लेते रहे। अन्ततः 1200 ई. में उनके पंचों ने एकत्र होकर अपनी अलग जाति तय कर उसकी कुछ मर्यादाएँ बाँधी और उन पर अमल करने का संकल्प लिया।[58] राजस्थान के पर्वतीय इलाकों में आबाद कुछ आदिवासी समूहों की उपजातियाँ भी मानती हैं कि वे पहले क्षत्रिय थीं और संकट और संघर्ष के दौरान आदिवासी समूहों में रहने और उनसे रोटी-बेटी के सम्बन्ध हो जाने से वे आदिवासी हो गयीं। राजस्थान के आरम्भिक इतिहासकारों में से एक श्यामलदास ने इस सम्बन्ध में लिखा है कि "हमारे खयाल से ऐसा मालूम होता है कि जब बौद्धों के भय से बहुत से क्षत्रिय अर्वाली पहाड़ में आकर छुपे, उसी समय राजपूतों का पैबन्द इन भीलों के साथ हुआ होगा, लेकिन समय का पूरा पता लगाना कठिन है।"[59] यहाँ के अधिकांश आदिवासी समूहों की जातीय स्मृति में किसी शासक क्षत्रिय जातीय समूह से अपनी-अपनी उत्पत्ति की बात मौजूद है। मेवाड़ के कुछ प्रमुख आदिवासी समूहों की इस तरह की जातीय स्मृतियों का विवरण श्यामलदास ने *वीर विनोद* में दिया है। इनमें कुछ मानते हैं कि वे धार के पंवार राजा के वंशज हैं जबकि कुछ अन्य अपना सम्बन्ध दूसरे क्षत्रिय वंशों से जोड़ते हैं और यह मानते हैं कि पहाड़ में आकर आदिवासी समूहों के साथ रोटी-बेटी का सम्बन्ध बना लेने से वे भी आदिवासी हो गये हैं।[60] मेवाड़ के पहाड़ी इलाकों के कुछ आदिवासी जातियों के सम्बन्ध में इसी तरह की बात 1891 ई. की मारवाड़ की मरदुमशुमारी में भी सामने आयी है। इनके भाट कहते है कि "जब संवत् 1342 में जालोर का राज बादशाह अलाउद्दीन खिलजी ने लिया और राव कानडदेव वीरमदेव उससे लड़कर मारे गये तो राव सातल भोजराज और मूलकदेव जो उनके भाई बेटे थे कई अन्य सजातीय लोगों के साथ भागकर इन पहाड़ों में आये और आदिवासियों की जमीन छीन कर राज करने लगे और इस तरह उनकी एक अलहदा आदिवासी कौम ही मुकर्रर हो गयी।"[61]

राजस्थान के पर्वतीय इलाकों में आदिवासी समूहों के बीच रहने वाले कुछ कृषक समूह भी अपने को राजपूत कहते हैं लेकिन सोपान क्रम के उच्च क्षत्रिय समूहों के साथ उनका रोटी-बेटी और खानपान का सम्बन्ध नहीं है।[62] यह अलग जाति है, जिसकी मेवाड़ में एकाधिक शाखाएँ हैं। इनके पास पर्वतीय इलाकों में जागीरें थीं।

ये खेती करते थे, लेकिन जरूरत पड़ने पर आदिवासियों को साथ लेकर ये शासक के पास सैन्यकर्म के लिए भी उपस्थित होते थे। ये अपनी वंशावली बड़े क्षत्रिय वंशों से जोड़ते हैं और मानते हैं कि संघर्ष और संकट के दौरान राज छीने जाने से पर्वतों में आश्रय लेकर वे जातीय पदक्रम में नीचे आ गये हैं। मेवाड़ के महाराणा राजसिंह के समय की दो पट्टा बहियों के अध्ययनकर्ता राजेन्द्रप्रसाद भटनागर ने भी इनके सम्बन्ध में यही निष्कर्ष निकाला है :

> "राणा सांगा के शासन काल से पूर्व के प्राचीन राजवंशों और उनकी खांपों के लोग, जो नये के उदय के कारण बिल्कुल दब से गये थे और उनका ऊँचे वर्ग में रहना बन्द ही हो गया था, उनके कब्जे में स्वयं की अर्जित की हुई भूमि अब भी थी। नयी शाखाओं की निरन्तर वृद्धि के कारण राज दरबार में उनकी पहुँच मुश्किल हो गयी, तब उन्होंने भूमि पर हल चलाकर अपनी आजीविका कमाना मुख्य कार्य स्वीकार किया। वे किसानों की तरह परिश्रम करते थे, फिर भी उन्होंने शस्त्र कभी नहीं त्यागे।"[63]

पश्चिमी राजस्थान के कुछ जातीय समूह भी मानते हैं कि उनके पूर्वज राजपूत थे और पेशा बदल लेने के कारण उन्हें अपनी अलग जाति तय करनी पड़ी। इनमें क्षत्रिय जातीय समूहों की कई खांपें मिलती हैं। इनके भाट के अनुसार राजा सिद्ध राजसिंह ने गुजरात के सिद्धपुर में जब रुद्रमाल का विशालकाय मन्दिर बनाया तो रात्रि में काम जारी रखने के लिए रोशनी करने की जरूरत पड़ी, जिसके लिए कई तेल निकालने वालों को काम में लगाना पड़ा। वे जब काम की अधिकता के कारण वहाँ से भाग छूटे, तो तेल निकालने का काम निगरानी करने वाले सैन्यकर्मियों को सौंप दिया गया। तेल निकालने का काम करने के कारण दूसरे क्षत्रिय समूहों ने इनसे रोटी-बोटी और खानपान के सम्बन्ध तोड़ लिए और इनको बाद में अपनी अलग जाति कायम करनी पड़ी।[64]

अनुलोम और विधवा विवाहों ने भी यहाँ वर्ण मिश्रण और जातीय गतिशीलता में योग दिया। इन वैवाहिक सम्बन्धों से कुछ जातीय समूह पदक्रम में ऊपर से नीचे की ओर आ गये और कुछ नयी जातियाँ भी बन गयीं। 1891 ई. की मरदुमशुमारी रिपोर्ट में एकाधिक जातियों के बनने में वर्ण और जातियों के मिश्रण की बात सामने आयी थीं।[65] इनमें से एक जाति तो ऐसी है जिसकी स्त्रियाँ अपने पितृपक्षीय पूर्वजों के ब्राह्मण होने की जातीय स्मृति के कारण दारू-मांस से परहेज करती थीं और अपने बरतन अलग रखती थीं।[66] राजस्थान में पाये जाने वाले कुछ जातीय समूह सोपान क्रम की उच्च जातियों के आदिवासी और दलित जातियों के साथ अनुलोम विवाहों से अस्तित्व में आये। ये उच्च जातियाँ से उत्पन्न होने के कारण अपनी जाति में उच्च समझे जाते हैं। इसके लोग अपने से छोटी समझी जाने वाली अपनी जातीय खांपों से बेटियाँ लेते तो हैं, लेकिन उन्हें देते नहीं हैं। कुछ जातियाँ ऐसी भी

हैं जिनकी खांपें हिन्दू और मुसलमान हैं लेकिन दोनों में विवाह और खानपान के सम्बन्ध हैं।[67] वर्ण व्यवस्था के ब्राह्मण आदर्श में विधवाओं का विवाह निषिद्ध था, लेकिन यह 'चाल चलगत' व्यवहार में पूरी तरह कभी नहीं आया। मध्यकाल और उससे पहले यहाँ शिल्पी, कृषक, शूद्र और आदिवासी जातियों में तो विधवा विवाह आम थे और सोपान क्रम की उच्च जातियों में भी ये पूरी तरह निषिद्ध नहीं थे। 1891 ई. की मरदुमशुमारी रिपोर्ट के अनुसार सोपान क्रम की उच्च क्षत्रिय जातीय समूहों में निषिद्ध होने के बावजूद ये होते थे और इस कारण नातरायत अर्थात विधवाओं से नाता करने वालों की अलग जाति ही अस्तित्व में आ गयी।[68] इस नये जातीय समूह को धीरे-धीरे स्वीकृति भी मिल गयी। रिपोर्ट में कहा गया है कि 'अब तो नाता भी धोले ब्याह की तरह होने लगा है' और नातरायतों के साथ कुछ सोपान क्रम की उच्च जातीय समूहों के लोग भी हुक्का पानी पीने लग गये हैं।[69]

राज्य और सत्ता की भूमिका भी इस दौरान वर्ण और जाति निर्धारण में महत्त्वपूर्ण थी। कहा जाता है कि नाहरराव पडिहार ने एक सरोवर की प्रतिष्ठा के समय एक लाख ब्राह्मणों को भोजन करवाने का संकल्प लिया, लेकिन प्रतिष्ठा में केवल 80 हजार ब्राह्मण ही आये। उसने अपना संकल्प पूरा करने के लिए अन्य लोगों को भी ब्राह्मणों का दर्जा दे दिया।[70] मीरांकालीन समाज में धार्मिक और साम्प्रदायिक गतिशीलता से भी वर्ण और जातीय गतिशीलता बढ़ी। पहले जैन, बौद्ध और इस्लाम और मध्यकाल में भक्ति आन्दोलन से यहाँ वर्ण मिश्रण और जाति परिवर्तन हुआ। धार्मिक प्रबोधन के प्रभाव से या मुसलमानों के उपद्रवों से परेशान होकर दूसरी जाति के लोगों के जैन बनने का सिलसिला जैन धार्मिक रचना *जैनप्रष्णोत्तर* के अनुसार 1518 ई. तक जारी रहा।[71] इन जैन धर्म में दीक्षित उच्च जातीय समूहों ने अपने पारम्परिक ब्राह्मणों को अपने मन्दिरों को सेवा-पूजा में नियोजित किया, जिससे एक और नयी जाति अस्तित्व में आयी।[72] जैनाचार्य हरिभद्र सूरी ने भी मेवाड़ में सोपान क्रम की सैन्यकर्मी क्षत्रिय जाति को दीक्षित कर नयी जाति कायम की।[73] सल्तनत और मध्यकाल में इस्लाम के कारण व्यापक स्तर पर जाति परिवर्तन हुआ। खास तौर पर सोपान क्रम की उच्च सैन्यकर्मी क्षत्रिय जातियों के कई समूह जबरन या स्वेच्छा से मुसलमान हो गये। यह सिलसिला आठवीं सदी में शुरू हुआ, जो अठारहवीं सदी में ही खत्म हुआ। पश्चिमी राजस्थान में मुसलमान क्षत्रिय जातीय समूहों में सोपान क्रम की उच्च क्षत्रिय जातियों की कई खांपें मिलती हैं।[74] भक्ति आन्दोलन का प्रभाव राजस्थान में भी हुआ और इस कारण जो सम्प्रदाय बने उससे भी कुछ नयी जातियाँ बन गयीं। जांभोजी ने 29 मर्यादाओं को आधार बनाकर जो नया सम्प्रदाय चलाया उससे जाटों में से एक नयी जाति बिस्नोई बन गयी। जाटों में ही एक और सन्त जसनाथ के नौ आचार-विचारों पर आधारित जो सम्प्रदाय चला उससे एक अलग जाति जसनाथी जाट बन गयी। रैदास के नाम पर रेगर, पीपा के

नाम पर पीपावंशी दरजी, नामदेव के नाम पर नामदेव दरजी आदि जाति समूह भी इसी तरह अस्तित्व में आये।[75]

उपनिवेशकाल से पहले तक राजस्थान के समाज की निरन्तर सामाजिक गतिशीलता से लगता है कि वर्ण मिश्रण, जाति परिवर्तन और नयी जाति कायम करने की गुंजाइश और आजादी यहाँ निरन्तर थी। यह सही है कि वर्ण व्यवस्था के ब्राह्मण आदर्शों के अवशेष कई रूपों में यहाँ के नागर समाज की जातीय स्मृति और संस्कार में थे और जातीय समूहों में अन्तर्गमन आदि की कुछ मर्यादाएँ थीं, जिनका उल्लंघन और अतिक्रमण निषिद्ध था, लेकिन ये निषेध सार्वत्रिक कानूनों की तरह नहीं थे और इनमें स्थानीय जरूरतों के हिसाब से रद्दोबदल होते रहते थे। आरम्भिक आंशिक प्रतिरोध, जो अक्सर निन्दा भर्त्सना और बहिष्कार के रूप में होता था, के बाद इन उल्लंघनों को पहले स्थानीय और फिर धीरे-धीरे सार्वत्रिक स्वीकृति मिल जाती थी। अक्सर ऐसे उल्लंघन सामाजिक स्वीकृति के बाद नजीर बन जाते थे और धीरे-धीरे ऐसा करनेवालों की संख्या बढ़ती जाती थी। कुछ समय बाद इनका पृथक् जातीय समूह बन जाता था। फिर धीरे-धीरे इन जातीय समूहों के भी अन्तर्गमन आदि के कुछ नियम वगैरह बन जाते थे। इस तरह यहाँ जाति बिगड़ने और बनने का सिलसिला जारी रहता था। यह ऐसा समाज था, जिसमें जातीय मर्यादाएँ थीं, उनके उल्लंघन और अतिक्रमण पर निन्दा, भर्त्सना और बहिष्कार के दंड थे, लेकिन इसी समाज में इन उल्लंघनों की स्वीकृति भी थी और कुछ हद तक इनका सम्मान भी था। यहाँ वर्ण मिश्रण, जाति परिवर्तन और इससे नयी जातियों के अस्तित्व में आने के ऐसे कई उदाहरण हैं। इन नयी जातियों को मान्यता और स्वीकृति इस समाज ने ही दी। इस मान्यता के लिए इनको न तो ब्राह्मणों के पास जाना पड़ा और न ही किसी शास्त्र की नजीर देनी पड़ी। उस समय इस तरह के परिवर्तन या मिश्रण पर केवल निन्दा, भर्त्सना और बहिष्कार जैसे दंड ही थे। अब हालात बदल गये हैं। अब तो भी इसके लिए ऑनर किलिंग जैसी सख्त सजाएं आ गयी हैं।

मीरांकालीन समाज में पेशा बहुत हद तक वर्ण, जाति और रक्त के बजाय कर्म पर आधारित था। यह धारणा कुछ अतिरंजनापूर्ण लग सकती है, लेकिन उपलब्ध जातीय स्मृति और तथ्यों को बड़े कालखंड के परिप्रेक्ष्य में रखकर देखा जाये तो सही लगती है। यदि जन्म से क्षत्रिय होते तो यहाँ के समाज की सभी जातियों में उनकी खांपें नहीं मिलतीं। दरअसल यहाँ हथियार बाँधना हमेशा क्षत्रिय होने की जरूरी अर्हता रही है। यहाँ की रीतभाँति और चाल चलगत में जब भी किसी क्षत्रिय समूह ने इस या उस कारण से हथियार बाँधना छोड़ा तो उसे या तो सोपान क्रम में नीचे की जातियों में जाना पड़ा या नयी जाति में तब्दील होना पड़ा। पेशा बदल जाने के बाद भी यहाँ के ब्राह्मणों में कुछ हद तक वर्ण शुद्धता कायम रही, लेकिन परिवर्तन से पूरी तरह अछूते तो वे भी नहीं रहे। कर्मकांड पर उनका एकाधिकार

था, लेकिन स्थानीय जरूरतों के कारण कुछ सोपान क्रम की उच्च सैन्यकर्मी जातियों के समूह भी उनमें शामिल हो गये। कुछ ब्राह्मण जातीय समूहों में कुछ क्षत्रिय समूहों के शामिल हो जाने की बात 1891 ई. की मारवाड़ की मरदुमशुमारी रिपोर्ट में सामने आयी है। इसमें कहा गया है कि ये जागीरदार ब्राह्मण शास्त्र और धार्मिक कर्मकांड नहीं जानते हैं। ये कर्मकांड दूसरे ब्राह्मणों के सहयोग से सम्पन्न करते हैं और इसके बदले अपने यजमानों से प्राप्त दक्षिणा में से कुछ हिस्सा उनको दे देते हैं। राजस्थान के कई सोपान क्रम के उच्च जातीय समूह इन्हें अपना पारम्परिक पुरोहित मानकर इनको जन्म, मृत्यु, तीर्थयात्रा आदि पर भूमि आदि दान करते थे। इन पुरोहितों के पास अनुदान में प्राप्त कई शासन गाँव थे, जिन पर कोई राजस्व नहीं लगता था।[76]

4

शास्त्रों में ब्राह्मण जातीय समूहों की हैसियत भले ही सर्वोच्च वर्ण की रही हो लेकिन उपनिवेशकाल से पहले तक दैनन्दिन सामाजिक जीवन में ऐसा नहीं था। अधिकांश ब्राह्मण जातीय समूह धर्मान्ध और कट्टर नहीं थे, उनकी हैसियत समाज में अलग और ऊँची नहीं थी और वे इसके लिए आग्रह भी नहीं करते थे। उनका कर्मकांडीय सामान्य आदर-सम्मान समाज में था लेकिन दूसरे द्विज जातीय समूहों के साथ उनके सम्बन्ध छोटे-बड़े के नहीं थे। सामन्तों से सम्बद्ध कुछ ब्राह्मण समूहों की माली हालत अच्छी थी, अन्यथा गाँव-कस्बों में रहनेवाले ब्राह्मण भूमि, पशुधन आदि के मामले में कृषक और व्यापारी जातीय समूहों से भी कमजोर थे। कुछ गिने-चुने ब्राह्मण शास्त्रों का अध्ययन और अभ्यास करते थे, कुछ धर्म के लोक और श्रुत रूपों की कथा-दृष्टान्तों पर आधारित अनौपचारिक शिक्षा देते थे, जबकि बाकी अधिकांश ने खेती और व्यापार जैसे दूसरे पेशे अपना लिए थे। स्मृति और पुराण आदि ब्राहमण ग्रन्थ यहाँ के लोक में बाध्यकारी कानूनों की तरह कभी मान्य नहीं रहे। समाज में ब्राह्मण वर्चस्व और सर्वोच्चता का मिथक खुद ब्राह्मणों ने अंग्रेजों के समर्थन से गढ़ा है। अंग्रेज इस विशालकाय देश के सांस्कृतिक वैविध्य से अपरिचित थे इसलिए यहाँ समाज को समझने के लिए उन्होंने कुछ ब्राह्मण ग्रन्थों को आचार-विचार के नियामक ग्रन्थों की मान्यता दे दी। बाद में वामपन्थी इतिहासकारों ने यही काम इन ग्रन्थों की आलोचना करके किया। उन्होंने भी इन ग्रन्थों और इनके विधि-विधानों को जीवन संहिताएँ मानकर आलोचना की, जबकि न तो इन विधि-विधानों की हैसियत सर्वदेशीय और सर्वकालिक थी और न इनका दैनन्दिन सामाजिक जीवन से कोई सीधा सम्बन्ध था। दरअसल प्राचीन और मध्यकालीन अधिकांश साहित्य ब्राह्मणों का लिखा हुआ है। ब्राह्मणों ने इस साहित्य में सामाजिक जीवन की दैनन्दिन वास्तविकता को दरकिनार कर केवल वर्ण व्यवस्था के शास्त्र निर्भर ब्राह्मण आदर्श का वर्णन किया

है। पुरुषोत्तम अग्रवाल ने खूब प्रचारित ब्राह्मण सर्वोच्चता को इसी कारण 'ब्राह्मण फैंटेसी' कहा है। उनके शब्दों में "ब्राह्मण सर्वोच्चता की शाश्वतता ऐतिहासिक सत्य नहीं, ब्राह्मणों की फैंटेसी है, जिसे ऐतिहासिक सत्य का दर्जा औपनिवेशिक सत्ता के सहयोगी ब्राह्मणों ने दिया।"[77] ब्राह्मण सर्वोच्च वर्ण हैं, उनको भूमि आदि के दान से पुण्य मिलता है और उनसे भूमि छीन लेने पर छह लाख वर्ष तक नरक में रहना पड़ता है, इस तरह की कुछ धारणाओं को ब्राह्मण साहित्य में तरह-तरह से निरन्तर पुख्ता किया गया है। सत्रहवीं सदी में राजस्थान के मेवाड़ में उदयपुर के समीप राजसमुद्र सरोवर के प्रतिष्ठा उत्सव के अवसर पर लिखी गयी ब्राह्मण रचनाओं—रणछोड़ भट्ट कृत *राजप्रशस्ति महाकाव्यम्* और सदाशिव कृत *राजरत्नाकर महाकाव्य* को पढ़कर तो लगता है कि राजा अपने दैनन्दिन जीवन में केवल दो ही काम, युद्ध और दान किया करते थे[78], जबकि वास्तविकता इससे एकदम अलग थी। रणछोड भट्ट के अनुसार राजसमुद्र के प्रतिष्ठा उत्सव में 46 हजार ब्राह्मणों को दान दिया गया।[79] इस तरह के ब्राह्मण साहित्य और पारम्परिक धारणाओं के कारण कुछ हद तक यहाँ ब्राह्मणों का कर्मकांडीय आदर होता था और सामन्त और दूसरे सम्पन्न लोग पुण्य लाभ के लिए उनको भूमि आदि का दान भी करते थे। मेवाड़ में मध्यकाल के अन्तिम चरण में तो निरन्तर भूमिदान से हालत यह हो गयी थी कि कुल भूमि का लगभग 12 प्रतिशत ब्राह्मणों और चारणों के पास चला गया था,[80] उनके गाँव शासनिक या तांबा पतर (ताम्र पत्र) गाँव माने जाते थे जिन पर कोई राजस्व नहीं लगता था। पर इसका लाभ केवल कुछ सीमित ब्राह्मण समूहों तक ही पहुँचता था। लोक की धार्मिक कर्मकांड में रुचि अब केवल औपचारिक रह गयी थी और दान आदि भी बहुत कम और सांकेतिक हो गया था इसलिए अधिकांश ब्राह्मणों ने ज्ञानार्जन और धार्मिक कर्मकांड के अपने पारम्परिक पेशे छोड़कर खेती, व्यापार, नौकरी आदि करना शुरू कर दिया था। 1886 ई. में प्रकाशित *वीर विनोद* में श्यामलदास ने यहाँ के ब्राह्मणों की इस हालत पर इस तरह की टिप्पणी की थी :

> "करीब-करीब तमाम राजपूतानाह और विशेषकर मेवाड़ के गरीब ब्राह्मण जिनको ग्राम तथा जमीन उदक में मिली है वे तो बिल्कुल कृषिकार हो गये हैं... शहर अथवा कस्बों में रहने वाले जियादहतर नौकरी अथवा व्यापार से अपना गुजर करते हैं और बहुत से कणभिक्षा करके भी पेट भरते हैं। इन लोगों में अलबत्तह बाज-बाज पढ़ते भी हैं। थोड़े पढ़ने वाले पंचांग बांचकर और उनसे जियादह पढ़े हुए जन्मपत्री, वर्ष पत्र आदि बनाकर अपना गुजारा करते हैं। यदि किसी ने जियादह हिम्मत की तो कथाभट्ट बन गया, जो पुराणों की कथा बाँचकर जीविका प्राप्त करता है, परन्तु वेदाभ्यास और शास्त्रपठन करने वाले तो यहाँ पर हजारों ब्राह्मणों में से एक दो ही नजर आते हैं, जो भी अपने शेष जाति समूह में फँसकर देसोपकार पर चित्त नहीं लगाते।"[81]

1891 ई. की मरदुमशुमारी रिपोर्ट में भी यही निष्कर्ष निकालते हुए कहा गया कि "इस जमाने में ब्राह्मणों की वह विद्या नहीं रही है और मारवाड़ में तो बहुत कम ब्राह्मण विद्यमान हैं।"[82] यहाँ के पारम्परिक कर्मकांडी ब्राह्मणों की हालत के सम्बन्ध में भी इस रिपोर्ट में इसी तरह की धारणाएँ मिलती हैं।[83] यहाँ के शासक क्षत्रिय जातीय समूहों के पारम्परिक ब्राह्मण पुरोहितों के बारे में भी इस रिपोर्ट में इस तरह की कई बातें सामने आयी हैं।[84]

मीरांकालीन लोक समाज के दैनन्दिन जीवन में ब्राह्मणों का हस्तक्षेप कम और केवल कर्मकांडीय रह गया था। उन्हें सुविधा और उपलब्धता के आधार पर केवल जन्म, विवाह, मृत्यु आदि से सम्बन्धित कर्मकांड और मुहूर्त आदि देखने के लिए बुलाया जाता था। जनसाधारण की घटती दिलचस्पी के कारण धार्मिक कर्मकांड भी बहुत संक्षिप्त और सांकेतिक रह गये थे। जनासाधारण की सुविधा और जरूरतों को ध्यान में रखकर स्वयं ब्राह्मणों ने इनको बहुत सरलीकृत कर दिया था। कुछ जातियाँ तो यहाँ बहुत पहले ही ब्राह्मणों के दखल से पूरी तरह आजाद हो गयी थीं। कुछ आदिवासी समूह ब्राह्मणों से अपना कोई भी धार्मिक कर्मकांड नहीं करवाते थे और न ही कोई ब्राह्मण उनके गाँवों में रहता था।[85] मध्यकाल में नयी बनी जाति बिश्नोई ब्राह्मण दखल से पूरी तरह मुक्त थी। बिस्नोई तो ब्राह्मणों के हाथ से बनी कच्ची-पक्की रसोई भी नहीं खाते थे और न ही अपना भोजन उनको छूने देते थे।[86] यहाँ के सामन्तों के दैनन्दिन जीवन में ब्राह्मणों की प्रभावकारी मौजूदगी के जो विवरण मिलते हैं वे अधिकांश आदर्श वर्णन हैं और केवल ब्राह्मण रचनाओं में ही मिलते हैं।[87] इन रचनाओं में सामन्तों को शयन से पूर्व और प्रातःकाल धर्मग्रन्थों का पाठ, पूजा-अर्चना, कर्मकांड और दान-पुण्य करते दिखाया गया है, लेकिन दैनन्दिन जीवन की वास्तविकता इससे एकदम अलग थी। यहाँ की मध्यकालीन गैर ब्राह्मण रचनाओं, लोकथाओं आदि में सामन्तों की दिनचर्या का वर्णन ब्राह्मणों के हस्तक्षेप से मुक्त, बहुत विलासपूर्ण और पूरी तरह ऐहिक है। मध्यकाल में यहाँ लिखी गयी *खींची गंगेव निंबावत रो दोपहरो, रामदास वैरावत री आखड़ी री बात और राजान-राउत रो बात बणाव*[88] में सामन्तों की दिनचर्या का विस्तृत वर्णन हुआ है। इनके अनुसार सामन्त आखेट और आमोद-प्रमोद के द्वारा अपने वैभव का जमकर उपभोग करते थे, जिसमें सामिष और निरामिष, दोनों प्रकार के विविध व्यंजन, सुरा, अफीम, नृत्य-गायन आदि सम्मिलित थे। *खींची गंगेव निंबावत रो दोपहरो* में आमोद-प्रमोद और इसमें प्रयुक्त होने वाली सामग्री और सामन्तों द्वारा इसके उपभोग का बहुत विस्तृत और वैविध्य से पूर्ण सरस वर्णन मौजूद है। खास बात यह है इस दिनचर्या में कहीं भी न तो ब्राह्मणों का दखल है और न ही इसमें कोई धार्मिक कर्मकांड शामिल है। यही नहीं, इस रचना का समापन रचनाकार इस उपदेश के साथ करता है कि यदि भविष्य में भी कोई रसिक राजपुरुष अपने वैभव की भोगेच्छा को अभिव्यक्ति प्रदान करना

चाहे तो गंगेव निंबावत की भाँति ही प्रदान करे *(फेर ही कोई राजवी माणगर हुवै सू इण भांति ऐसे माणज्यो)*।[89]

मीरांकालीन समाज में ब्राह्मण समाज के सर्वोपरि नियामक की हैसियत में नहीं थे और उनका उपयोग और महत्त्व केवल धार्मिक कर्मकांड तक सीमित था। राज्यसत्ता की इच्छा, आज्ञा, रुचि और सुविधा ब्राह्मण व्यवस्था और विधियों से ऊपर थी। राज्यसत्ता की हैसियत इतनी सर्वोपरि थी कि कई बार वर्ण और जाति निर्धारण में भी इसकी भूमिका निर्णायक होती थी। कहते हैं कि नाहरराव परिहार ने सरोवर की प्रतिष्ठा के अवसर पर 20 हजार दूसरे लोगों को जनेऊ पहनाकर ब्राह्मण घोषित कर दिया था। राजा की इच्छा या सुविधा इस दौरान ब्राह्मण विधि निर्देशों से ऊपर थी। मेवाड़ के शासक हम्मीर ने राजनीतिक मजबूरी के तहत जब मालदेव सोनगरा की बेटी से विवाह किया तो उसके पारम्परिक पुरोहित ने इसको धर्म विरुद्ध कह कर अस्वीकार कर दिया। हम्मीर ने इस ब्राह्मण को हटाकर अपने गाँव सिसोदा के दूसरे ब्राह्मण को अपना पुरोहित नियुक्त कर लिया।[90] मेवाड़ के शासकों के आराध्य एकलिंगदेव के पारम्परिक पुजारी सदियों से नाथ थे, लेकिन जब उनका आचरण दूषित हो गया तो महाराणा ने उनको मन्दिर और मठ से निष्कासित कर दिया।[91] ब्राह्मण भी मध्यकाल तक आते-आते समझदार हो गये थे। वे अब अपनी व्यवस्था और विधियों का आग्रह करने के बजाय अपने से ऊँची लौकिक हैसियतवाले जातियों के लोगों की जरूरतों और इच्छाओं का सम्मान करने लग गये थे। उन्होंने धार्मिक कर्मकांड के साथ सामन्तों की वेशभूषा, जलपान, भोजन आदि की व्यवस्था का काम भी अपने जिम्मे ले लिया था।[92]

5

स्त्रियों के सम्बन्ध में मीरांकालीन समाज का नजरिया पर्याप्त गतिशील और द्वन्द्वात्मक था। यह स्त्रियों की हालत और हैसियत के मामले में आदर्श समाज नहीं था जैसा कि कुछ पुनरुत्थानवादियों ने प्रचारित कर रखा है और यह उस तरह से ठहरा हुआ और पश्चिमी अर्थ में पूरी तरह पितृसत्तात्मक भी नहीं था जैसा कि कुछ अति उत्साही स्त्री विमर्शकार इसको साबित कर रहे हैं। इन दोनों ही पक्षों की मुश्किल यह है कि ये अपने निष्कर्ष निर्देशात्मक ब्राह्मण साहित्य और उस इतिहास से निकालते हैं, जिसका हमारी दैनन्दिन सामाजिक वास्तविकता से कोई लेना-देना नहीं रहा। यह सही है कि इस समाज में स्त्रियों की पूजा की बात केवल मिथ है, लेकिन यह कहना कि वे केवल पुरुषों की सम्पत्ति थी, उनका केवल शोषण और उत्पीड़न होता था और उन्हें कोई अधिकार प्राप्त नहीं थे, पूरी तरह सही नहीं है। कुछ हद तक ऐसा भी होता था, लेकिन इसके साथ इस समाज में उनके सम्मान, सुरक्षा और संरक्षण की चिन्ताएँ भी थीं। यही नहीं, इस दौरान स्त्रियाँ प्रभावकारी ढंग से सामाजिक और राजनीतिक जीवन में हस्तक्षेप भी करती थीं और कुछ हद

तक उन्हें जीवन की स्वतन्त्रता भी थी।

मीरां के समाज में कुछ हद तक पुत्र और पुत्री से सम्बन्धित लैंगिक भेदभाव था, लेकिन यह समाज के सभी तबकों में एक जैसा नहीं था। उच्च जातियों, खास तौर पर क्षत्रिय जातीय समूहों में पुत्र का जन्म पुत्री की तुलना में प्रसन्नकारी था, क्योंकि इससे वंशानुगत अधिकारों को सुरक्षित रखने में सुविधा होती थी। इस कारण पुत्र की तुलना में पुत्री के जन्म पर होने वाला व्यय भी कम होता था। अठारहवीं सदी के उपलब्ध अभिलेखों के अनुसार एक राज परिवार में माता के स्वास्थ्य तथा मांगलिक कार्यों के लिए 1760 ई. में पुत्र के जन्म पर 7135 रुपये व्यय हुए, जबकि 1705 ई. में पुत्री के जन्म पर केवल 102 रुपये 11 आने व्यय किये गये।[93] पुत्री का जन्म इस दौरान चिन्ताकारी था। सोलहवीं सदी की एक गद्य रचना में पुत्री के जन्म को घर-परिवार में चिन्ताओं का आगमन माना गया। इसमें कहा गया है कि *जसु घर बेटी आवी, पूटि लागी चिन्ता आवीं*।[94] मतलब यह कि जब घर में बेटी आती है तो उसके पीछे-पीछे चिन्ता भी आती है। लेकिन ऐसी धारणा समाज के सभी तबकों में नहीं थी। यहाँ के कुछ द्विजजातीय समूह बेटियों का विवाह खासा धन लेकर करते थे, इसलिए वे इनके जन्म पर प्रसन्न होते थे। 1891 ई. की मरदुमशुमारी रिपोर्ट के अनुसार "ये अपनी समझोतरी बेटे को डोबका और बेटी को तारका कहते हैं डाबका के मायने डुबाने वाला और तारका के तिराने वाली के हैं।"[95] रिपोर्ट में इस सम्बन्ध में आगे कहा गया है कि वे "बेटियों का रुपया ज्यादा लेते हैं खास करके बड़ी उमर की लड़कियाँ तो उनके लिए दौलत की खान हैं... जितने खुश बेटियों के पैदा होने से होते हैं उतने बेटों के जनमने से नहीं होते इनकी यह कहावत है।"[96]

मीरांकालीन समाज में विवाह से पूर्व सम्बन्ध या सगाई का रिवाज था। क्षत्रिय जातीय समूहों में सम्बन्ध के प्रस्ताव को टीका कहा जाता था। टीका वधू पक्ष की ओर से पुरोहित आदि के साथ वर पक्ष को भेजा जाता था। इसमें भेजी जाने वाली वस्तुएँ वधू पक्ष की सामाजिक हैसियत से तय होती थीं। 1761 ई. में बीकानेर के शासक गजसिंह ने अपनी पुत्री के टीके में उदयपुर के शासक को एक-एक सोने और चाँदी का नारियल, चौदह चाँदी की और ग्यारह सोने की सुपारियाँ, एक हीरे-पन्ने आदि से जड़ी हुई कलंगी, पच्चीस जनाना वेष, एक हाथी, दस घोड़े, मिठाई और 100 रुपये नकद भेजे थे।[97] टीके का रिवाज दूसरी सम्पन्न उच्च जातियों में भी था। कृषक, व्यापारी, शिल्पी और सोपान क्रम की नीचे की जातियों में यह रिवाज नहीं था। इनमें सम्बन्ध का प्रस्ताव वर पक्ष की ओर से वधू पक्ष को भेजा जाता था, जिसको रीत कहते थे। रीत में वर पक्ष वधू को एक तयशुदा धन राशि, वस्त्र आदि देता था।[98] सम्बन्ध या सगाई को इस दौरान सामाजिक मान्यता प्राप्त थी और इसका उल्लंघन करने वालों को समाज या राज्य दंडित करता था। सगपण या सम्बन्ध क्षत्रिय जातीय समूहों में दो तरह के होते थे, जिनको इकेवड़ा और दोवड़ा

कहा जाता था। इकेवड़े सम्बन्ध में ये बेटी लेते तो थे लेकिन देते नहीं थे, जबकि दोवड़े सम्बन्ध में बेटी देते भी थे और लेते भी थे। दोवड़ा सम्बन्ध बराबर वालों के साथ होता था। इकेवड़े सम्बन्ध में बेटीवाले डोला भेजकर या खांडे (तलवार) के साथ विवाह करते थे। उनमें सम्बन्ध का महत्त्व बहुत था। एक बार सम्बन्ध हो जाने के बाद इसे तोड़ा नहीं जाता था। उनमें कहावत है कि *परणी छूटे पर मांग नहीं छूटे*।[99] विवाह की उम्र इस दौरान 8 से 21 वर्ष के बीच थी। क्षत्रिय जातीय समूहों में अन्य जातियों की तरह बाल विवाह नहीं होते थे। उनमें विवाह आम तौर पर सोलह से बीस वर्ष की उम्र में किया जाता था।[100] सम्बन्ध और विवाह वर-वधू की इच्छा से नहीं होता था। यह निर्णय घर-परिवार के बड़े-पिता, भाई आदि करते थे। वर-वधू की तलाश में चारण-भाटों का सहयोग लिया जाता था।[101] कुछ लड़कियाँ बड़ों द्वारा लिए गये निर्णयों का विरोध भी करती थीं। 1660 ई. में किशनगढ़ की राजकुमारी चारुमति ने अपने पिता की अवज्ञा कर उदयपुर के शासक राजसिंह को विवाह के लिए निमंत्रित कर लिया था। बीकानेर के शासक सूरतसिंह की बहिन ने भी अपना विवाह नरवर के राजा के साथ करने का विरोध किया था।[102]

बहु विवाह का चलन इस दौरान था, लेकिन यह समाज के सभी तबकों में नहीं था। शासक राजवंशों में यह प्रथा थी और उनका अनुकरण करने वाले जागीरदार और अधिकारी आदि भी कभी-कभी एकाधिक विवाह करते थे। शासक सामन्तों के अन्तःपुर में स्त्रियों की संख्या उनकी प्रतिष्ठा और ताकत की सूचक थी। राणा सांगा से पहले मेवाड़ के शासकों ने चौदह से अट्ठाईस तक विवाह किये थे।[103] सांगा अपने समय में उत्तर भारत के सबसे बड़े राज्य का स्वामी था इसलिए उसके अन्तःपुर में हाड़ा, चौहान, खेराड़, देवड़ा, तंवर, सोलंकी, वाघडिया चौहान, सांखला, ईडरिया राठौड़ आदि राजवंशों की अट्ठाईस रानियाँ थीं।[104] उसके बाद सत्तारूढ़ रत्नसिंह और विक्रमादित्य की चार-चार और उदयसिंह के बीस रानियाँ थीं। उदयसिंह के बाद सत्तारूढ़ महाराणा प्रताप ने चौदह विवाह किये थे।[105] जोधपुर के मीरां के पूर्वज शासक जोधा ने हाड़ा, भाटी, सांखला, हूलण, सोनगरा, वाघेला आदि कई राजवंशों में विवाह किये थे। उसके बाद सत्तारूढ़ सातल ने सात, सूजा ने चार और गांगा ने नौ विवाह किये थे।[106] गांगा के पुत्र मालदेव के अन्तःपुर में पच्चीस रानियाँ थीं।[107] शासकों का अनुकरण करने वाले जागीरदार, मुत्सद्दी, पुरोहित, पुजारी आदि भी कभी-कभी एकाधिक विवाह करते थे। शेष समाज में एक विवाह का ही रिवाज था।[108] विवाह के अलावा इस दौरान शासकों, जागीरदारों आदि में पर्दायतन, पासवान, खवासन आदि के रूप में उप पत्नियाँ भी रखी जाती थीं, जो दूसरी जातियों की होती थीं। राणीमंगा की बही के अनुसार महाराणा सांगा की दो पासवानें थीं। उससे पहले लाखा की पाँच खवासनें और खेता की दो पासवानें थीं।[109] जोधपुर के शासक विजयसिंह की पासवान गुलाबराय का प्रभाव तो पूरे मारवाड़ में था।[110]

मीरांकालीन शासक क्षत्रिय जातीय समूहों में कभी-कभी स्त्रियाँ राजनीतिक लक्ष्य पूर्ति का साधन बनती थीं। उनमें बहन-बेटियों के विवाह मैत्री और राजनीतिक सम्बन्ध कायम करने के लिए किये जाते थे। मेवाड़ और मारवाड़ के राजनीतिक सम्बन्धों में इन विवाहों की महत्त्वपूर्ण भूमिका रही थी और इनके कारण इनमें कई उतार-चढ़ाव भी आये। मंडोर के शासक राठौड़ रणमल की बहन हंसाबाई का विवाह महाराणा लाखा के साथ हुआ था, जिसका पुत्र मोकल मेवाड़ में सत्तारूढ़ हुआ।[111] मेवाड़ और मेड़ता की राजनीतिक मैत्री भी ऐसे ही विवाहों से मजबूत हुई थी। मेवाड़ के शासक सांगा की बहन गौरज्या देवी का विवाह मेड़ता के राव दूदा के ज्येष्ठ पुत्र वीरमदेव से किया गया था[112] और वीरमदेव के छोटे भाई रत्नसिंह की बेटी मीरां का विवाह राणा सांगा के ज्येष्ठ पुत्र भोजराज से हुआ था।[113] मेवाड़ में शरणागत सोलंकी राव सुरताण हरराजोत ने लज्जा खां पठान से अपना छीना हुआ राज्य वापस पाने के लिए अपनी सुन्दरी कन्या तारादेवी का विवाह मेवाड़ के शासक रायमल के ज्येष्ठ पुत्र पृथ्वीराज से किया था।[114] बहन-बेटियों के विवाह का निर्णय भाई या पिता करते थे। पुरोहित और सरदार विवाह का प्रस्ताव नारियल के रूप में लेकर जाते थे, जो कुल-वंश की प्रतिष्ठा और ताकत के आधार पर स्वीकृत हो जाता था। इस तरह के विवाह में उम्र बाधा नहीं बनती थी। भाई और पिता अपने वर्चस्व और प्रतिष्ठा की वृद्धि या राजनीतिक लाभ को ध्यान में रखकर ऐसे निर्णय लेते थे। कई बार कम उम्र की कन्याएँ उम्रदराज शासकों से ब्याही जाती थीं। मेवाड़ के वृद्ध शासक लाखा ने अपने पुत्र चूंडा द्वारा मना करने पर राठौड़ रणमल की बहन हंसाबाई से विवाह किया था, जिसकी सन्तान मोकल बाद में मेवाड़ में सत्तारूढ़ हुई।[115] इस दौरान कभी-कभी सुन्दर राजपूत कन्याएं मुश्किल में पड़ जाती थीं। उनके सौन्दर्य की ख्याति सुनकर सामन्त विवाह या देखने के प्रस्ताव कर डालते थे, जिसे अस्वीकार करना युद्ध मोल ले लेने के बराबर था। मेवाड़ में शरणागत टोडा के राव सुरताण हरराजोत की कन्या तारादेवी के सौन्दर्य की ख्याति सुनकर रायमल के पुत्र जयमल ने उसे देखने की इच्छा व्यक्त की, जिसे नहीं मानने पर उसने बदनोर पर चढ़ाई कर दी।[116] जोधपुर के शासक मालदेव ने भी अपनी सुन्दर साली झाला जेतसिंह की बेटी से विवाह का प्रस्ताव किया और नहीं मानने पर जबरन करने की धमकी दी। जेतसिंह ने उसका विवाह बाद में मेवाड़ के शासक उदयसिंह से कर दिया, जिससे कुपित होकर मालदेव ने कुम्भलगढ़ पर आक्रमण कर दिया था।[117] बहु विवाह के कारण सामन्तों के अन्तःपुर की स्त्रियों का जीवन कभी-कभी कलहपूर्ण भी होता था। ये अपना वर्चस्व बढ़ाने और अपनी सन्तानों को सत्तारूढ़ करने लिए कुचक्र और षड्यन्त्र करती थीं। इनमें एक-दूसरे को नीचा दिखाने के लिए लड़ाई-झगड़े और छल-छद्म चलते थे। मीरां के समय मेवाड़ के अन्तःपुर में वर्चस्व के लिए राठौड़ों और हाड़ाओं के बीच चली जद्दोजहद में हाड़ी रानी करमेती बहुत शक्तिशाली हो गयी थी। सांगा की प्रीति

पात्र होने के कारण उसने अपने बेटों—विक्रमादित्य और उदयसिंह के लिए ज्येष्ठ और उत्तराधिकारी पुत्र रत्नसिंह की इच्छा के विरुद्ध रणथंभोर की जागीर हथिया ली थी। यही नहीं, उसने अपने बेटों को सत्तारूढ़ करने के लिए मेवाड़ का भेद शत्रु गुजरात के सुल्तान को दे दिया था। उसके कुचक्रों से राजनीतिक अस्थिरता का जो दौर शुरू हुआ, उससे अन्ततः मेवाड़ का पतन हुआ।[118] बहु विवाह के कारण इन स्त्रियों का दाम्पत्य जीवन औपचारिक होता था। ये अपने पतियों के सम्पर्क-संसर्ग में कभी-कभार ही आती थीं। उनसे भेंट के लिए इनको दूतियों, विदूषकों, खवासों आदि का सहारा लेना पड़ता था। निरन्तर युद्ध संलिप्तता के कारण सामन्त इनमें बहुत रुचि नहीं लेते थे और ये अन्तःपुर के कठोर अनुशासन में औपचारिक दाम्पत्य का निर्वाह करती थीं। अन्तःपुर में स्त्रियों के मान-सम्मान में उतार-चढ़ाव भी आते रहते थे। पितृकुल की प्रतिष्ठा और उससे राजनीतिक सम्बन्ध से उनकी हैसियत और मान-सम्मान तय होते थे। पति से उसकी निकटता का भी इसमें महत्त्वपूर्ण योग रहता था। पति की नाराजगी, विश्वासघात और दुराचरण की स्थिति में इस दौरान महलों से नीचे उतारने का रिवाज था। महलों से नीचे उतारना एक तरह की पदावनति थी, जिससे उनकी हैसियत और सुविधाएँ हो जाती थीं। उनके कांसे (भोजन) में कटौती होती और उसकी गुणवत्ता भी कम हो जाती थी। सांगा ने विश्वासघात करने के कारण अपने बेटे जैसा की हत्या करवा दी थी और उसकी माँ को महलों से नीचे उतार दिया था।[119] कदाचित परम्परा विरुद्ध आचरण का आरोप लगाकर कुछ समय के लिए मीरां को भी महलों से नीचे उतारा गया हो। उसकी कविता में इस तरह के संकेत मिलते हैं। वह एक जगह कहती है—*ठंडा टूकड़ा थे पावौ कोई, पीवो खाटी छाछ/भूं सूवौ, भूखा मरौं, कठै मिले गोपाल*। विवाहिता स्त्रियाँ अपने पति या शासक से अनबन या नाराजगी की स्थिति में कष्टपूर्ण जीवन व्यतीत करती थीं। कभी-कभी जब ससुराल में निर्वाह बहुत मुश्किल हो जाता था, तो पितृपक्ष को मजबूरन हस्तक्षेप भी करना पड़ता था। महाराणा कुम्भा की पुत्री रमाबाई का निर्वाह जब गिरनार के शासक मंडलीक के साथ नहीं हुआ, तो उसका भतीजा पृथ्वीराज ससैन्य गिरनार गया और वहाँ से वह रमाबाई को मेवाड़ ले आया। रमाबाई बाद में आजीवन मेवाड़ में रही।[120] इसी तरह पृथ्वीराज की बहन आनन्दाबाई का निर्वाह जब सिरोही के राव जगमाल के साथ नहीं हुआ, तो वह सिरोही गया और उसने अपने बहनोई को अपनी बहन के चरणस्पर्श करने के लिए मजबूर किया।[121] मीरां का निर्वाह भी जब मेवाड़ में बहुत मुश्किल हो गया तो उसके चाचा वीरमदेव ने उसे मेड़ता बुला लिया था।[122] मीरां की कविता में भी ऐसे संकेत हैं। वह एक जगह कहती है कि के जो *म्हारा बाबोसा नै बेगा लेबा आवे*। विवाहित सामन्त स्त्रियों का मान-सम्मान अस्थिर रहता था, इसलिए वे अपने निर्वाह और व्यय के पृथक साधन भी रखती थीं। वे संकट और आपदा के समय के लिए धन, सोने और हीरे-जवाहरातों का संचय

करती थीं।[123] मीरांकालीन मेवाड़-मारवाड़ के सामन्त समाज में स्त्रियों के चरित्र और शील का आग्रह बहुत प्रबल था। उनसे मर्यादाओं के भीतर जीवन व्यतीत करने की अपेक्षा की जाती थी। यदि किसी स्त्री को लेकर कोई विवाद हो जाता था तो उसे प्रयासपूर्वक चर्चा से अलग रखने की परम्परा थी। ख्यात और बहियों में उसका उल्लेख टाल दिया जाता था। रत्नसिंह के समय अलाउद्दीन खिलजी के देखने के दुराग्रह से विवादित पद्मिनी और अपने भक्ति सम्बन्धी स्वेच्छाचार से विवादित मीरां का उल्लेख इसीलिए ख्यात-बहियों में कम मिलता है।[124]

मीरांकालीन राजवंशों में वैवाहिक सम्बन्धों की कुछ परम्पराएँ थीं। राजवंशों की हैसियत बदलने के साथ इनमें रद्दोबदल होते रहते थे। शासक अपने से कम हैसियतवाले या अपने अधीनस्थ सामन्तों के यहाँ बरात लेकर विवाह करने नहीं जाते थे। अधीनस्थ या छोटे सामन्त अपनी बेटियों का डोला शासक के यहाँ भेजते थे। ऐसे विवाहों को डोला विवाह कहा जाता था। मेवाड़ का राजवंश सम्माननीय था इसलिए दूसरे राजवंश वहां अपनी बारात ले जाते थे लेकिन उदयपुर वाले ऐसा नहीं करते थे। दोतरफा सम्बन्ध की स्थिति में दोनों राजवंश अपने राज्य की सीमा में 100-100 मील पर डेरा डालकर विवाह सम्पन्न करते थे। जोधपुर और जयपुर राजवंश दोतरफा सम्बन्ध करते थे।[125]

स्त्रियों के सम्मान और सुरक्षा, सामाजिक जीवन में उनकी भागीदारी और स्वतन्त्रता के मामले में भी यह समाज पिछड़ा हुआ नहीं था। सभी तबकों में इनको लेकर कुछ परम्पराएँ, प्रावधान और चिन्ताएँ थीं। समाज और घर-परिवार में इस दौरान स्त्रियों की निर्णायक भूमिका होती थी। सामन्त स्त्रियों का जीवन कुछ हद तक अन्तःपुर तक सीमित था लेकिन ये अन्तःपुर निष्क्रिय इकाई नहीं थे। सामाजिक और राजनीतिक जीवन में इनका प्रभावकारी दखल था।[126] टॉड राजस्थान के क्षत्रिय वंशों का प्रशंसक था इसलिए हो सकता है कि उसने कुछ अतिरंजित कहा हो, लेकिन उसका यह कहना कुछ हद तक सही है कि "राजपूत स्त्रियों का जीवन घरों के भीतर बहुत कुछ सीमित रहता है, परन्तु उनके जीवन में दासता नहीं है।"[127] वे पत्नी, प्रिया, माता, संरक्षिका आदि के रूप में राजनीतिक और सामाजिक जीवन में प्रभावकारी ढंग से हस्तक्षेप करती थीं। मेवाड़ के शासक लाखा की पत्नी हंसाबाई ने पारम्परिक उत्तराधिकारी के स्थान पर अपने पुत्र मोकल को सत्तारूढ़ करवा कर मेवाड़ के इतिहास की दिशा बदल दी थी। मेवाड़ के ही राणा सांगा की चहेती रानी करमेती का वर्चस्व बहुत बढ़ गया था। उसने अपने भाई सूरजमल के साथ मिलकर अपने बेटे विक्रमादित्य और उदयसिंह के लिए उतराधिकारी रत्नसिंह की इच्छा के विरुद्ध रणथंभोर की जागीर हथिया ली थी। उसने बेटों को सत्तारूढ़ करने के लिए कई षड्यन्त्र किये, जिनसे मेवाड़ में माहौल अराजकता का हो गया था। रानियाँ ही नहीं, पासवानें भी कई बार राजनीति में दखल देती थीं। जोधपुर के शासक

विजयसिंह की पासवान गुलाबराय का प्रभाव राज्य कार्य में रानियों से भी ज्यादा था।[128] शासक या जागीरदार पति की असामयिक मृत्यु हो जाने पर उत्तराधिकारी के अल्पवय (नैनपण) होने की स्थिति में विधवा स्त्रियाँ कई बार संरक्षिका के रूप में राजकाज सम्भालती थीं। राजस्थान के इतिहास में ऐसे कई उदाहरण हैं। बीकानेर के शासक रायसिंह की पत्नी गंगाबाई ने अपने बालक पुत्र सूरसिंह के कार्यकाल में सभी तरह के राज्य कार्य सम्पन्न किये थे। जोधपुर के जसवंतसिंह की रानी ने अपने पुत्र अजीतसिंह को मुगलों से उत्तराधिकार दिलवाया था।[129] राजमाताएँ भी शासन में दखल रखती थीं। अन्तःपुर में उनका प्रभाव होता था। कामदार, बडारण आदि उनके परामर्शानुसार कार्य करते थे। वे कई बार तीर्थ यात्राओं के दौरान दूसरे राज्यों के साथ कूटनीतिक और मैत्री सम्बन्ध बनाती थीं।[130]

मीरांकालीन समाज में यों तो सभी तबकों में स्त्रियों का सम्मान था लेकिन क्षत्रिय जातीय समूहों में तो यह खास तौर पर था। अलक्जेंडर किनलॉक फार्ब्स का यह कथन कि यूरोपीय देशों के रीति-रिवाजों में और उनके द्वारा अपेक्षित मान हिन्दू स्त्रियों को यहाँ के पुरुषों से न तो मिलता ही है और न उसकी आशा की जा सकती है"[131] निराधार है। कुमकुम संगारी आदि ने भी इस समाज में स्त्रियों के साथ लैंगिक भेदभाव और उनके शोषण-उत्पीड़न सम्बन्धी पितृसत्तात्मक विधानों के जो विवरण दिये हैं[132] उनकी मौजूदगी केवल शास्त्रों तक सीमित है। इस समाज ने उनको अक्षरशः कभी नहीं अपनाया। टॉड ने क्षत्रिय जातीय समूहों में स्त्रियों के सम्मान की खूब सराहना की है। वह लिखता है कि "संसार में किसी भी जाति ने स्त्रियों का उतना आदर नहीं किया, जितना कि राजपूतों ने किया है।"[133] क्षत्रिय शासक विवाहोपरान्त भी स्त्री की पैतृक पहचान को कायम रखते थे। स्त्रियों को ससुराल में उनकी पैतृक पहचान जैसे सिसोदण, राठौड़, चौहान आदि से ही सम्बोधित किया जाता था।[134] मध्यकाल में राजस्थान के क्षत्रिय जातीय समूहों में उत्तराधिकार के लिए संघर्ष और खून-खराबा आम थे, लेकिन इनमें स्त्रियों के सम्मान का सभी ध्यान रखते थे। परिता मुक्ता का यह कहना कि इस दौरान अधिक शक्तिशाली विजेता कम शक्तिवाले राजा की स्त्रियों को बलात् हासिल कर लेते थे और वे भूमि की तरह वीरों के अधिकार में आती-जाती रहती थीं,[135] गलत है। राजपूत स्त्रियों का सम्मान ही नहीं करते थे, बल्कि कभी-कभी वे इसके लिए अपनी जान पर खेल जाते थे। मेवाड़ में शरणागत सोलंकी हरराजोत की सुन्दर कन्या तारादेवी के सौन्दर्य की ख्याति सुनकर जब महाराणा रायमल के बेटे ने उसे देखने का आग्रह किया और नहीं मानने पर जब उसने बदनोर पर चढ़ाई की तो तारादेवी के मामा रत्नसिंह ने उसे मार डाला और स्वयं भी मारा गया। महाराणा रायमल ने भी अपने बेटे को दोषी जानकर हरराजोत को कुछ भी नहीं कहा।[136] राठौड़ रणमल ने मेवाड़ के महाराणा मोकल की हत्या करने वाले उसके पासवानिये पुत्रों—चाचा और मेरा

को मारकर जब उनकी और उनके साथियों की लड़कियों को राठौड़ों के घरों में डालना चाहा, तो मोकल के भाई सारंगदेव ने उनकी रक्षा की थी और इसका विरोध किया था।[137] सत्ता के लिए होने वाले अन्तःसंघर्ष में विजेता पक्ष अक्सर पराजित पक्ष की स्त्रियों के सम्मान और सुरक्षा का पूरा ध्यान रखता था। सिरोही का राव सुरताण जब आन्तरिक सत्ता संघर्ष में देवड़ा कल्ला से जीत गया तो उसने उसकी स्त्रियों को सुरक्षा और सम्मान के साथ उसके पास पहुँचा दिया था।[138] जोधपुर के मालदेव ने मेड़ता को पूरी तरह उजाड़ दिया था, लेकिन उसने वहाँ किसी भी स्त्री को अपमानित नहीं किया।[139]

अक्सर पितृसत्तात्मक मानकर मीरांकालीन समाज में स्त्रियों को अरक्षित और असहाय मान लिया जाता है, लेकिन यह पूरी तरह सही नहीं है। यह समाज पश्चिमी अर्थ में पितृसत्तात्मक नहीं था। यहाँ स्त्रियों की सुरक्षा और स्वावलम्बन की अपनी तरह की चिन्ताएँ भी थीं और इसके लिए प्रावधान भी किये जाते थे। शासक राजवंशों में अन्तःपुर आर्थिक दृष्टि से कुछ हद तक स्वायत्त थे। रानियों, बहन-बेटियों और पासवानों आदि के आर्थिक स्वावलम्बन के पराम्परिक प्रावधान थे। रानियों को विवाह आदि अवसरों पर जागीरें दी जाती थीं। वे इनसे होने वाली आय को खर्च करने के लिए लगभग स्वतन्त्र थीं। रानियाँ अपनी आय से दान-पुण्य और तीर्थाटन करती थीं और भवन-बावड़ियाँ आदि बनवाती थीं। महाराणा सांगा ने अपनी पुत्रवधू मीरां को विवाह के अवसर पर मांडल और पुर के परगने हाथखर्च में दिये थे। मीरां इन जागीरों से होने वाली आय और संचित धन से ही दान-पुण्य और साधु सेवा करती थी। तीर्थाटन, दास-दासियों आदि का व्यय भी वह इसी आय से करती थीं।[140] 1662 ई. में जोधपुर के शासक गजसिंह ने रानी प्रतापदे को पटरानी करने पर सात गाँवों का पट्टा और धनराशि दी।[141] बहन-बेटियों को भी आत्मनिर्भर बनाने के लिए जागीरों के पट्टे दिये जाते थे। महाराणा राजसिंहकालीन पट्टा बहियों में सामन्तों के साथ जागीरें प्राप्त बहन-बेटियों के भी नामोल्लख हैं।[142] सामन्त स्त्रियाँ अपनी जागीरों को उपभोग ससुराल छोड़कर पीहर चले जाने पर भी निर्बाध करती थीं। शासक इनमें हस्तक्षेप नहीं करते थे। जागीरें सामन्त स्त्रियों को ही नहीं, पासवानों और खवासनों को भी दी जाती थीं। जागीरों के अतिरिक्त अन्तःपुर की स्त्रियों को राज भंडार से नियत खाद्य सामग्री और धनराशि भी मिलती थीं। पर्व-त्योहारों पर इस सामग्री और राशि को बढ़ा दिया जाता था।[143] बँटवारे में स्त्रियों को महत्त्व दिया जाता था। कुछ राजपूतों में बँटवारा *लुगइयां रे लारे*, मतलब स्त्रियों के आधार पर होता था। एक व्यक्ति की दो स्त्रियाँ और पाँच पुत्र हैं, तो सम्पत्ति स्त्रियों के आधार पर दो भागों में बाँटी जाती थी।[144] समाज के दूसरे तबकों में भरण-पोषण और सम्पत्ति को लेकर स्त्रियों के कुछ अधिकार थे। समाज और शासन, दोनों ही इन अधिकारों की रक्षा करते थे। स्त्रीधन सम्बन्धी कुछ पारम्परिक प्रावधान थे, जिनके अन्तर्गत माता-पिता

और अन्य परिजनों द्वारा उपहारस्वरूप दी गयी भूमि, आभूषण आदि स्त्री की निजी सम्पत्ति माने जाते थे। समाज के सभी तबके स्त्रीधन सम्बन्धी इन प्रावधानों पर सख्ती से अमल करते थे। विवाहिता स्त्री के भरण-पोषण का दायित्व उसके पति पर होता था और पति की मृत्यु के बाद वही उसकी सम्पत्ति की मालिक होती थी। विधवा स्त्री का भरण-पोषण उसकी सन्तान करती थी। निस्सन्तान विधवा को गोद लेने का अधिकार था और इस सम्बन्ध में उसकी इच्छा सर्वोपरि मानी जाती थी। अविवाहित, विवाहित, विधवा, सभी स्त्रियों को कुछ हद तक सामाजिक सुरक्षा प्राप्त थी। अविवाहित स्त्री के साथ दुराचार को समाज और शासन गम्भीर अपराध मानते थे। विवाह के लिए किये गये सम्बन्धों को सामाजिक सुरक्षा प्राप्त थी। सम्बन्ध तोड़ने वालों को समाज और शासन दंडित करते थे। विवाहिता स्त्री का समाज में विशेष सम्मान था। कभी-कभी पुरुष एकाधिक विवाह करते थे, लेकिन सामाजिक सम्मान की हकदार प्रथम विवाहिता ही होती थी। समाज और शासन परित्यक्ताओं का भरण-पोषण भी सुनिश्चित करते थे।[145]

मीरांकालीन समाज में विधवा स्त्रियों की सक्रियता सीमित थी, लेकिन वे सर्वथा उपेक्षित और अरक्षित नहीं थीं। समाज और शासन मृतक पति की सम्पत्ति पर उनका स्वामित्व सुनिश्चित करते थे और उनके भरण-पोषण के लिए उनके बेटों या परिजनों को बाध्य करते थे। विधवाओं की सामाजिक सक्रियता सीमित थी, लेकिन धर्मशास्त्रों में उनसे जिस तरह का जीवन और आचरण अपेक्षित था यथार्थ में वैसा होता नहीं था। लोक में वैधव्य सम्बन्धी शास्त्रीय प्रावधानों का महत्त्व केवल प्रतीकात्मक था। विधवा स्त्री औपचारिक तौर पर नौ महीने तक खूणे यानि घर के किसी एकान्त स्थान पर रहती थी और भूमि पर शयन करती थी और साधारण भोजन करती थी। इसके बाद पीहर वाले उसका शोक भंग करते थे।[146] बाद में वह ससुराल में जीवन व्यतीत करती थी या निर्वाह नहीं होने की स्थिति में पीहर वाले उसे अपने पास ले जाते थे। विधवाएँ पुनर्विवाह भी करती थीं। समाज के लगभग 80 प्रतिशत समाजों में विधवाओं के पुनर्विवाह होते थे। राजवंशों की विधवा बहन-बेटियाँ बहुत सम्मानपूर्वक अपने पीहर में जीवन व्यतीत करती थीं। मेवाड़ के महाराणा रायमल ने अपनी विधवा बहन रमाबाई को जावर का परगना दिया था। रमाबाई आजीवन मेवाड़ में रही और उसने दानपुण्य, तीर्थाटन आदि के साथ जावर में एक मन्दिर बनवाया।[147] महाराणा अरिसिंह की बेटी चन्द्रकुंवारी का वैधव्य भी मेवाड़ में ही व्यतीत हुआ और उसने यहाँ रहते हुए उदयपुर और जयपुर राज्यों की राजनीति को प्रभावित किया। उसके नाम से एक चांदोड़ी सिक्का भी चला।[148]

मीरां के समय में स्त्रियों को जीवन की पूर्ण स्वतन्त्रता तो किसी भी समाज में नहीं थी, लेकिन यहाँ का समाज कुछ इस तरह का था इसमें स्त्रियों को कुछ हद तक अपने ढंग से जीवन यापन के अवसर थे। इस समाज में कुछ हद तक

स्त्रियों के साहस और स्वेच्छाचार को भी मान्यता थी। वैवाहिक सम्बन्धों में यों तो माता-पिता की इच्छा सर्वोपरि होती थी, लेकिन इसके अपवाद भी होते थे। किशनगढ़ की राजकुमारी चारुमति ने अपने पिता की अवज्ञा कर मेवाड़ के महाराणा राजसिंह को अपने विवाह के लिए निमन्त्रित कर लिया था। बीकानेर के महाराजा सूरतसिंह की बहन ने अपने भाई की इच्छानुसार नरवर के राजा के साथ विवाह अस्वीकार कर दिया था।[149] धर्म और शास्त्र भले ही स्त्री को एक विवाह की ही अनुमति देते हों, लेकिन मीरां के समाज में स्त्रियों को पुनर्विवाह की आजादी थी। यहाँ के जाट, गुर्जर, माली, बिस्नोई सहित लगभग 80 प्रतिशत समाजों में नाता, मतलब पुनर्विवाह होता था। स्त्रियाँ विधवा होने की स्थिति में या सधवा हो तो निर्वाह नहीं होने की स्थिति में नाता कर सकती थीं। यह प्रथा कुछ हद तक उच्च मानी जाने वाली जातियों में भी थी। नाता विवाह को सामाजिक मान्यता थी और नातरायत स्त्री के हक-हकूक भी कमोबेश वही थे, जो एक विवाहित स्त्री के होते हैं।[150] आम तौर पर विवाह जातियों के अन्दर होते थे, लेकिन अन्तर्जातीय विवाहों के लिए भी गुंजाइश थी। अन्य जाति की स्त्री जब किसी पुरुष से विवाह कर लेती थी तो इसको घर में घुसना कहा जाता था। यों इसे अच्छा नहीं माना जाता था, लेकिन समाज में धीरे-धीरे इसको स्वीकृति मिल जाती थी। समाज के उच्च कहे जाने वाले वर्गों-सामन्तों, जागीरदारों और राजकाज से सम्बद्ध अधिकारियों में अन्तर्जातीय विवाह पासवान, पड़दायतन, खवासन आदि रखने के रूप में होता था। इसको सामाजिक मान्यता थी और ऐसी स्त्रियों के हक-हकूक भी कमोबेश वही होते थे, जो विवाहित स्त्रियों के होते हैं।[151]

यह सही है कि मीरां के समय और समाज में सती प्रथा थी, लेकिन एक तो यह बहुत व्यापक नहीं थी और दूसरे यह स्वैच्छिक थी। उपनिवेशकालीन इतिहासकारों और नये स्त्रीविमर्शकारों ने इस सम्बन्ध जो विवरण दिये हैं वे अपनी धारणाओं को पुष्ट करने के लिए गढ़े गये लगते हैं। राजसिंहकालीन (1652 से 1680 ई.) *राजरत्नाकरमहाकाव्य* में वर्णित मेवाड़ के इतिवृत्त में इसके रचनाकार सदाशिव ने किसी भी रानी के सती होने का उल्लेख नहीं किया है,[152] जबकि इस तरह का उल्लेख सम्मानजनक था। इससे स्पष्ट है कि यह प्रथा अधिक व्यापक रूप में प्रचलित नहीं थी। फार्ब्स का यह कहना कि यह "राजपूतों में तो लगभग अनिवार्य थी"[153] पूरी तरह गलत है। असुरक्षा की भावना तथा पुण्य या यश के प्रलोभन के परोक्ष दबाव में कुछ स्त्रियाँ जरूर सती होती थीं, अन्यथा यह पूरी तरह स्वैच्छिक थी। यह इस तथ्य से प्रमाणित होता है कि मेवाड़ में हम्मीर से लगाकर सांगा तक किसी भी शासक की रानी के सती होने का साक्ष्य नहीं मिलता। राणा सांगा की 28 रानियों में से कोई सती नहीं हुई थी।[154] बाद में भी किसी शासक की सभी रानियाँ एक साथ कभी सती नहीं हुईं। मीरां के समय में यह प्रथा मेवाड़ राजवंश में भी प्रविष्ट हुई। मीरां के

ससुर सांगा के बड़े भाई पृथ्वीराज के निधन पर उसकी 16 स्त्रियाँ सती हुई थीं।[155] कुम्भलगढ़ में किले में कुम्भस्वामी मन्दिर के सामने, जहाँ पृथ्वीराज का दाह संस्कार हुआ था, अभी भी एक छतरी बनी हुई है। मीरां के देवर रत्नसिंह और विक्रमादित्य की चार-चार रानियों में से दो-दो ही सती हुईं, जबकि उदयसिंह की 20 रानियों में से एक भी सती नहीं हुई। मीरां भी सती नहीं हुई थी। महाराणा प्रताप की 14 रानियों में से केवल एक ही सती हुई।[156] मेवाड़-मारवाड़ में उत्तरमध्यकाल में जरूर सती होने वाली स्त्रियों की संख्या बढ़ गयी थी। उत्तरमध्यकाल में रानियों के साथ पासवानों, दासियों, खवासनों आदि के सती होने के चलन से सतियों की संख्या बढ़ी। दरअसल पासवानों, दासियों, खवासनों को उनसे सम्बन्धित शासक की मृत्यु के बाद खालसा होना पड़ता था।[157] इस असुरक्षित जीवन से बचने के लिए इनमें से कुछ सती हो जाती थीं। जौहर सती प्रथा का ही विस्तार था और मीरांकालीन सामन्त समाज में इसको मान्यता थी। प्राचीनकाल से यह रिवाज था कि आक्रमणकारी विजय के बाद स्त्रियों को बन्दी बना कर ले जाता था और पारितोषिक के रूप में अपने सरदार-सैनिकों को बाँट देता था। इस अपमान और नारकीय जीवन से बचने के लिए ही सामन्त समाज में यह प्रथा अस्तित्व में आयी। उनकी स्त्रियाँ पराजय की स्थिति में अपने सतीत्व की रक्षा के लिए सामूहिक आत्मदाह कर लेती थीं, जिसको जौहर कहा जाता था। रत्नसिंह के समय अलाउद्दीन खिलजी की चित्तौड़ विजय पर रानी पद्मिनी ने कई स्त्रियों के साथ आत्मदाह किया था।[158] मीरां के समय भी उसकी सास हाड़ी रानी करमेती को गुजरात के सुल्तान बहादुरशाह के आक्रमण के समय कई स्त्रियों के साथ जौहर करना पड़ा था। मीरां इस समय मेवाड़ से जा चुकी थी, अन्यथा उसे भी इस जौहर में अपने प्राण देने पड़ते।[159] मीरांकालीन शासक क्षत्रिय जातीय समूहों में कन्या भ्रूण हत्या का चलन नहीं था। दरअसल यह प्रथा उत्तरमध्यकाल में शुरू हुई और उपनिवेशकाल तक इसका चलन था, लेकिन यह बहुत व्यापक नहीं थी। कुछ अपवाद कि लोग ही ऐसा करते थे। उपनिवेशकालीन इतिहासकार जेम्स टॉड और समाजशास्त्री किनलॉक फार्ब्स ने शासक राजपूत समाज में इस कुप्रथा के कारणों की गूढ़ पड़ताल की थी। दोनों मानते हैं कि यह प्रथा क्षत्रिय जातीय समूहों में प्रचलित सख्त विवाह नियमों और विवाह पर होने वाले भारी खर्च के कारण उत्तर मध्यकाल में अस्तित्व में आयी। राजपूतों में विवाह नियमन बहुत सख्त और सम्माननीय थे। उनमें अपने कुल और गौत्र में विवाह प्रतिबंधित था। टॉड कहता है कि "राजपूतों की छिन्न-भिन्न शाखाएँ भिन्न-भिन्न स्थानों पर आबाद हो चुकी हैं और उनके आदि पुरुषों के नाम भी लोप हो गये हैं, फिर भी ये लोग किसी प्रकार से अपने आदि वंश में विवाह नहीं कर सकते।"[160] ऐसी स्थिति में ये लोग अपने से भिन्न कुल और गौत्र में समान या उच्च हैसियत वाला वर ढूँढ़ते थे, जो बहुत मुश्किल काम था। विवाह अपने से भिन्न उच्च कुल गोत्र में नहीं करने पर अपमान

होता था और अपयश फैलता था, जिससे बचने के लिए ये लोग नवजन्मा कन्याओं को मार डालते थे। उत्तरमध्यकाल में समाज में कन्या का विवाह बहुत खर्चीला था जबकि निरन्तर युद्ध और आन्तरिक संघर्षों में संलिप्तता के कारण राजपूतों की माली हालत बहुत खराब हो गयी थी। चारण विवाह के समय क्षत्रिय जातीय समूहों के यहाँ त्याग नाम के एक दान के लिए एकत्र होते थे। यह दान जरूरी समझा जाता था। यह लिए बिना चारण हटते नहीं थे और यह नहीं देने से अपयश फैलता था। मरदुमशुमारी रिपोर्ट में इस दान का विवरण इस तरह आया है :

> "चारणों का जो त्याग राजपूतों के ऊपर शादी में लगता है पहिले उसकी बड़ी पुकार रहती थी क्योंकि कोई हद मुकर्रर नहीं थी शादी की खबर सुनते ही हजारों चारण दूर-दूर से आकर भेले हो जाते थे और त्याग के वास्ते बड़ी माथाफोड़ी करते थे गरीब राजपूत इनके मारे बेटियों की शादी नहीं कर सकते थे बल्कि यहाँ तक सुना गया है कि बेटियों को मारने की रस्म में जारी होने में 1 सबब यह त्याग भी था मगर अब कुछ बरसों से यह कायदा बँध गया है कि जो राजपूत सरदार बेटे की शादी करे वह अपनी जागीर के हिसाब से 1000 के पीछे 100 त्याग के देवे जिसमें 60 चारणों को और 40 भाटों और ढोलियों को मिलते हैं इसके सिवा उनका कुछ दावा नहीं जो हाजिर होवे सो बाँट लेवे।"[161]

मेवाड़ के शासक भीमसिंह ने अपनी माली हालत के बावजूद विवाह के दौरान राजकवि को एक लाख रुपये का दान दिया था।[162] पितृपक्ष की प्रतिष्ठा और मान-सम्मान विवाह में त्याग और अन्य खर्चों पर निर्भर थे, इसलिए धनाभाव में कुछ क्षत्रिय जातीय समूहों के कुछ लोग कन्या को उत्पन्न होते ही मार डालते थे। फार्ब्स ने भी इसकी पुष्टि करते हुए लिखा है कि "उच्च कुल के राजपूतों में दूधपीती बच्चियों को मार देने के कई कारण हैं। इस पाप कृत्य का मुख्य कारण तो यह है कि पुत्री के विवाह में अत्यधिक धन खर्च करने का रिवाज इन लोगों में है।"[163]

मीरांकालीन समाज में स्त्रियों के आवागमन, मेल-जोल, खर्च आदि को लेकर कुछ मर्यादाएँ थीं, लेकिन ये सार्वत्रिक और सर्वकालिक कानूनों की तरह नहीं थीं। इनमें रद्दोबदल भी होते रहते थे और इनके सम्बन्ध में लोक का नजरिया बदलता रहता था। मीरां का स्वेच्छाचार समाज के कुछ हिस्सों में दुराचार की तरह प्रचरित था, जबकि कुछ दूसरे हिस्सों में यह साहस और सदाचार माना गया था। राजवंशों की स्त्रियाँ इस दौरान अन्तःपुर के कठोर अनुशासन में रहती थीं। अन्तःपुर की व्यवस्था का दायित्व पुश्तैनी होता था। मेवाड़ के अन्तःपुर की सुरक्षा ड्योढ्या ठाकुर और प्रबन्ध ड्योढ़ी के मेहता के जिम्मे था। रानियों के अपने अलग कामदार भी होते थे, जो बाइयों के माध्यम से उनके निजी कार्य एवं आवश्यकताओं की पूर्ति करते थे। जागीरों की आय के अलावा रानियों को प्रतिमाह बँधी रकम मिलती थी। उनके पास

पर्याप्त स्त्रीधन भी होता था। वे अपने संचित धन को इच्छानुसार खर्च करने के लिए लगभग स्वतन्त्र थीं।[164] अन्तःपुर में रानियों के अलावा पासवानें, पड़दायतनें, खवासनें और दासियाँ भी रहती थीं। विधवा सामन्त स्त्रियाँ निर्वाह नहीं होने की स्थिति में पीहर जाकर रहने के लिए स्वतन्त्र थीं। राजवंश की स्त्रियों को भक्ति, सत्संग और तीर्थाटन की भी छूट थी। महाराणा कुम्भा की विधवा राजकुमारी रमाबाई कृष्ण भक्त थीं। उसने अपनी जागीर जावर में रामस्वामी मन्दिर और कुभंलगढ में विष्णु के स्वरूप दामोदर का मन्दिर बनवाया था। जावर के रामस्वामी मन्दिर के शिलालेख की प्रशस्ति के दूसरे भाग रमावर्णन से लगता है कि रमाबाई सुन्दर, कलाप्रेमी और कृष्ण भक्त थीं।[165] मन्दिर अन्तःपुर में भी होते थे। मेवाड़ के उदयपुर के अन्तःपुर में कृष्ण के बालस्वरूप जानरायजी का मन्दिर है। मेवाड़ राजवंश की स्त्रियाँ इस स्वरूप को अपना इष्ट मानती थीं। यहीं पीतांबररायजी के नाम से भगवान विष्णु का मन्दिर भी है। इन मन्दिरों में पूजा-अर्चना और भजन-कीर्तन होते थे।[166] सामन्त स्त्रियाँ तीर्थ यात्राएँ करती थीं। मेवाड़ में मीरां से पहले और बाद में द्वारिका की तीर्थयात्रा करने वाली सामन्त स्त्रियाँ कई हैं।[167] मीरां से पहले मोकल की महारानी और मीरां के बाद महाराणा जगतसिंह की माँ द्वारिका की तीर्थ यात्रा पर गयी थीं। अन्तःपुर में कठोर अनुशासन होता था और वहाँ आने-जानेवालों पर निगाह रखी जाती थी लेकिन स्त्रियों को मर्यादाओं के भीतर रहकर साधुओं के साथ उठने-बैठने की छूट थी। मेवाड़ की राजधानी उदयपुर स्थानान्तरित हो जाने के बाद वहाँ एक धर्मशाला बनवाई गयी, जिसमें साधु-सन्तों के साथ राजपरिवार की स्त्रियों के सत्संग आदि का प्रबन्ध था।

6

मीरांकालीन समाज में लोक पूरी तरह उपेक्षित नहीं था। यह अपने को कई तरह से व्यक्त करता था और इसकी राय का महत्त्व भी था। अनुगतता अर्थात शक्तिशाली की शरण में जाने की प्रथा भारत में बहुत नहीं मिलती[168] लेकिन मेवाड़ में इसका चलन था। विशेष परिस्थितियों में किसी गाँव के निवासियों को अपने जानमाल के सुरक्षा प्रबन्ध के लिए अपना सरदार चुनने की छूट थी। लूटपाट या जागीरदार की ज्यादतियों से परेशान होकर कभी-कभी गाँव के लोग अपनी भूमि का भोम पट्टा किसी दूसरे को लिख देते थे। इस प्रथा को मेवाड़ में रखवाली कहते थे। शासक भी इसको मान्यता देते थे। टॉड ने मेवाड़ के ऐसे तीन पट्टों के विवरण दिये हैं। पहला पट्टा डूंगला गाँव के निवासियों ने महाराज खुशालसिंह (1750 ई.) को लिख कर दिया था। दूसरा पट्टा आमली गाँव के निवासियों की ओर से आमेट के रावत फतेसिंह (1758 ई.) को लिखा गया था। तीसरा पट्टा डूंगला के निवासियों की ओर से भींडर के महाराज जोरावरसिंह (1800 ई.) को लिखकर दिया गया था।[169] लोक अपनी नाराजगी इस

दौरान कई तरह से व्यक्त करता था। काश्तकार जातियाँ नाराजगी व्यक्त करने के लिए गाधोतरा नामक एक प्रथा का सहारा लेती थीं। जागीरदार या किसी राजकीय अधिकारी की ज्यादतियों से त्रस्त काश्तकार जातियों के लोग कभी-कभी सामूहिक रूप से निर्णय लेकर अन्यत्र पलायन कर जाते थे। जाते समय वे पत्थर पर गधे की सूरत बनाकर उसे गाँव की सीमा पर रोप देते थे। इसके बाद वे उस गाँव की सीमा में पानी भी नहीं पीते थे। इस तरह के पलायन को गाधोतरा कहा जाता था। लोक में इससे जागीरदार या अधिकारी की प्रतिष्ठा और साख गिरती थी। *गाधोतरा* हटाने के लिए काश्तकारों को मनाना पड़ता था।[170] काश्तकार जातियाँ जागीरदारों और अधिकारियों की मनमानी और ज्यादती की शिकायतें भी करती थीं। शासक ऐसी शिकायतों पर कार्रवाई करते थे। शिकायत करने का काश्तकारों का ढंग भी बहुत प्रभावकारी होता था। 1891 ई. की मरदुमशुमारी रिपोर्ट में वर्णित मारवाड़ के जाटों द्वारा की गयी ऐसी दो शिकायतों के उदाहरण यहाँ दिये जा रहे हैं :

(1) "महाराजा श्री मानसिंघजी के बैकुंठवासी राज में जाटों की हाकम नागौर से अदावत पड़ गयी थी उन्होंने मता कर गाँव रोहल के चौधरी जाट हरनाथ को जोधपुर भेजा वह महाराजा साहिब के हजूर में 1 मुहर 1 रुपया और 1 पैसा लेकर हाजिर हुआ महाराज ने मुहर पर हाथ डाला तो अरज किया कि नहीं यह आपकी नहीं है तब रुपया उठाने लगे तो बोला कि यह भी आपका नहीं है हजूर ने फरमाया कि तो हमारा क्या है तो अरज की कि यह पैसा है जो आपके घर में आता है महाराज ने पूछा कि फिर यह मोहर किसकी है और रुपया किसका है अरज की कि मोहर तो हाकिम की है और रुपया हवलदार और कणवारिये का है और 5000 नजर करके हाकिमी उतरवा दी जो एक जबरदस्त मुसाहिब कौम लोढ़ा को दी हुई थी।"

(2) "कुचेरे के जाट करनजी कूपावत से नाराज थे जब महाराज श्री मानसिंघजी देवलोक हुए तो जाट भद्दर होने लगे करनजी ने कहा कि तुम हमारी रैयत हो या राजाजी की, हम मरें तब भद्दर होना इस पर जाट एक तरफ की दाढ़ी और मूँछ मुंडा कर जोधपुर को भागे और राज में अरज की कि करनजी हमको भद्दर नहीं होने देता और कहता है तुम तो हमारी रैयत हो और साथ यह भी जड़ दी कि करनजी हमारी औरतों को खराब करता है परन्तु खाटरा यानि ठिंगना बहुत है जिससे हमारी औलाद खटारी होने लगी है जो हल तक नहीं पहुँचती राज को गाँव करनजी के ही रखना है तो दूसरा लम्बा पूरा राठौड़ भेज देवे सो हमारी औलाद तो हल चलाने लायक हुआ करे इन बातों से करनजी का जुल्म समझा जाकर कुचेरा उससे जब्त कर लिया गया और बदले में गाँव बासणी दिया गया।"[171]

लोक अपनी निन्दा, भर्त्सना और सराहना को उक्तियों और कहावतों के माध्यम

से भी व्यक्त करता था। ऐसे कथन लोक में ओखाणे कहलाते थे। ऐसे ओखाणे पीढ़ी-दर-पढ़ी सदियों तक चलते रहते थे। मेवाड़ में कुम्भा की हत्या करने वाले उसके पुत्र ऊदा को लोक ने कभी क्षमा नहीं किया। उसके शासक हो जाने के बावजूद लोक ने एक ओखाणा चला कर उसके इस कृत्य की निन्दा की और इस निन्दा को सदियों तक जिन्दा भी रखा। यह ओखाणा इस तरह से है :

ऊदा बाप न मारिजै, लिखियो लाभै राज।
देश बसायो रायमल, सर्‌यो न एको काज॥

(उदयसिंह! बाप को नहीं मारना चाहिए था। राज्य तो भाग्य में लिखा हो तभी मिलता है; देश का स्वामी तो रायमल हुआ और तेरा एक भी काम सिद्ध नहीं हुआ।)[172]

मीरां को प्रताड़ित और परेशान करने में सहयोगी और षड्यन्त्रकारी एक विजयवर्गीय महाजन, एक गूर्जरगौड़ और एक दाहिमा जाति के ब्राह्मण के अपराध के लिए सदियों तक लोक ने इनकी निन्दा और भर्त्सना एक ओखाणे से की और यह भी चला दिया कि मीरां के श्राप के कारण ही विजयवर्गीय महाजनों की वंश वृद्धि रुक गयी। इस ओखाणे का विवरण 1891 ई. की मारवाड़ की मरदुमशुमारी रिपोर्ट में इस तरह से दिया गया है :

"पेशा अतरफुलेल और दवा बेचने का है जिससे ये गांदी भी कहलाते हैं कुछ लोग बेदगी भी करते हैं बीजाबरगी मुत्सदी पेशा नहीं है न राज के नौकर हैं कहते हैं कि पहिले दीपचन्द बीजाबर्गी जोधपुर में संवत 1600 के करीब दीवान हुआ है वह दिल्ली से आया था इसी तरह मेवाड़ में पहिले ये लोग राज का काम करते रहे हैं मगर फिर मीरांबाई के सराप से इनका काम और एतबार राजों से जाता रहा क्योंकि कालूराम बीजाबरगी ने जो राणाजी का दीवान था मीरांबाई को जहर का प्याला चर्णामृत के नाम से पिलाया था मीरांबाई ने जो सराप उसको दिया वह कुल कौम पर पड़ा कि उधर तो राज के काम से जाते रहे और इधर अन्न और सन्तान को तरसने लगे कि जिसके सन्तान है उसके अन्न नहीं और अन्न है उसके सन्तान नहीं जिससे बीजाबरगी कालूराम के पाप और मीरांबाई के सराप को अब तक नहीं भूले हैं बीजाबरगियों का बिस्वास आम लोगों में कम है जिनको अतरदवाई ओर बेदगी खूब में लूटते हैं इनके बाबत ये ओखाणे हैं :

सिंघ सरप न बाण्यो बीजो। दाव घाव न कागद तीजा
जो तू राजा चतुर सुजान। एता न छोटा मत जान

यथा

बीजाबरगी बाणियो दूजो गूजरगोड़। तीजो मिले जो दाहिमो करे टापरो चोड़॥"[173]

राठौड़ रणमल की हत्या के बाद चित्तौड़ से उसके बेटे जोधा के भागने और मांडू से चूंडा के मेवाड़ में आने की ऐतिहासिक घटना को भी लोक ने एक कविता पंक्ति को ओखाणा बनाकर सदियों तक याद रखा। यह ओखाणा इस तरह से है :

चूंडा अजमल आविया, मांडू हूँ धक आग।
जोधा रणमल मारिया, भाग सके तो भाग॥[174]

लोक की धारणाएँ और चिन्ताएँ इस दौरान किंवदंतियों में भी व्यक्त होती थीं। अक्सर विद्वान किंवदंतियों को झूठ मान कर छोड़ देते हैं, जबकि समाज की धारणाएँ, चिन्ताएँ, अनुभव आदि इनमें ही जगह पाते हैं। अनेक लोगों द्वारा बरती जाने के कारण इनमें सच कुछ हद तक विकृत हो जाता है, इनमें अतिरंजना भी होती है, लेकिन ये पूरी तरह झूठ नहीं होतीं। इनमें मौजूद सच की पहचान और परख के लिए इनका 'संवेदनशील पाठ' बहुत जरूरी है। पुरुषोत्तम अग्रवाल ने इनके महत्त्व पर रोशनी डालते हुए लिखा है कि "किंवदंतियाँ केवल अफवाहें नहीं होतीं, वे तर्कबुद्धि का अभाव भी सूचित नहीं करतीं। किंवदंतियाँ सांस्कृतिक भाषा है, जिसके व्याकरण को समझे बिना किसी समाज की बात समझना असम्भव है।"[175] अजमेर के कर्मचन्द पंवार को सांगा के असाधारण पुरुष होने का विश्वास इस किंवदंती से ही हुआ था कि सोते हुए सांगा के सिर पर एक साँप ने अपना छत्र फैला रखा है।[176] मीरां के अतिमानवीय और चमत्कारी होने सम्बन्धी कई जनश्रुतियाँ लोक में प्रचलित थीं। मीरां को जहर दिया गया, लेकिन उसका बाल भी बाँका नहीं हुआ, राणा को सेज पर मीरां के साथ कृष्ण दिखाई पड़े, तलवार लेकर मीरां को मारने पर आमादा राणा को एक सिंह ने वहाँ से चले जाने पर विवश कर दिया, चित्तौड़ के सभी मन्दिरों में मीरां दिखाई पड़ी, मीरां द्वारिका में कृष्ण की प्रतिमा में विलीन हो गयी आदि किंवदंतियां लोक में मीरां की व्यापक स्वीकृति और सम्मान का सबूत हैं। विक्रमादित्य के बाद ही मेवाड़ के राजवंश में मीरां के सम्मान और स्वीकृति का भाव आ गया था। इसी के तहत महाराणा उदयसिंह ने द्वारिका ब्राह्मण भेजकर मीरां की मेवाड़ वापसी के प्रयत्न किये थे। यह सम्मान बाद में बढ़ता ही गया था। ऐसी किंवदंती है कि महाराणा जगतसिंह को स्वप्न में भगवान जगन्नाथ ने आदेश दिया कि मुझे मीरां को दिये वचन के अनुसार मेवाड़ में आना है इसलिए मेरा मन्दिर बनवाओ और इसी आदेश के तहत महाराणा ने उदयपुर में राजमहल के ठीक बाहर भगवान जगन्नाथ का भव्य और विशालकाय जगदीश मन्दिर बनवाया। इस मन्दिर के प्रशस्ति पत्र में भी मीरां का उल्लेख है।[177]

7

अक्सर इस दौरान के सामाजिक व्यवहार को विवेकहीन और स्वच्छन्द मान लिया जाता है, जो पूरी तरह सही नहीं है। इस व्यवहार की कुछ मर्यादाएँ होती थीं, जो समाज अपने दैनन्दिन अनुभवों के आधार पर तय करता था। यह अनुशासन सत्ता पोषित कम, समाज पोषित ज्यादा था। इस दौरान के शासक क्षत्रिय जातीय समूह पूरी तरह स्वेच्छाचारी नहीं थे। यह इस तथ्य से प्रमाणित है कि उनकी

माली हालत यहाँ की व्यापारी जातियों की तुलना में कमजोर थी। व्यापारी तबकों के साथ शासकों का व्यवहार कुछ हद तक तर्कसंगत और न्यायपूर्ण था। उनको व्यापार करने और उससे अर्जित धन का अपने लिए उपयोग करने की छूट थी। शासन और समाज उन्हें सुरक्षा और संरक्षण प्रदान करते थे। मेवाड़ और मारवाड़, दोनों राज्यों के व्यापारी जातियों के लोग शासक क्षत्रिय जातीय समूहों की तुलना में बहुत धनी और सम्पन्न थे। खास तौर पर शासक सामन्तों के अधीन राजकाज में मंत्री, कामदार, हाकिम आदि का काम करने वाले महाजन जातियों के लोग तो बहुत धनी और सम्पन्न होते थे। इन जातियों के प्रभावशाली लोगों ने कई भव्य मन्दिर और भवन बनवाये। मारवाड़ के रणकपुर, माउंट आबू के देलवाड़ा और मेवाड़ के चित्तौड़गढ़, कुम्भलगढ़ आदि दुर्गों में मौजूद जैन मन्दिर शासकों के हिन्दू मन्दिरों की तुलना में बहुत विशालकाय और भव्य हैं। राजस्थान के सिरोही में दुर्ग के नीचे, उससे सटा हुआ देरासेरी के नाम से विख्यात भव्य 14 जैन मन्दिरों का समूह है। गौरीशंकर ओझा ने इन मन्दिरों की सराहना की है और फिर लिखा है कि "यहाँ शिव और विष्णु के मन्दिर भी कई हैं, परन्तु उनमें से प्रशंसा के योग्य एक भी नहीं है।"[178] मेवाड़ के महाराणा प्रतापसिंह के शासनकाल में उसका मंत्री भामाशाह बहुत धनी और सम्पन्न था। कहते हैं कि वह इतना धनी था कि उसने संकट के समय महाराणा की सहायता की थी।[179] शासक जाति का होने के बावजूद अधिकांश सामन्त महाजनों के कर्जदार थे। मारवाड़ की 1891 की मरदुमशुमारी रिपोर्ट में इस तथ्य का खुलासा इस तरह से हुआ है :

> "राजपूत अक्सर महाजनों के कर्जदार रहते हैं हिसाब किताब नहीं जानने से हमेशा करजे में डूबे रहते हैं क्योंकि महाजन लोग उनके ऊपर अपना करजा वाजबी बेवाजबी बढ़ाते रहते हैं
>
> यह ही हाल जागीरदारों का भी है कि वे भी बहुत ही कम हिसाब किताब जानते हैं और अपने कामेतियों के मुहताज रहते हैं जो उन्हीं के मूते यानि महाजन होते हैं कई बरस पहिले तक ये जागीरदार इनसे सिर्फ एक ही तरीका हिसाब समझने का जानते थे कि दूसरे तीसरे साल इनका घर लूट लेते थे मगर आजकल राज के डर से ऐसा नहीं कर सकते हैं
>
> करजदार जागीरदारों को महकमे हैसियत से बड़ा फायदा पहुँचा है कि जिसमें उनके करजे की तहकीकात होकर सलीका बंध जाता है।"[180]

पराजित राजवंशों के साथ भी नये क्षत्रिय जातीय समूहों का व्यवहार इस दौरान कुछ हद तक न्यायपूर्ण था। इन पराजित राजवंशों के लोगों को भोमिया और इनके आधिपत्यवाली भूमि को बपौती या अद्यापि कहा जाता था। इन्हें भूमि के लिए राज से पट्टा प्राप्त करने की आवश्यकता नहीं होती थी। ये देश की प्राचीन रीति के

अनुसार अपनी भूमि पर अपना अधिकार रखते थे। इन्हें जागीरी प्राप्त करने के लिए न कोई नजराना देना पडता था, न कोई कर चुकाना पड़ता था, न इनकी जागीरी पर कभी जब्ती रवाना की जाती थी, न इसमें कोई परिवर्तन किया जाता था और न इसे खालसा किया जाता था। इस प्रकार ये करहीन भूस्वामी होते थे।[181] विजित जाति के साथ विजेता जाति का ऐसा न्यायपूर्ण व्यवहार प्राचीन और मध्यकालीन इतिहास में अन्यत्र कहीं नहीं मिलता।

8

मीरांकालीन समाज में भी तमाम मध्यकालीन उत्तर भारत की तरह धर्म और भक्ति का एक सरल लोकरूप विकसित हो गया था।[182] भक्ति के तत्कालीन अधिकांश शास्त्रीय और सांस्थानिक रूपों के नैतिक मूल्य इसमें घुलमिल गये थे। लोक का आराध्य साकार और निराकार, दोनों था। यह एक साथ योगेश्वर, अधम उद्धारक, अवतारी, बालक, युवा आदि सब था। भक्ति और धर्म के कई सम्प्रदाय, रूप और मत-मतान्तर इस दौरान प्रचलित थे, लेकिन इनमें कोई आपसी प्रतिद्वन्द्विता और द्वेष नहीं था। शासक और जनसाधारण इन सभी का सम्मान करते थे। लोक ने भक्ति के जिन सरल रूपों को आत्मसात कर लिया था, उनमें सर्वाधिक लोकप्रिय सत्संग, हरि कीर्तन, नाम स्मरण, तीर्थाटन, नियम पालन आदि थे। सन्त-भक्तों ने इन सरल उपायों को ही मोक्ष और पुण्य लाभ का साधन सिद्ध कर दिया था। लोक में साधु सत्संग का बहुत महत्त्व था। संचार के अन्य साधनों के अभाव में साधु-सन्त ही भक्ति और धर्म के प्रमुख स्रोत थे। उनकी सेवा और सत्कार भी भक्ति का एक प्रकार हो गया था। कीर्तन भी जनसाधारण में खूब प्रचलित था। यह आवेगमय और एकाग्र होने का सरल साधन था और इसमें भक्ति के औपचारिक ज्ञान की जरूरत नहीं थी, इसलिए जनसाधारण ने इसे सहज ही अपना लिया था। मीरांकालीन मेवाड़-मारवाड़ में तीर्थाटन को भी भक्ति के एक ढंग के रूप में मान्यता थी। पुष्कर, प्रयाग, हरिद्वार, शूकर और द्वारिका मेवाड़-मारवाड़ में लोकप्रिय थे। पुष्कर निकट होने के कारण सर्वाधिक लोकप्रिय था। तीर्थ जाने और आने पर उत्सव होते थे और जात-बिरादरी और साधु-सन्तों का भोज दिया जाता था। लोक में इस दौरान मृत्यु पर पुष्कर, प्रयाग और हरिद्वार जाने का रिवाज था। नाम स्मरण भी इस दौरान सर्वाधिक प्रचलित भक्ति रूप था। प्रायः सभी गृहस्थ और खास तौर पर बुजुर्ग ईश्वर का नाम जपते थे। दैनन्दिन काम-काज के बीच भी नाम स्मरण किया जाता था। नियम पालन भक्ति के कठिन रूपों में से एक था, लेकिन इस दौरान गृहस्थ जनसाधारण में यह खासा लोकप्रिय था। लोग इसके तहत प्रातःकाल मन्दिर जाकर भगवान के दर्शन करते थे, चरणामृत और तुलसीदल ग्रहण करते थे और खान-पान में परहेज और व्रत-उपवास करते थे। गृहस्थ जनसाधारण में इस दौरान कंठी लेने की भी प्रथा थी। कंठी किसी सन्त-महात्मा से ली जाती थी, जो एक तरह की दीक्षा

थी। कंठी धारण करने वाला व्यक्ति गृहस्थ जीवन व्यतीत करते हुए भी सन्त-भक्त की तरह आचरण करता था। झूठ नहीं बोलना, चोरी नहीं करना, दया करना, लोभ नहीं करना, धैर्य रखना, दूसरों को कष्ट नहीं पहुँचाना, सन्त-भक्तों का आदर करना आदि जीवन मूल्य ही इस दौरान जनसाधारण में धर्म और भक्ति माने जाते थे। कहा जाता है कि स्वयं राव दूदा कंठीधारी वैष्णव था।[183] धर्म और भक्ति के इस लोक रूप में जाति का भेदभाव नहीं था। सन्त-भक्तों के निरन्तर प्रयत्नों से ईश्वर के समक्ष सभी मनुष्यों की समानता का विचार इस दौरान जनसाधारण में कमोबेश स्वीकार्य हो गया था। महाकाव्यों, व्रत कथाओं, जनश्रुतियों और लोककथाओं में आयी कुछ धारणाओं और विश्वासों ने भी इस दौरान लोकधर्म का रूप ले लिया था। चरित्र, पातिव्रत्य, स्वाभिभक्ति, त्याग, कर्मफल, पुनर्जन्म, दान, शकुन-अपशकुन आदि से सम्बन्धित कई धारणाएँ और विश्वास इस दौरान जनसाधारण में प्रचलित हो गये थे।

राजस्थान के मेवाड़ की तुलना में मारवाड़ में धर्म और भक्ति के लोकरूपों का विकास और प्रचार-प्रसार अधिक निर्बाध और उन्मुक्त ढंग से हुआ। मेवाड़ में भी प्राचीनकाल से ही शैव, जैन और वैष्णव धर्मों की लोकप्रियता के साक्ष्य मिलते हैं, लेकिन धर्म और भक्ति के लोक रूप का विकास और प्रचार-प्रसार यहाँ कुछ हद तक सीमित था। मेवाड़ के शासक सभी धर्मों और उनके मत-मतान्तरों के प्रति सम्मान भाव रखते थे, लेकिन परम्परा से उनके आराध्य शिव थे, जिन्हें एकलिंगजी कहा जाता है। वे अपने को एकलिंगजी का दीवान मानकर शासन करते थे।[184] मेवाड़ में जारी होनेवाले सभी आदेशों में इसीलिए सबसे पहले *एकलिंगजी प्रसादातु दीवानजी आदेशातु* लिखा जाता था।[185] पर इससे यह निष्कर्ष निकालना गलत होगा कि यहाँ के शासकों को ईश्वर के दूसरे रूप मान्य नहीं थे। कुछ विद्वानों ने मीरां के पीहर के राजवंश को वैष्णव एवं मेवाड़ के राजवंश को शैव और शाक्त धर्मावलम्बी मानते हुए इसको मीरां और मेवाड़ राजवंश के बीच तनाव का कारण माना है,[186] जो पूरी तरह गलत है। शिव के साथ विष्णु के कई रूपों की पूजा मेवाड़ में प्राचीनकाल से होती थी और इसको शासकों का प्रश्रय भी प्राप्त था। पाँचवीं सदी से ही शिलालेखों में इसके उल्लेख मिलने लगते हैं। चित्तौड़ के समीप नगरी के 426 ई. के शिलालेख में प्रयुक्त शब्दों से लगता है कि उस समय विष्णु पूजा का विशेष स्थान था।[187] 532 ई. के चित्तौड़ के दो शिलालेखों में भी विष्णु मन्दिर का उल्लेख मिलता है।[188] गुहिलवंशी शासक अपराजित के 661 ई. के शिलालेख से स्पष्ट है कि उस समय विष्णु पूजा का प्रभूत प्रचलन था।[189] महाराणा कुम्भा के समय यहाँ विष्णु पूजा अपने चरम पर थी। कुम्भा ने चित्तौड़ में कुम्भस्वामी और आदिवराह के दो विष्णु मन्दिर बनवाये। उसने कुम्भलगढ़ में भी कुम्भस्याम का मन्दिर बनवाया, जो अब मामादेव के मन्दिर के नाम से विख्यात है। कुम्भा ने ही सिरोही जिले के बसन्तगढ़ में भी विष्णु के निमित्त सात जलाशय बनवाये। उसने आबू के अचलगढ़ में भी कुम्भस्वामी का

मन्दिर बनवाया। कुम्भा ने अपने पारम्परिक आराध्य एकलिंगजी के मन्दिर परिसर में एक विष्णु मन्दिर भी बनवाया, जो अब मीरां मन्दिर के नाम से विख्यात है।[190] 1460 ई. के कुम्भलगढ़ के एक शिलालेख में चित्तौड़ का वर्णन एक वैष्णव तीर्थ के रूप में मिलता है।[191] मेवाड़ के गढ़बोर का विख्यात विष्णु के चारभुजास्वरूप का मन्दिर बहुत प्राचीन है। यहाँ लगे शिलालेख के अनुसार 1444 ई. में इस मन्दिर का जीर्णोद्धार हुआ था।[192] मेवाड़ में वल्लभ सम्प्रदाय का प्रभाव भी था। वार्ता ग्रन्थों के अनुसार वल्लभ सम्प्रदायी मीरां के सम्पर्क में भी थे। भक्तिकाल के अन्तिम चरण में मेवाड़ में वल्लभ सम्प्रदाय का प्रभाव बढ़ गया था। राजसिंह के शासनकाल में औरंगजेब की मूर्ति भंजन की मुहिम के दौरान कृष्ण के वल्लभ सम्प्रदाय सेवित एकाधिक विग्रह मेवाड़ के नाथद्वारा, कांकरोली आदि में स्थानान्तरित किये गये। महाराणा जगतसिंह के समय से कांकरोली के वल्लभसम्प्रदायी आचार्य को मेवाड़ राजवंश का वैष्णव गुरु होने का सम्मान भी मिला। प्राचीन होने के कारण धार्मिक मामलों में शुरू से ही मेवाड़ में ब्राह्मणों का प्रभाव था। शासकों, उमराव-सरदारों और जागीरदारों के दैनन्दिन जीवन में विश्वस्त सेवकों, रसोइयों, वेशभूषा की देखभाल करने वालों, पारिवारिक कर्मकांडों और संस्कारों को सम्पन्न करने वाले गुरुओं, ज्योतिषियों, चिकित्सकों और शिक्षकों के रूप में उनका दखल था[193] लेकिन यह दखल सर्वोपरि और बाध्यकारी नहीं था। वे ब्राह्मणों का सम्मान करते थे उन्हें दान आदि भी देते थे, लेकिन इस आधार पर यह निष्कर्ष निकालना गलत होगा कि वे उनके जीवन के नियामक और निर्धारक थे। सर्वोपरि तो शासकों के स्वार्थ, सुविधा और सुख थे और जैसे ही इन पर कोई आँच आती तो शासक ब्राह्मणों की अवहेलना करने से नहीं चूकते थे। फिर भी कुछ हद तक ब्राह्मणों का प्रभाव मेवाड़ में मारवाड़-मेड़ता की तुलना में ज्यादा था। मारवाड़ और उसमें भी खास तौर पर मेड़ता नया राज्य था इसलिए यहाँ ब्राह्मणों का प्रभाव पारम्परिक नहीं था और सामन्तों और जनसाधारण के दैनन्दिन जीवन में उनका दखल भी सीमित था। लोकधर्म और भक्ति में डूबकर सामन्तों के सन्त-भक्त हो जाने के उदाहरण इसीलिए मारवाड़ में कई हैं। मल्लीनाथ, पाबूजी, गोगाजी, हरभूजी, मांगलिया, मेहा, रामदेव आदि मारवाड़ के सन्त-भक्तों में से अधिकांश राजपूत थे। पाबूजी तो मीरां के पूर्वज थे और हरभूजी का राव जोधा और मीरां के दादा राव दूदा पर गहरा प्रभाव था।[194] मेवाड़ बहुत प्राचीन राज्य था, इसलिए यहाँ के शासक वर्ग में अपने अस्तित्व और वर्चस्व के प्रति सजगता मेड़ता की तुलना में ज्यादा थी। मीरांकालीन मेवाड़ राजनीतिक विशृंखलता के दौर से गुजर रहा था, इसलिए यह सजगता और बढ़ गयी थी। इस कारण बाहरी लोगों की यहाँ पहुँच और प्रभाव को शासक वर्ग सन्देह की दृष्टि से देखता था। मारवाड़ और उसमें भी मेड़ता की स्थिति मेवाड़ से भिन्न थी। यह नया राज्य था और इस पर इसके शासकों का स्वामित्व पारम्परिक और स्थायी नहीं था। यहाँ के शासकों के

दैनन्दिन जीवन में मेवाड़ की तुलना में खुलापन था। नये मत-मतान्तरों के पनपने और फलने-फूलने के लिए यहाँ के शासकों और जनसाधारण की मनोभूमि मेवाड़ की तुलना में नयी इसलिए उपजाऊ थी। मल्लीनाथ, पाबूजी, गोगाजी, हरभूजी मांगलिया, मेहा, रामदेव आदि सन्त-भक्तों को मारवाड़ के खुलेपन और उदारता के खाद-पानी ने ही सम्भव किया और इनकी हैसियत धीरे-धीरे लोक देवताओं की हो गयी।[195] कबीर, रैदास आदि की ज्ञान भक्ति परम्परा को भी यहाँ उर्वर जमीन मिली। धन्ना भगत, पीपादास आदि के मानवतावादी विचारों का शासकों के समर्थन के कारण यहाँ खूब प्रचार-प्रसार हुआ।[196] मारवाड़ के शासकों में लोक भक्ति और धर्म के प्रति खुलापन ही नहीं, उत्साह भी था। वे सत्संग, कीर्तन और साधुओं के आतिथ्य में अग्रणी रहते थे। मारवाड़ में इस दौरान सन्त-भक्तों का जनसाधारण पर गहरा और व्यापक प्रभाव था। इन सन्त-भक्तों के प्रभाव से नयी जातियाँ भी बनीं। जाटों में रामानन्द के शिष्य धन्ना के साथ स्त्री लोक सन्त करमा जाटनी की भी ख्याति थी। 1891 ई. की मारवाड़ की मरदुमशुमारी रिपोर्ट में उसके सम्बन्ध में कहा गया है कि "करमा जाटनी भी बड़ी भागवत हुई उसका खिचड़ा मशहूर है कहते हैं कि अब तक भी जगन्नाथजी में पहिले करमा के खिचड़े का भोग लगता है।"[197] बीकानेर के गाँव करतासर का लोकसन्त जसनाथ भी जाटों में बहुत लोकप्रिय हुआ। जाटों में उसके अनुयाइयों की अलग जाति जसनाथी जाट बन गयी। धन्ना के नाम से भी धन्नाबंशी साध नाम की जाति बनी। मरदुमशुमारी रिपोर्ट के अनुसार "रामानन्दजी के चेलों में 1 धन्ना जाट भी थे ये बड़े भगत हुए और इन्होंने अपने जात के जाटों को चेला किया और साधों का धरम सिखाया ये सब धनाबंशी कहलाये इनमें कई खांपों के जाट हैं इनका आचार व्योहार रामावत साधों के माफिक है मारवाड़ और बीकानेर में बहुत हैं।"[198] मीरां के समय में ही पंवार जाति का राजपूत लोक सन्त जांभाजी हुआ। उसने आचार-विचार की 29 मर्यादाओं का पालन करनेवाले अपने जाट अनुयाइयों की अलग जाति बिस्नोई बनाई। लोक धारणाओं के अनुसार उसका सम्बन्ध मीरां के दादा राव दूदा से भी था। 1891 ई. की मारवाड़ की मरदुमशुमारी रिपोर्ट और बिस्नोइयों के जातीय धार्मिक साहित्य में इसका उल्लेख मिलता है। मरदुमशुमारी रिपोर्ट में यह उल्लेख इस तरह से है :

> "उस वक्त राव जोधाजी जोधपुर में राज करते थे उनके बेटे दूदाजी से अजमेर के मुसलमानों ने संवत् 1545 मेड़ता छीन लिया था वे अपने भाई बीकाजी के पास जाते थे रास्ते में पीपासर के कुए पर उन्होंने जांभाजी को अजब तरह से मवेशी को पानी पिलाते देखा कि वहाँ जितने जानवरों के 1 पानी पीने गुंजाइश थी उतने ही जानवर उनके इशारे से आते थे और जब वे पी चुकते थे तो उनके दूसरे इशारे से उतने और चले आते थे दूदाजी को इस बात से बड़ा अचम्भा हुआ और दिल में कहा कि ग्वालिया तो बड़ा करामाती है जो

इस तरह से जानवरों पर काबू रखता है फिर जांभाजी वहाँ से चल दिये तो ये भी उनके पीछे हो गये और घोड़े पर सवार रहे और जांभाजी आगे 2 जाते हुए नजर आते थे तो भी उनके पास तक न पहुँच सके तब घोड़े से उतर कर पैदल हो गये पास जा पहुँचे हाथ जोड़ कर नाम पूछा जांभाजी ने कहा नाम जांभा है तू क्या कहता है यह पहिला ही वक्त था कि जांभाजी 24 बरस गूंगे रह कर दूदाजी से बोले थे दूदाजी ने कहा कि मुसलमानों ने मुझसे मेड़ता छीन लिया है वह मुझको मिलना चाहिए जांभाजी ने उनको 1 खांडा केर की लकड़ी का और 1 खरगोश देकर कहा कि जा इस खांडे से मेड़ता फतह करले और खरगोश को मेड़ते के दरवाजे में चुनवादे तेरा राज नहीं जावेगा।"[199]

मारवाड़ में धर्म आधारित जातियाँ बहुत हैं और खास बात यह है कि इनमें से जोगी, साध, नाथ, जंगम, बैरागी आदि अधिकांश जातियाँ भक्ति आन्दोलन के दौरान पैदा हुईं। जातियों के इस समूह को मारवाड़ में खटदर्शन (माफी) कहा जाता था। इनकी अदालत भी अलग लगती थी। मीरां के वंश में वैष्णव भक्ति की परम्परा थी। उसके दादा राव दूदा, चाचा वीरमदेव और भाई जयमल परम वैष्णव थे। उनके यहाँ चारभुजा, ठाकुरजी, रघुनाथजी, गोपालजी जैसे नामों से चतुर्भुज विष्णु की भक्ति होती थी। मेवाड़ के गढ़बोर में चारभुजा की स्थापना मेड़तियों ने ही की थी। उनमें से कई ठाकुर सपत्नीक साधु-सन्त हो गये थे।[200] मीरां के दादा राव दूदा विष्णु के चतुर्भुज स्वरूप के उपासक थे । उन्होंने 1475 ई. में मेड़ता में चारभुजानाथ का विशालकाय मन्दिर बनवाया।[201] यही चतुर्भुजनाथ मेड़तिया राठौड़ों के इष्टदेव हैं। सिद्धों और नाथों का प्रभाव भी मारवाड़ में व्यापक था। यहाँ इसकी कई शाखाएँ माननाथी, बालनाथी, रतननाथी और जसनाथी नाम से फल-फूल रही थीं। मेड़ता-मारवाड़ में भक्ति के लोकरूपों की गहरी और सघन जड़ों का कारण इसकी खास किस्म की भौगोलिक स्थिति भी थी। मेड़ता मीरांकालीन पश्चिमी भारत को उत्तर और दक्षिण से जोड़ने वाला आवागमन का प्रमुख केन्द्र था। उत्तरी-पश्चिगी भारत का लोकप्रिय तीर्थ पुष्कर भी यहाँ से निकट था। द्वारिका, मथुरा और पुष्कर की यात्रा करने वाले साधु-सन्तों की मंडलियाँ यहाँ से गुजरती थीं और यहाँ के शासकों से समर्थन और आश्रय पाकर अक्सर यहाँ रुक कर सत्संग, हरि कीर्तन और ज्ञान चर्चा भी करती थीं।

9

कुल मिलाकर कहा जा सकता है कि मीरां का समय और समाज उपनिवेशकालीन इतिहासकारों और इधर के कुछ स्त्री विमर्शकारों द्वारा गढ़ी गयी धारणाओं से एकदम अलग था। यह न तो ठहरा हुआ था और न ही गतानुगतिक। यह वह समाज था जिसने सदियों तक मीरां को स्वीकृति और सम्मान दिया। यह सम्मान और स्वीकृति इतनी व्यापक और गहरी थी कि इस समाज में मीरां का नाम जेनेरिक संज्ञा में बदल

गया। अपनी शर्तों पर अपना जीवन गढ़ने वाली मीरां को इस तरह सिर-आँखों पर उठा कर चलने वाला समाज ठहरा हुआ और ठंडा कैसे हो सकता है? यह पर्याप्त गतिशील और द्वन्द्वात्मक समाज था, जिसकी निर्भरता केवल धर्म और शास्त्र के बजाय सदियों के अनुभव से बनती-बिगड़ती परम्पराओं और मर्यादाओं पर थी। वर्ण व्यवस्था के ब्राह्मण आदर्श का यहाँ के दैनन्दिन जीवन के यथार्थ से कोई सीधा सम्बन्ध नहीं था। यहाँ वर्णमिश्रण भी हुआ और जातियाँ भी बनीं और बिगड़ीं। यहाँ के दैनन्दिन जीवन में पेशे का सम्बन्ध जाति से कम रहा। यहाँ ब्राह्मणों की सर्वोच्चता और वर्चस्व के जो अतिरंजित वर्णन मिलते हैं उनमें सच्चाई नहीं हैं। ये अधिकांश आदर्श वर्णन हैं जो केवल ब्राह्मण रचनाओं में मिलते हैं। यहाँ ब्राह्मणों का कुछ लोग केवल कर्मकांडीय उपयोग करते थे। हकीकत में न तो उनको शास्त्र ज्ञान था और न ही वे उसका आग्रह करने की स्थिति में थे। उनकी लौकिक हैसियत भी कमोबेश दूसरी द्विज जातियों जैसी ही थी। यहाँ के दैनन्दिन जीवन की हकीकत वर्ण व्यवस्था को भारतीय समाज की शाश्वत सच्चाई माननेवालों की आँखें खोलने के लिए पर्याप्त है। मेवाड़-मारवाड़ और मेड़ता में इस दौरान राजनीतिक विशृंखलता चरम पर थी। यहाँ बाहरी आक्रमणों और आन्तरिक संघर्षों के साथ षड्यन्त्रों, कुचक्रों और छल-छद्मों का जोर था। यहाँ के शासक क्षत्रिय जातीय समूहों में जीवन और राजनीति की कुछ परम्पराएँ, रूढ़ियाँ, मर्यादाएँ और आदर्श थे, लेकिन इनके व्यवहार में कोई एकरूपता और निरन्तरता नहीं थी। इनमें बदलाव होते रहते थे। मेवाड़ एक सुस्थापित, प्राचीन और गौरवशाली अतीतवाला राज्य था, इसलिए यहाँ के शासक सामन्तों में परम्पराओं और मर्यादाओं का आग्रह कुछ हद तक ज्यादा था, जबकि नया राज्य होने के कारण मेड़ता में इनको लेकर कोई खास आग्रह नहीं था। स्वामिभक्ति, निष्ठा, शरणागत की रक्षा आदि इस दौरान क्षत्रिय जातीय समूहों के आदर्श थे, लेकिन उनमें विश्वासघात, छल-छद्म, कुचक आदि भी होते थे। निरन्तर युद्ध संलिप्तता और शासकीय जरूरतों के कारण उनके पारिवारिक सम्बन्ध निरन्तर बदल रहे थे। स्त्रियाँ इस दौरान सर्वथा निष्क्रिय इकाई नहीं थीं। वे घर-परिवार और राजनीति को प्रभावित करती थीं। शासक क्षत्रिय जातीय समूहों में बहन-बेटियों के विवाह राजनीतिक लक्ष्य साधन के लिए होते थे और बहु विवाह की प्रथा के कारण उनका दाम्पत्य जीवन सामान्य नहीं था। उनके दैनन्दिन जीवन पर रीति-रिवाजों की कुछ पाबंदियाँ थीं, लेकिन समाज में उनकी सुरक्षा और संरक्षण को लेकर चिन्ताएँ भी थीं। विधवाओं का जीवन इस दौरान सामान्य से कुछ अलग था, लेकिन वे सर्वथा अरक्षित और उपेक्षित नहीं थीं। सती प्रथा इस दौरान थी, लेकिन एक तो यह बहुत अधिक व्यापक नहीं थी और दूसरे यह स्वैच्छिक थी। इस दौरान लोक का सम्मान था। शासक और समाज इसकी चिन्ता करते थे और इसकी राय को महत्त्व देते थे। यह अपनी धारणाओं को कहावतों और जनश्रुतियों में भी व्यक्त करता था।

मध्यकालीन उत्तर भारत में धर्म और भक्ति का जो लोकरूप विकसित हुआ, उसका प्रसार मीरांकालीन समाज में भी हुआ। यह अवश्य है कि अपने अस्तित्व और गौरव के प्रति अतिरिक्त सजग मेवाड़ के सामन्तों में इसका प्रसार मारवाड़-मेड़ता की तुलना में सीमित था, जबकि मारवाड़-मेडता में सामन्तों का समर्थन पाकर यह निर्बाध फला-फूला। मारवाड़ की कृषक जातियों में कई लोक सन्त हुए, जिनकी हैसियत आगे चलकर लोक देवताओं की हो गयी। मीरां के जीवन और कविता में जो साहस, स्वेच्छाचार और विद्रोह है वो अतिमानवीय और असाधारण नहीं है। इन सब को उगने-पनपने के लिए उर्वर जमीन मीरां के गतिशील समाज ने ही दी। इस समाज ने मीरां को स्वीकृति और सम्मान के साथ सुरक्षा और स्वावलम्बन भी दिया। मीरां मारवाड़ के निरन्तर अस्थिर और विवादित परगना राज्य मेड़ता के बारह गाँवों की जागीर के सामन्त की बेटी थी, जिसका विवाह तत्कालीन उत्तर भारत के सबसे बड़े और प्राचीन राज्य मेवाड़ के युवराज भोजराज से राजनीतिक मैत्री और सम्बन्ध के अधीन किया गया था। मेवाड़ के अन्तःपुर में उत्तराधिकार की उठापटक और सांगा के बाद सत्तारूढ़ रत्नसिंह और विक्रमादित्य से तनावपूर्ण सम्बन्ध के कारण एकाकी और असुरक्षित मीरां अपने बचपन के लोक धर्म और भक्ति के संस्कारों की शरण में चली गयी। धीरे-धीरे यह धर्म और भक्ति का आश्रय उसका सुरक्षा कवच और हथियार बन गया और वह सत्ता को चुनौती देने की हैसियत में आ गयीं। मीरां के जीवन और कविता में जो सघन अवसाद है, वह उसके वंचित-पीड़ित होने के कारण नहीं है। यह मीरां के सुरक्षा और स्थायित्व की तलाश में भटकने और परिजनों के निधन के दुःख से पैदा हुआ है। मेवाड़-मेड़ता की राजनीतिक विशृंखलता ने उसको कहीं जमने नहीं दिया। उसके पिता का निधन हो गया। ससुर और पति की मृत्यु के बाद वह मेवाड़ से मेड़ता गयी, लेकिन मालदेव की प्रतिहिंसा के कारण उसको वहाँ से भी निकलना पड़ा। वीरमदेव के साथ कदाचित् मीरां को भी अजमेर-शेखावटी में भटकना पड़ा होगा। बाद में मीरां द्वारिका गयी, लेकिन अपनी जड़ों से उखड़ने का दुःख उसको वहाँ भी बराबर सालता रहा।

सन्दर्भ और टिप्पणियाँ :

1. *एनल्स एंड एंटीक्विटीज ऑफ राजस्थान*, खंड-2 (सं. विलियम क्रूक), मोतीलाल बनारसीदास, दिल्ली, पुनर्मुद्रित संस्करण, 1971, (लन्दन, प्र.सं.1920), पृ.323
2. वही, पृ.323
3. *मीराबाई की भक्ति और आध्यात्मिक अर्थनीति* (हिन्दी अनुवाद : अनुपमा गुप्ता), वाणी प्रकाशन, नयी दिल्ली, 2012, पृ.45
4. *अपहोल्डिंग दि कॉमन लाइफ—दि कम्यूनिटी ऑफ मीराबाई*, ऑक्सफोर्ड यूनिवर्सिटी प्रेस, कोलकाता, 1997, पृ.69
5. पुरुषोत्तम अग्रवाल : *अकथ कहानी प्रेम की—कबीर की कविता और उनका समय*, राजकमल

प्रकाशन, नयी दिल्ली, दूसरा संस्करण, 2010, पृ.88

6. रोमिला थापर : *भारत का इतिहास,* राजकमल प्रकाशन, नयी दिल्ली, बारहवाँ संशोधित संस्करण, 1989, पृ.205 और गोपीनाथ शर्मा : 'राजस्थान', *दिल्ली सल्तनत* (सं. मोहम्मद हबीब एवं खलिक अहमद निजामी), दि मैकमिलन कम्पनी ऑफ इंडिया, नयी दिल्ली, प्रथम हिन्दी संस्करण, 1978, पृ.61
7. रोमिला थापर : वही, पृ.208
8. वही, पृ.213
9. गोपीनाथ शर्मा : 'राजस्थान', *दिल्ली सल्तनत* (सं. मोहम्मद हबीब एवं खलिक अहमद निजामी), पृ.61
10. गौरीशंकर हीराचन्द ओझा : *उदयपुर राज्य का इतिहास,* राजस्थानी ग्रन्थागार, जोधपुर, 1996-97 (प्र.सं.1928), पृ.68
11. वही, पृ.98
12. वही, पृ.116
13. वही, पृ.233
14. *एनल्स एंड एंटीक्विटीज ऑफ राजस्थान,* खंड-2, पृ.323
15. *उदयपुर राज्य का इतिहास,* पृ.386
16. श्यामलदास : *वीर विनोद,* द्वितीय भाग, खंड-1, मोतीलाल बनारसीदास, दिल्ली, 1986 (राज यंत्रालय, उदयपुर, प्र.सं.1886), पृ.1
17. *उदयपुर राज्य का इतिहास,* पृ.359
18. *वीर विनोद,* द्वितीय भाग, खंड-1 की पृष्ठ 2 की पाद टिप्पणी सं. 3
19. *मुंहता नैणसी री ख्यात,* भाग-1 (सं. बद्रीप्रसाद साकरिया), राजस्थान प्राच्यविद्या प्रतिष्ठान, जोधपुर, 1984, पृ.44
20. *मुंहता नैणसी री लिखी मारवाड़ रा परगनां री विगत,* तृतीय भाग (सं. नारायणसिंह भाटी), प्राच्यविद्या प्रतिष्ठान, जोधपुर, 1994, पृ.44
21. वही, पृ.45
22. *उदयभाण चांपावत री ख्यात* (मुरारीदान री ख्यात), ग्रंथांक-15675, राजस्थान प्राच्यविद्या प्रतिष्ठान, जोधपुर, पृ.574
23. हुकुमसिंह भाटी : *राजस्थान के मेड़तिया राठौड़,* राजस्थानी ग्रन्थागार, जोधपुर, 1986, पृ.70
24. गौरीशंकर हीराचन्द ओझा : *जोधपुर राज्य का इतिहास,* प्रथम खंड *(राजपूताने का इतिहास),* राजस्थानी ग्रन्थागार, 1997, जोधपुर पृ.287
25. हरविलास सारड़ा : *हिन्दुपति महाराणा सांगा,* सूर्य नगरी प्रकाशन, जोधपुर, संस्करण 2008, पृ. 96
26. *मुंहता नैणसी री लिखी मारवाड़ रा परगना री विगत,* तृतीय भाग, पृ.51
27. *वीर विनोद,* द्वितीय भाग, खंड-1, पृ.1 की पाद टिप्पणी सं. 2
28. *एनल्स एंड एंटीक्विटीज ऑफ राजस्थान,* खंड-1, पृ.707
29. *राजस्थान के मेड़तिया राठौड़,* पृ.164
30. *उदयपुर राज्य का इतिहास,* पृ.330
31. वही, पृ.392
32. वही, पृ.321
33. *जोधपुर राज्य का इतिहास,* पृ.280
34. वही, पृ.281

35. *मुंहता नैणसी री लिखी मारवाड़ री परगना री विगत,* तृतीय भाग, पृ.45
36. वही, पृ.46
37. हरविलास सारड़ा : *हिन्दुपति महाराणा सांगा,* पृ.28-32
38. वही, पृ.31
39. उदयपुर राज्य का इतिहास, पृ.347
40. मुंहता नैणसी री लिखी मारवाड़ री परगना री विगत, तृतीय भाग, पृ.53
41. उदयपुर राज्य का इतिहास, पृ.347
42. वही, पृ.353
43. वही, पृ.361
44. वही, पृ.341
45. गौरीशंकर हीराचन्द ओझा : *सिरोही राज्य का इतिहास,* राजस्थानी ग्रन्थागार, जोधपुर, पुनर्मुद्रित संस्करण, 1997, पृ.205
46. *मुंहता नैणसी री लिखी मारवाड़ री परगना री विगत,* तृतीय भाग, पृ.46
47. उदयपुर राज्य का इतिहास, पृ.324
48. *वीर विनोद,* द्वितीय भाग, खंड-1, पृ.61
49. *जोधपुर राज्य का इतिहास,* पृ.271
50. *उदयपुर राज्य का इतिहास,* पृ.30
51. *रिपोर्ट-मरदुमशुमारी राज मारवाड़* 1891 ई. (राजस्थान की जातियों का इतिहास एवं रीतिरिवाज), राजस्थानी ग्रन्थागार, जोधपुर, संस्करण, 2010 (प्रथम संस्करण, 1894), पृ.417
52. *उदयपुर राज्य का इतिहास,* पृ.330
53. यह वाक्यांश 1891 ई. मरदुमशुमारी के सुपरिंटेंडेंट मुंशी हरदयालसिंह का है, जो उन्होंने मारवाड़ के तत्कालीन शासक के आदेश पर जातियों की उत्पत्ति और रीति-रिवाज पर तैयार की गयी रिपोर्ट के सम्पादकीय में लिखा था। (*रिपोर्ट-मरदुमशुमारी राज मारवाड़ 1891* ई., पृ.XXI) यह रिपोर्ट जातियों की रीतिभांति और चाल चलगत हालत को आधार बनाकर लिखी गयी है। इसमें कुछ मदद हिन्दी, फारसी और अंग्रेजी की किताबों से भी ली गयी। खास बात यह है कि इस रिपोर्ट को तैयार करने में ब्राह्मण साहित्य से मदद नहीं ली गयी।
54. *श्रीमद् एकलिंगपुराणम्* (सं. डॉ. श्रीकृष्ण जुगनू एवं प्रो. भंवर शर्मा), आर्यवर्त संस्कृति संस्थान, दिल्ली, 2011, पृ.240
55. *आधुनिक भारत में सामाजिक परिवर्तन,* राजकमल प्रकाशन, नयी दिल्ली, पुनर्मुद्रित हिन्दी संस्करण, 1992, पृ.21
56. *रिपोर्ट-मरदुमशुमारी राज मारवाड़ 1891 ई.,* पृ.19
57. वही, पृ.65
58. वही, पृ.83
59. *वीर विनोद,* प्रथम भाग, पृ.195
60. वही, पृ.195
61. *रिपोर्ट-मरदुमशुमारी राज मारवाड़ 1891 ई.,* पृ.130
62. *वीर विनोद,* प्रथम भाग, पृ.196
63. *मेवाड़ का राज्य प्रबन्ध एवं महाराणा राजसिंहकालीन दो बहियाँ,* सूर्य प्रकाशन संस्थान, उदयपुर, 1987, पृ.76
64. *रिपोर्ट-मरदुमशुमारी राज मारवाड़ 1891 ई.,* पृ.493

65. वही, पृ.99
66. वही, पृ.108
67. वही, पृ.112
68. वही, पृ.42
69. वही, पृ.44
70. वही, पृ.160
71. वही, पृ.407
72. वही, पृ.320
73. वही, पृ.230
74. वही, पृ.66
75. वही, पृ.75
76. वही, पृ.200
77. 'निर्गुण के गुण' (भूमिका), *अकथ कहानी प्रेम की—कबीर की कविता और उनका समय*, पृ.8
78. देखिए : रणछोड़ भट्टकृत *राजप्रशस्तिमहाकाव्यम्* (साहित्य संस्थान, राजस्थान विद्यापीठ, उदयपुर, 1973) और सदाशिव रचित *राजरत्नाकरमहाकाव्य* (राजस्थान प्राच्यविद्या प्रतिष्ठान, जोधपुर, 2000)
79. *राजप्रशस्तिमहाकाव्यम्*, पृ.34
80. धर्मपाल शर्मा : *मेवाड़ संस्कृति और परम्परा*, प्रताप शोध प्रतिष्ठान, उदयपुर, 1999, पृ.112
81. वीर विनोद (प्रथम भाग), पृ.185
82. *रिपोर्ट-मरदुमशुमारी राज मारवाड़ 1891 ई.*, पृ.138
83. वही, पृ.155
84. वही, पृ.200
85. वही, पृ.131
86. वही, पृ.98
87. देखिए : रणछोड़ भट्टकृत *राजप्रशस्तिमहाकाव्यम्* और सदाशिव रचित *राजरत्नाकरमहाकाव्य*
88. *राजस्थानी साहित्य संग्रह*, भाग-1, ग्रन्थाक-27 (सं. नरोत्तमदास स्वामी), राजस्थान प्राच्यविद्या प्रतिष्ठान, जोधपुर, 1997
89. वही, पृ.18
90. *मेवाड़ संस्कृति और परम्परा*, पृ.66
91. वही, पृ.13
92. वही, पृ.92
93. शशि अरोड़ा : *राजस्थान में नारी की स्थिति*, हिन्दी साहित्य प्रकाशन मन्दिर, जोधपुर, 1995, पृ.20
94. *राजस्थानी साहित्य संग्रह*, भाग-1, पृ.21
95. *रिपोर्ट-मरदुमशुमारी राज मारवाड़ 1891 ई.*, पृ.223
96. वही, पृ.428
97. *राजस्थान में नारी की स्थिति*, पृ.24
98. वही, पृ.26
99. *रिपोर्ट-मरदुमशुमारी राज मारवाड़ 1891 ई.*, पृ.24
100. वही, पृ.24
101. वही, पृ.24
102. *राजस्थान में नारी की स्थिति*, पृ.39

103. देखिए : *मेवाड़ के राजाओं की राणियों, कुँवरों और कुँवरियों का हाल* (बड़वा देवीदान की ख्यात : सं. देवीलाल पालीवाल), साहित्य संस्थान, राजस्थान विद्यापीठ, उदयपुर, 1985
104. वही, पृ.6
105. वही, पृ.9
106. *जोधपुर राज्य का इतिहास*, पृ.260
107. वही, पृ.326
108. *राजस्थान में नारी की स्थिति*, पृ.57
109. *मेवाड़ के राजाओं की राणियों, कुँवरों और कुँवरियों का हाल* (बड़वा देवीदान की ख्यात), पृ.3 एवं 7
110. *राजस्थान में नारी की स्थिति*, पृ.63
111. *उदयपुर राज्य का इतिहास*, पृ.266
112. कल्याणसिंह शेखावत : *मीरां की प्रामाणिक जीवनी*, राजस्थानी साहित्य संस्थान, जोधपुर, 2006, पृ.28
113. *उदयपुर राज्य का इतिहास*, पृ.358
114. वही, पृ.334
115. वही, पृ.265
116. वही, पृ.333
117. *जोधपुर राज्य का इतिहास*, पृ.290
118, हिन्दु *महाराणा सांगा*, पृ.72
119. आलमशाह खान : *मीरां का लोकतात्त्विक अध्ययन*, संघी प्रकाशन, उदयपुर, 1989, पृ.20
120. *उदयपुर राज्य का इतिहास*, पृ.339
121. वही, पृ.341
122. *मीरां की प्रामाणिक जीवनी*, पृ.43
123. *राजस्थान में नारी की स्थिति*, पृ.71
124. *मीरां का लोकतात्त्विक अध्ययन*, पृ.33
125. *राजस्थान में नारी की स्थिति*, पृ.40
126. वही, पृ.77
127. *एनल्स एंड एंटीक्विटीज ऑफ राजस्थान*, खंड-1, पृ.744
128. *राजस्थान में नारी की स्थिति*, पृ.90
129. वही, पृ.83
130. वही, पृ.86
131. *सांस्कृतिक गुजरात* (अलक्जेंडर किनलॉक फार्ब्सकृत 'रासमाला' के अन्तिम भाग का गोपालनारायण बहुरा कृत अनुवाद), पब्लिकेशन स्कीम, जयपुर, 1993, पृ.25
132. *मीरांबाई की भक्ति और आध्यात्मिक अर्थनीति* (हिन्दी अनुवाद : अनुपमा गुप्ता), पृ.51
133. *एनल्स एंड एंटीक्विटीज ऑफ राजस्थान*, खंड-1, पृ.744
134. *रिपोर्ट-मरदुमशुमारी राज मारवाड़* 1891 ई., पृ.20
135. *अपहोल्डिंग दि कॉमन लाइफ–दि कम्यूनिटी ऑफ मीराबाई*, पृ.69
136. *उदयपुर राज्य का इतिहास*, पृ.333
137. वही, पृ.282
138. गौरीशंकर हीराचन्द ओझा : *सिरोही राज्य का इतिहास*, पृ.225
139. *जोधपुर राज्य का इतिहास*, पृ.285

140. हरिनारायण पुरोहित : *परम्परा*, भाग-63-64, राजस्थानी शोध संस्थान, चौपासनी, जोधपुर, 1982, पृ.69
141. *राजस्थान में नारी की स्थिति*, पृ.80
142. राजेन्द्रप्रसाद भटनागर : *मेवाड़ का राज्य प्रबन्ध एवं महाराणाराजसिंहकालीन दो बहियां*, सूर्य प्रकाशन संस्थान, उदयपुर, 1987
143. *राजस्थान में नारी की स्थिति*, पृ.72 और *मेवाड़ संस्कृति और परम्परा*, पृ.75
144. *रिपोर्ट-मरदुमशुमारी राज मारवाड़ 1891 ई.*, पृ.21
145. *राजस्थान में नारी की स्थिति*, पृ.71
146. *सांस्कृतिक गुजरात*, पृ.141
147. *उदयपुर राज्य का इतिहास*, पृ.339
148. *राजस्थान में नारी की स्थिति*, पृ.81
149. वही, पृ.39
150. देखिए : *रिपोर्ट-मरदुमशुमारी राज मारवाड़ 1891 ई.* और *राजस्थान में नारी की स्थिति*, पृ.47
151. देखिए : *रिपोर्ट-मरदुमशुमारी राज मारवाड़ 1891 ई.* और *राजस्थान में नारी की स्थिति*, पृ.44
152. नीरजा भट्ट : 'राजरत्नाकर में इतिहास और संस्कृति' (भूमिका), *राजरत्नाकरमहाकाव्य*, पृ.3
153. *सांस्कृतिक गुजरात*, पृ.219
154. *मेवाड़ के राजाओं की राणियों, कुँवरों और कुँवरियों का हाल* (बड़वा देवीदान की ख्यात : सं. देवीलाल पालीवाल), पृ.1
155. *उदयपुर राज्य का इतिहास*, पृ.342
156. *मेवाड़ के राजाओं की राणियों, कुँवरों और कुँवरियों का हाल*, पृ.7
157. वसुमती शर्मा : *राठौड़ राजवंश के रीति-रिवाज*, महाराजा मानसिंह पुस्तक प्रकाश शोध केन्द्र, जोधपुर, 2000, पृ.28
158. *उदयपुर राज्य का इतिहास*, पृ.190
159. कल्याणसिंह शेखावत : *मीरां ग्रन्थावली-1*, वाणी प्रकाशन, दिल्ली, द्वि.सं.2004, पृ.29
160. *एनल्स एंड एंटीक्विटीज ऑफ राजस्थान*, खंड-2, पृ.741
161. *रिपोर्ट-मरदुमशुमारी राज मारवाड़ 1891 ई.*, पृ.345
162. *एनल्स एंड एंटीक्विटीज ऑफ राजस्थान*, खंड-2, पृ.742
163. *सांस्कृतिक गुजरात*, पृ.113
164. *मेवाड़ संस्कृति और परम्परा*, पृ.74
165. गोपीनाथ शर्मा : *राजस्थान के इतिहास के स्रोत*, राजस्थान हिन्दी ग्रन्थ अकादमी, जयपुर, 1973, पृ.156
166. *मेवाड़ संस्कृति और परम्परा*, पृ.11
167. 'राजरत्नाकर में इतिहास और संस्कृति' (भूमिका), *राजरत्नाकरमहाकाव्य*, पृ.72
168. रामशरण शर्मा : *भारतीय सामन्तवाद*, राजकमल प्रकाशन, नयी दिल्ली, पुनर्मुद्रित संस्करण, 1994, पृ.33
169. राजेन्द्रप्रसाद भटनागर : *मेवाड़ का राज्य प्रबन्ध एवं महाराणाराजसिंहकालीन दो बहियाँ*, सूर्य प्रकाशन संस्थान, उदयपुर, 1987, पृ.79
170. *रिपोर्ट-मरदुमशुमारी राज मारवाड़ 1891 ई.*, पृ.93
171. वही, पृ.57
172. *उदयपुर राज्य का इतिहास*, पृ.326

173. *रिपोर्ट-मरदुमशुमारी राज मारवाड़ 1891 ई.*, पृ.440

174. *उदयपुर राज्य का इतिहास*, पृ.290

175. *अकथ कहानी प्रेम की—कबीर की कविता और उनका समय*, पृ.145

176. *उदयपुर राज्य का इतिहास*, पृ.744

177. यह किंवदंती मन्दिर मुख्य द्वार पर लिखकर टाँगी गयी है। प्रशस्ति पत्र का मीरां सम्बन्धी उल्लेख इस प्रकार है– *पूर्व श्री चित्रकूटे क्षिति विदितगिरौवधशैण।*
दिवंशे क्षोणीमृन्मेदपाटद्विषदसहधरा दुर्गसन्मूलभूमौ॥ मीराराज्ञी
शिरस्थस्तदनुनृपजयस्सिंहपुष्ट्यध्वरीत्याशीषे स्वस्थपिता सांवुदयपुरवरे मंदिरे स्वर्णशृंगे॥57॥

178. गौरीशंकर हीराचन्द ओझा : *सिरोही राज्य का इतिहास*, पृ.22

179. *उदयपुर राज्य का इतिहास*, पृ.463

180. *रिपोर्ट-मरदुमशुमारी राज मारवाड़ 1891 ई.*, पृ.22

181. *मेवाड़ का राज्य प्रबन्ध एवं महाराणाराजसिंहकालीन दो बहियाँ*, पृ.76

182. सतीशचन्द्र : *मध्यकालीन भारत*, राष्ट्रीय शैक्षिक एवं अनुसन्धान परिषद, नयी दिल्ली, तीसरा पुनमुर्द्रण, 1993, पृ.163

183. *मीरां का लोकतात्त्विक अध्ययन*, पृ.41

184. *उदयपुर राज्य का इतिहास*, पृ.32

185. *मेवाड़ का राज्य प्रबन्ध एवं महाराणाराजसिंहकालीन दो बहियां*, पृ.21

186. परिता मुक्ता : *अपहोल्डिंग दि कॉमन लाइफ—दि कम्यूनिटी ऑफ मीराबाई*, पृ.56 और मधु किश्वर और रूथ वनिता, *मानुषी*, जनवरी-जून, 1989 (अंक-50-51), पृ.74

187. गोपीनाथ शर्मा : *राजस्थान के इतिहास के स्रोत*, राजस्थान हिन्दी ग्रन्थ अकादमी, जयपुर, 1983, पृ.46

188. *राजस्थान के इतिहास के स्रोत*, पृ.47

189. वही, पृ.49

190. *उदयपुर राज्य का इतिहास*, पृ.323

191. *राजस्थान के इतिहास के स्रोत*, पृ.141

192. *मेवाड़ संस्कृति और परम्परा*, पृ.16

193. *एनल्स एंड एंटीक्विटीज ऑफ राजस्थान*, खंड-2, पृ.323

194. *मीरां का लोकतात्त्विक अध्ययन*, पृ.41

195. वही, पृ.41

196. वही, पृ.42

197. *रिपोर्ट-मरदुमशुमारी राज मारवाड़ 1891 ई.*, पृ.62

198. वही, पृ.304

199. वही, पृ.94

200. *राजस्थान के मेड़तिया राठौड़*, पृ.176

201. हरिनारायण पुरोहित : *मीरां बृहत् पदावली*, भाग-1, राजस्थान प्राच्यविद्या प्रतिष्ठान, जोधपुर, पृ.4

3
धर्माख्यान

मीरां सामान्य भक्तों से अलग थीं, इस तथ्य की पुष्टि विभिन्न धर्माख्यानों से भी होती है। दरअसल ख्यात, बही, तवारीख आदि पारम्परिक इतिहास रूपों में मीरां का उल्लेख कम है, इसलिए उसके जीवन से सम्बन्धित अधिकांश जानकारियों के स्रोत यही धार्मिक चरित्राख्यान हैं। यों तो ये चरित्राख्यान मीरां के भक्त रूप की प्रतिष्ठा और प्रचार-प्रसार के लिए ही लिखे गये हैं लेकिन इनमें ऐसे संकेत भी मौजूद हैं, जो यह सिद्ध करते हैं कि मीरां अपने समय के सन्त-भक्तों से अलग थीं और उसने सत्ता से अपनी नाराजगी और विद्रोह को समाज में स्वीकार्य बनाने के लिए ही भक्ति का खास रूप गढ़ लिया था। यह भक्ति मध्यकालीन भक्ति के प्रचलित चौखटों से बाहर की थी। भक्ति का यह खास लोकरूप जनसाधारण में भक्ति के तत्कालीन सांस्थानिक और साम्प्रदायिक रूपों से ज्यादा लोकप्रिय हुआ। यह इस हद तक लोकप्रिय हुआ कि भक्ति के इन सांस्थानिक और साम्प्रदायिक रूपों के लिए इसकी अनदेखी करना असम्भव हो गया और इसको अपने दायरे के भीतर ले लेने के लिए इनमें होड़ मच गयी। ब्रजमंडल और उसके बाहर भक्ति के जो विभिन्न सांस्थानिक और साम्प्रदायिक रूप सक्रिय थे, उन सभी ने अपने-अपने भक्ति सिद्धान्तों और पद्धतियों के अनुसार मीरां के स्त्री अस्तित्व को सन्त-भक्त के रूप में ढालने के उपक्रम किये। इस कवायद में मीरां के व्यक्तित्व में कई नयी चीजें जोड़ी गयीं और कई हटा दी गयीं। मीरां को लेकर भक्ति के तत्कालीन अधिकांश सांस्थानिक और साम्प्रदायिक रूप दुविधा और अन्तर्संघर्ष के शिकार थे। मीरां के असाधारण विद्रोही स्त्री सामन्त चरित्र और उसकी खास किस्म की लोकभक्ति को पचा लेने में उन्हें कई मुश्किलों से गुजरना पड़ा। मीरां को अपने दायरे के भीतर लेने वाले सांस्थानिक भक्ति सम्प्रदाय अपने आख्यानों में सजग भाव से मीरां के भक्त रूप की प्रतिष्ठा करते हैं और इस प्रक्रिया में वे उसकी स्त्री अस्मिता-साहस स्वेच्छाचार आदि की धार को कमजोर करते हैं। मीरां के सामन्त स्त्री चरित्र और खास किस्म के भक्त रूप को तत्कालीन कुछ सांस्थानिक भक्ति सम्प्रदायों ने अस्वीकार भी किया। मीरां के यथार्थ स्त्री रूप के निरूपण और निर्धारण में इन दोनों ही प्रकार के चरित्र-आख्यानों का खास महत्त्व है। इनके कारण ही मीरां सम्बन्धी लोक स्मृतियाँ लिपिबद्ध होकर सुरक्षित रह पायीं। इनमें मीरां के स्त्री अस्तित्व को अपने-अपने साम्प्रदायिक आग्रहों

के अनुसार बदलने-बनाने का आग्रह है, लेकिन इनमें उसके ऐतिहासिक स्त्री मनुष्य के अनुभव और संघर्ष के संकेत भी विद्यमान हैं।

1

धर्माख्यानों में मीरां के चरित्र निरूपण की शुरुआत सोलहवीं सदी के मध्य से होती है। उसके सम्बन्ध में आरम्भिक उल्लेख राधावल्लभ सम्प्रदाय के प्रवर्तक हितहरिवंश के अनुवर्ती ओरछा निवासी हित हरिराम की *व्यासवाणी* में मिलता है, जिसकी रचना 1555 ई. में हुई थी। इसमें आये मीरां सम्बन्धी दो पदों में से पहले में सन्त-भक्तों की नाम सूची है और दूसरे में इनकी विशिष्टताओं का सांकेतिक और संक्षिप्त उल्लेख है।[1] इस उल्लेख की खास बात यह है कि इसमें मीरां एक सन्त-भक्त से अलग, भक्तों का सम्मान करने वाली स्त्री के रूप में वर्णित है। इसमें अन्य सभी भक्तों की भक्ति सम्बन्धी विशिष्टताओं का वर्णन है, जबकि मीरां के सम्बन्ध में केवल इतना कहा गया है कि *मीरांबाई बिनु कौ भक्तनि को पिता जानि उर लावै*। स्पष्ट है कि मीरां की ख्याति उसके जीवनकाल में भक्तों का सम्मान करने वाले स्त्री के रूप में थी। इसकी पुष्टि मीरां की कविता के अन्तःसाक्ष्यों से भी होती है। हरिराम व्यास भी मीरां के आतिथ्य और सम्मान से उपकृत हुए थे, यह उल्लेख वल्लभ सम्प्रदायी वार्ताग्रन्थों में आता है। कालान्तर में धीरे-धीरे मीरां की गणना भक्तों में भी होने लग गयी होगी। मीरां की कृष्ण भक्ति और प्रेम सम्बन्धी अतिशयोक्तिपूर्ण जनश्रुतियाँ, जो कालान्तर में मीरां के जीवन वृत्त के निर्माण की बुनियाद बनती हैं, यहाँ बिल्कुल नहीं हैं।

मीरां विषयक सर्वाधिक प्रामाणिक और प्राचीन उल्लेख रामानन्दी सम्प्रदाय रो सम्बद्ध कृष्णदास पयहारी के शिष्य नाभादास की विख्यात रचना भक्तमाल में मिलता है। नाभादास तुलसीदास के समकालीन थे और उन्होंने 316 छप्पयों में 200 भक्तों का चरित्र वर्णन भक्तमाल में किया है। भक्तमाल रामचरित मानस के बाद मध्यकाल में सर्वाधिक लोकप्रिय रचना थी और अगली दो-तीन शताब्दियों तक इसकी टीकाएँ और दृष्टान्त लिखे जाते रहे। इसकी प्रेरणा से कई स्वतन्त्र भक्तमालों की भी रचनाएँ हुईं। भक्तमाल का रचनाकाल 1594 ई. मीरां के जीवनकाल के आसपास का ठहरता है इसलिए सम्भावना है कि इसमें आये मीरां विषयक उल्लेख प्रामाणिक हैं। इसमें मीरां का उल्लेख भक्त के रूप में है। नाभादास उसके सम्बन्ध में लिखते हैं कि *भक्ति निसान बजाय कै काहू ते नाहिन लजी*। इसमें भक्त मीरां की तीन विशेषताएँ आयी हैं : (1) मीरां ने लोक और कुल मर्यादा छोड़कर गोपी सदृश कृष्ण भक्ति का मार्ग अख्तियार किया, (2) मीरां निरंकुश और निडर थी और (3) दुष्टों ने दोषारोपण कर मीरां को मारने का उद्यम किया, लेकिन वह विष को अमृत समझकर पी गयी और उसका बाल भी बांका नहीं हुआ।[2] जाहिर है, मीरां को भक्त के रूप में स्वीकार्य बनाने के लिए नाभादास ने अपनी तरफ से दो बातें

मीरां के व्यक्तित्व में जोड़ दी हैं। मीरां ने कृष्ण से गोपीवत प्रेम किया यह बात नाभादास ने मीरां को भक्ति के लोकप्रिय दायरे के भीतर लाने के लिए अपनी ओर से जोड़ी है। इसकी पुष्टि मीरां की कविता के अन्तःसाक्ष्यों से नहीं होती। कृष्ण भक्ति का यह रूप मध्यकालीन भक्ति के सांस्थानिक रूपों में कई तरह से प्रचलित था, लेकिन मीरां ने अपनी कविता में कहीं भी अपने प्रेम की समानता गोपियों के प्रेम से नहीं की। *गरल अमृत ज्यों पीयौ* जैसा प्रसंग भी नाभादास ने आग्रहपूर्वक अपनी तरफ से ही जोड़ा प्रतीत होता है। दरअसल मध्यकाल में सन्त-भक्तों की सामाजिक स्वीकार्यता के लिए उनकी अतिमानवीय चमत्कारों के साथ सम्बद्धता जरूरी हो गयी थी। निर्गुण सन्तों की सिद्धियों और चमत्कारों के किस्से जनसाधारण में पहले से प्रचलित थे, अब भक्तमाल के साथ ही भक्तों के सम्बन्ध में भी इस तरह की शुरुआत हुई। भक्तमाल से ही भक्तों के नाम के साथ सिद्धियों और चमत्कारों का बीज वपन हुआ।[3] यह अवश्य है कि भक्तमाल की रचना के समय मीरां के देहावसान को ज्यादा समय नहीं हुआ था और गलता, जहाँ नाभादास रहते थे, मेड़ता-चित्तौड़ से बहुत दूर नहीं था, इसलिए मीरां के संघर्ष और स्वेच्छाचार को भी नाभादास से अनदेखा नहीं किया गया। उन्होंने मीरां के स्त्री व्यक्तित्व के निडर और निरंकुश पहलू की ख्याति और लोकचर्चा का भी उल्लेख किया है। वे मीरां के विरोध और नाराजगी का उल्लेख तो करते हैं, लेकिन उनकी निगाह में यह साहस मीरां अपने लिए नहीं, बल्कि कृष्ण से प्रेम और भक्ति के लिए करती है। नाभादास के समय तक मीरां के साहस और स्वेच्छाचार की कहानियाँ जनसाधारण में प्रचलित रही होंगी, इसलिए भक्तमाल में मीरां का निरंकुश और निडर स्त्री रूप उसके निर्मित भक्त रूप के नीचे पूरी तरह दबता नहीं है। परवर्ती भक्तमालों में यह धीरे-धीरे नीचे दब गया है। राधावल्लभ सम्प्रदाय से सम्बन्धित ध्रुवदास की 1643 ई. के आसपास की रचना *भक्त नामावली* में मीरां पूरी तरह एक भक्त के रूप में प्रतिष्ठापित है। इसमें ध्रुवदास मीरां को *प्रकट भक्ति को खानि* कहते हैं। *विमल हियौ और तृन सम गन्यौ संसार* जैसी विशेषताएँ भी अब उसके साथ जोड़ दी गयी हैं। ध्रुवदास ने परिजनों से मीरां की नाराजगी को भी उनके द्वारा पश्चात्ताप करने का उल्लेख कर कम करने की कोशिश की है।[4]

नाभादास के भक्तमाल पर उनके शिष्य प्रियादास ने 1712 ई. में *भक्तिरस बोधिनी* शीर्षक से एक विस्तृत टीका लिखी, जिसका मीरां के भक्त रूप के निर्माण और प्रतिष्ठा में निर्णायक योगदान है। प्रियादास रामानन्दी सम्प्रदाय के नाभादास के शिष्य होने के साथ चैतन्य सम्प्रदाय के प्रतिष्ठाता चैतन्यदेव के अनुयायी भी थे। प्रियादास ने नाभादास से आगे जाकर मीरां के भक्त रूप के निर्माण के लिए विशेष उपक्रम किया। उन्होंने मीरां के भक्त रूप के विकास की प्रक्रिया बाल्यकाल से शुरू की और नवीन प्रसंगों की उद्भावना द्वारा इसे पुष्ट करते हुए आगे बढ़ाया। ए.के. रामानुजन ने स्त्री भक्त-सन्त

के जीवनवृत्त की जिन पाँच अवस्थाओं–परमात्मा के प्रति आरम्भिक समर्पण, विवाह के लिए मनाही, सामाजिक मानदंडों की अवहेलना, प्रवर्तन एवं परमात्मा से विवाह का वर्णन किया है, वे कमोबेश सभी प्रियादास वर्णित मीरां के जीवन वृत्त में आ गयी हैं।[5] प्रियादास वर्णित मीरां का जीवन वृत्त इस प्रकार है–
(1) मीरां बाल्यकाल से ही कृष्ण पर आसक्त थी। राणा से सगाई और विवाह मीरां की अनिच्छा से हुए। (2) विवाह के तत्काल बाद कृष्ण प्रेम के कारण मीरां ने देवी की पूजा करने से मना कर दिया, जिससे सास कुपित हुई और राणा उसे मारने के लिए उद्यत हुए। (3) ननद ने मीरां को समझाया, लेकिन मीरां कृष्ण प्रेम से विचलित नहीं हुई। मीरां को विष का कटोरा भेजकर पान करने के निर्देश दिये गये। (4) साधु सत्संग से कुपित राणा तलवार लेकर मीरां को मारने के लिए उद्यत हुए, लेकिन वस्तुस्थिति जानने पर उन्हें खिसियाकर लौटना पड़ा। (5) एक विषयी और कुटिल साधु के संसर्ग के प्रस्ताव को मीरां ने यह कहकर कि यह सभी के सामने होना चाहिए, अस्वीकार कर दिया। (6) अकबर तानसेन के साथ मीरां और उसके आराध्य कृष्ण के दर्शनार्थ आया था। (7) मीरां ने वृन्दावन में जीव गोस्वामी से भेंट की और उनका किसी भी स्त्री का मुख नहीं देखने का प्रण छुड़ाया। (8) राणा द्वारा प्रताड़ित मीरां द्वारिका में निवास कर कृष्ण भक्ति करने लगी। राणा के आग्रह पर ब्राह्मण द्वारिका गये और उन्होंने धरना देकर मीरां से लौटने की विनती की। (9) मीरां रणछोड़ कृष्ण से विदा होने के लिए मन्दिर में गयी और उनमें ही लीन हो गयी।[6]

मीरां के सन्त-भक्त रूप के निर्माण में प्रियादास नाभादास की तुलना में अधिक साम्प्रदायिक थे। वे प्रसंगों की उद्‌भावना और संयोजन इस तरह से करते हैं कि उनका साम्प्रदायिक आग्रह साफ झलकता है। प्रियादास विवाह के तत्काल बाद मीरां के देवी पूजा से मना करने के प्रसंग की उद्‌भावना इसलिए करते हैं क्योंकि शक्ति पूजा मध्यकालीन कृष्ण भक्ति सम्प्रदायों में वर्ज्य थी। इसी तरह प्रियादास आग्रहपूर्वक मीरां की स्त्री के साहस और स्वेच्छाचार की भी उपेक्षा करते हैं। उनकी निगाह में भगवान सर्वोपरि और भक्त तुच्छ है और भक्त पर जो भी विपत्ति आती है, वह भगवान की शरणागति से दूर हो जाती है। प्रियादास वर्णित मीरां कृष्ण की शरण में है और वे ही बार-बार विपत्तियों से उसकी रक्षा भी करते हैं। मीरां विषपान करती है लेकिन उसका बाल भी बाँका नहीं होता है। इसी तरह राणा कुपित होकर उसे मारने के लिए उद्यत होते हैं लेकिन उन्हें खिसिया कर लौटना पड़ता है। प्रियादास ने मीरां के भक्त रूप की सामाजिक स्वीकार्यता के लिए आग्रहपूर्वक उसके जीवनवृत्त को चमत्कारों और अतिरंजनाओं से संयुक्त किया है। वे मीरां ही नहीं, अन्य सभी भक्तों के चरित वर्णन में आग्रहपूर्वक चमत्कारों और सिद्धियों का विस्तार करते हैं।[7] अकबर के तानसेन के साथ मीरां के दर्शनार्थ आने की लोक धारणा का अन्यत्र उल्लेख कम मिलता है। यह प्रियादास द्वारा मीरां के भक्त रूप के निर्माण और

महिमा मंडन के लिए विशेष रूप से जोड़ी गयी है। मध्यकाल में स्त्री सन्त-भक्तों के लिए मान्य अर्हताओं में यह भी था कि वे धर्माचार्यों के समक्ष अपनी सत्यता का साक्ष्य प्रस्तुत करे। प्रियादास एक कुटिल और विषयी साधु द्वारा मीरां से संसर्ग के प्रस्ताव और मीरां द्वारा युक्तिपूर्वक उसे टालने के प्रसंग की उद्‌भावना से यह भी करते हैं। प्रियादास कृष्ण चैतन्य के अनुयायी थे और उनकी मंशा मीरां के भक्त रूप को तदनुसार ढालने की थी, लेकिन इसमें उन्हें बहुत सफलता नहीं मिली।[8] मीरां के चरित्र वर्णन में प्रियादास ने उसकी जीव गोस्वामी से भेंट का उल्लेख किया है। प्रियादास के अनुसार जीव गोस्वामी स्त्रियों से भेंट नहीं करते थे, लेकिन जब मीरां ने कहा कि ब्रज में कृष्ण एकाकी पुरुष हैं और शेष सब स्त्री गोपियाँ हैं, तो उन्हें अपनी गलती का अहसास हुआ और उन्होंने अपना प्रण तोड़कर मीरां से भेंट की। यह उल्लेख निराधार नहीं है और इससे यह सिद्ध होता है कि स्त्री होने के कारण भक्ति के सांस्थानिक रूपों में अपनी स्वीकृति के लिए मीरां को कई मुश्किलों का सामना करना पड़ा होगा।

दादूपन्थी राघवदास की 1660 ई. में रचित भक्तमाल में वर्णित मीरां का चरित्र नाभादास के भक्तमाल से प्रभावित है। राघवदास निर्गुणपन्थी थे और उनकी भक्तमाल किसी भी निर्गुणपन्थी की पहली भक्तमाल थी, लेकिन इसमें उनका दृष्टिकोण बहुत व्यापक और उदार है। इसमें उन्होंने स्वतन्त्र और साम्प्रदायिक, सभी सन्त-भक्तों का वर्णन किया है। राघवदास ने अपने मीरां विषयक वर्णन में निर्गुणपन्थी होने के कारण केवल इतना किया है कि मीरां के आराध्य को कृष्ण की जगह राम लिखा है। वैसे भी मध्यकालीन लोकभक्ति में इस तरह के उल्लेख आम थे। लोक में राम, कृष्ण सभी भगवान थे और पूजनीय थे। राघवदास मीरां के चरित्र निरूपण में कुछ हद तक यथार्थवादी हैं। उन्होंने नाभादास से अलग, मीरां के सम्बन्ध में तीन बातों का उल्लेख किया है। एक तो साधुओं के साथ उठने-बैठने से राणा मीरां का शत्रु हो गया और उसने उसे मारने का प्रयत्न किया। दूसरी यह कि राणा ही नहीं, लोक भी मीरां का शत्रु था। तीसरी यह कि स्त्री होकर भी मीरां सन्त सभा में निडर रही।[9] संकेत स्पष्ट है-राघवदास के अनुसार राजसत्ता, लोकसत्ता और धर्मसत्ता, तीनों ही मीरां के विरुद्ध थीं और उसको इन तीनों के ही विरुद्ध संघर्ष करना पड़ा। मीरां के सन्त सभा में निडर रहने का उल्लेख भी केवल राघवदास ने ही किया है। स्पष्ट है कि स्त्री होने के कारण मीरां को सन्त-भक्तों के बीच स्वीकृति और सम्मान पाने में कई मुश्किलों का सामना करना पड़ा होगा। इसकी चतुरदास की टीका में केवल एक नयी जानकारी का समावेश है। चतुर दास के अनुसार राणा को पेट का रोग जलंधर हुआ इसलिए उसने मीरां की मेवाड़ वापसी के लिए ब्राह्मण द्वारिका भेजे। उसने ब्राह्मणों से कहा कि *लै करि आबहु मोहि जिबाबहु* ((मीरां को) लेकर आओ और मेरी प्राण रक्षा करो)।[10]

2

मीरां सामान्य भक्तों से अलग थीं और भक्ति के सांस्थानिक साम्प्रदायिक रूपों के साथ उसके सम्बन्ध सहज नहीं थे, इसकी पुष्टि मध्यकालीन वल्लभ साम्प्रदायिक आख्यानों में आये मीरां विषयक प्रसंगों से होती है। मध्यकाल में ब्रजमंडल और उससे बाहर कृष्ण भक्ति के–वल्लभ सम्प्रदाय, राधावल्लभ सम्प्रदाय, चैतन्य सम्प्रदाय, निंबार्क सम्प्रदाय आदि कई सांस्थानिक रूप अस्तित्व में आ गये थे। इनकी गद्दियाँ और शिष्य परम्पराएं भी कायम हुईं। कृष्ण भक्ति के इन विभिन्न सम्प्रदायों में वैमनस्य का तो कोई साक्ष्य नहीं मिलता, लेकिन प्रभावशाली व्यक्तियों को दीक्षा देने और इस तरह अपने वर्चस्व का दायरा बड़ा करने की प्रतिस्पर्धा इनमें जरूर रही होगी। इन सम्प्रदायों में वल्लभ सम्प्रदाय की पहुँच और प्रभाव का दायरा सबसे बड़ा था। इसका अलग दर्शन, भक्ति पद्धति, संगीत और चित्रकला आदि भी बने। मीरां से इस सम्प्रदाय के सम्बन्ध कटुता और तनाव के थे। मीरां की भक्ति सामान्य लोक भक्ति थी, यह उसके लिए राजसत्ता और पितृसत्ता के विरुद्ध विद्रोह का एक ढंग था। मीरां की यही भक्ति और ढंग जनसाधारण में बहुत लोकप्रिय था और सामन्त स्त्री होने के कारण उसकी सामाजिक हैसियत भी बहुत ऊँची थी, इसलिए वल्लभ सम्प्रदायी उसे दीक्षा देकर अपने साथ सम्बद्ध करना चाहते थे। मीरां को यह स्वीकार्य नहीं था क्योंकि वह परमात्मा की भक्ति में तल्लीन सभी लोगों को अपना सम्प्रदाय मानती थी और सभी के साथ उसका उठना-बैठना था। तमाम कोशिशों के बावजूद मीरां ने न तो वल्लभाचार्य से दीक्षा ली और न ही उन्हें कृष्ण का अवतार स्वीकार किया। वल्लभ सम्प्रदाय के लोगों ने इस कारण मीरां को एक नहीं, तीन बार अपमानित किया।

मीरां विषयक उल्लेख वल्लभ सम्प्रदायी दो ग्रन्थों, *चौरासी वैष्णवन की वार्ता* और *दो सौ बावन वैष्णवन की वार्ता* में आते हैं। ये दोनों ग्रन्थ प्रामाणिक माने जाते हैं। गोस्वामी गोकुलनाथ ने वल्लभाचार्य के 84 और विठ्ठलनाथ 252 शिष्यों की वार्ताएँ सुनाईं, जिनको उनके शिष्य हरिराय ने उनके जीवनकाल (1551-1633 ई.) में ही लिपिबद्ध कर लिया था। इन दोनों ग्रन्थों के मीरां सम्बन्धी उल्लेखों की खास बात यह है कि इनमें वर्ण्य मीरां नहीं है। इनमें वर्ण्य वल्लभाचार्य और विठ्ठलनाथ के शिष्य हैं, जिनको गुरु भक्ति और निष्ठा प्रदर्शित करने के लिए मीरां का अपमान और अवहेलना करते दिखाया गया है। *चौरासी वैष्णवन की वार्ता* में तीन वल्लभ सम्प्रदायी भक्त-शिष्य मीरां का अपमान, अवहेलना और अवज्ञा करते दिखाये गये हैं। पहले मीरां के पुरोहित रामदास हैं, जो मीरां के आराध्य ठाकुरजी के आगे महाप्रभु का पद गाते हैं। मीरां महाप्रभु वल्लभाचार्य को अपना आराध्य नहीं मानती, इसलिए जब वह उनसे ठाकुर जी का कोई दूसरा पद सुनाने का आग्रह करती है, तो रामदास क्रोधित हो जाते हैं और मीरां को 'दारी रांड' की गाली देकर फिर कभी उसका मुँह

नहीं देखने की शपथ लेकर कुटुम्ब सहित चले जाते हैं। वे कहते हैं, *"जो रांड तेरो श्री आचार्य जी महाप्रभून ऊपर समत्व नाहीं जो हमको तेरी वृत्ति कहा करनी है।"*[11] दूसरे अष्टसखाओं में से एक कृष्णदास अधिकारी हैं, जो द्वारिका में रणछोड़जी के दर्शन के बाद मीरां के गाँव आते हैं, जहाँ राधावल्लभ सम्प्रदाय के हरिवंश और व्यास आदि पहले से रुके हुए थे। मीरां महाप्रभु आचार्य की शिष्य नहीं थीं इसलिए वे उसका आतिथ्य स्वीकार नहीं करते। वे मीरां की श्रीनाथ जी के लिए दी गयी भेंट भी अस्वीकार कर देते हैं।[12] तीसरे गोविंद दुबे सांचौरा ब्राह्मण हैं, जो मीरां के यहाँ भगवद्चर्चा करते हुए टिके हुए थे। गुसांईजी का सन्देश पाकर वे तत्काल प्रस्थान कर जाते हैं। मीरां की रोकने के लिए की गयी अनुनय-विनय का उन पर कोई असर नहीं पड़ता।[13] *दो सौ बावन वैष्णवन* की वार्ता में दो प्रसंग हैं, जो मीरां से सम्बन्धित हैं। पहला प्रसंग मीरां की देवरानी अजबकुंवर बाई का है, जिसको महाप्रभु वल्लभाचार्य में पूर्ण पुरुषोत्तम श्रीकृष्ण के दर्शन होते हैं। अजबकुंवर बाई उनसे दीक्षा ग्रहण करने की इच्छा व्यक्त करती है, लेकिन मीरां उसको ऐसा करने से मना कर देती है। अन्ततः अजबकुंवर दीक्षा लेकर पुष्टिमार्गीय रीति-नीति से भक्ति करने लगती है। दूसरी वार्ता में मेड़ता निवासी हरिदास बनिया के घर के सामने रहने वाली जयमल की बहन के परदा होने के कारण पत्र द्वारा महाप्रभु की शिष्य होने का उल्लेख है। इसकी खास बात यह है कि यहाँ जयमल की बहन के रूप में मीरां का नामोल्लेख नहीं है।[14] मीरां विषयक ये सभी प्रसंग यह सिद्ध करते हैं कि मीरां बहुत लोकप्रिय थी और उसकी सामाजिक हैसियत भी बहुत ऊँची थी, इसलिए वल्लभ सम्प्रदायी लोगों ने उसको अपने से सम्बद्ध करने के सभी प्रयत्न किये और विफल रहने पर कुढ़ कर दुष्प्रचार से उसकी महिमा को धराशायी करने की भी कोशिशें कीं। रामदास मीरां के पुरोहित थे और उसके यहाँ वृत्ति पर थे। वार्ता के अनुसार वे मीरां के महाप्रभु का पद छोड़कर ठाकुरजी का पद गाने के आग्रह पर नाराज हुए। यह युक्तिसंगत नहीं लगता। जाहिर है, रामदास की नाराजगी का कारण कुछ और रहा होगा, लेकिन वल्लभ सम्प्रदायी लोगों ने उसको प्रचारित इस तरह किया होगा। कृष्णदास अधिकारी का मीरां का यहाँ पहुँचना भी वल्लभ सम्प्रदाय की सुनियोजित योजना का हिस्सा लगता है। खास बात यह है कि वे तब मीरां के गाँव पहुँचते हैं, जब वहाँ प्रतिद्वन्द्वी राधावल्लभ सम्प्रदाय के हरिवंश और व्यास आदि पहले से विद्यमान हैं। यह भी लगता है कि कृष्णदास वहाँ विशेष प्रयोजन से भेजे गये थे। वार्ता ग्रन्थों में उनके सम्बन्ध में दिया गया विवरण उनको भक्त कम, ऐसा षड्यन्त्रकारी, कूटनीतिज्ञ और झगड़ालू अधिक सिद्ध करता है, जो अपने दुश्मनों को परास्त करने के लिए छल-बल और छद्म का सहारा लेता है।[15] *दो सौ बावन वैष्णवन की वार्ता* की दो वार्ताओं में भी मीरां की महिमा कम करने की कोशिश साफ दिखती है। पहली वार्ता में मीरां मना करती है, लेकिन इसके बावजूद अजबकुंवर

महाप्रभु से दीक्षित होकर पुष्टिमार्गीय भक्ति मार्ग अख्तियार करती है। दूसरी वार्ता में मीरां का नामोल्लेख नहीं है, लेकिन यह कहा गया है कि परदा होने के कारण जयमल की बहन पत्र लिखकर महाप्रभु आचार्य की शिष्य हो गयी। लगता यह है कि तमाम कोशिशों के बाद भी जब मीरां व्यक्तिशः वल्लभ सम्प्रदाय में दीक्षित नहीं हुई होगी, तो हार कर अन्ततः उन्होंने यह प्रचारित किया होगा कि वह पत्र द्वारा महाप्रभु आचार्य की शिष्य हो गयी है।

मीरां की सम्प्रदाय निरपेक्ष खास किस्म की लोक भक्ति और चरित्र जनसाधारण में इतना लोकप्रिय हुआ कि परवर्ती वल्लभ सम्प्रदायी लोगों ने भी उसकी महत्ता को स्वीकार कर लिया। परवर्ती पुष्टिमार्गीय भक्तों ने मीरां का उल्लेख सम्माननीय भक्त के रूप में किया है। मीरां के ही वंश में उत्पन्न वल्लभ सम्प्रदायी भक्त नागरीदास उर्फ कृष्णगढ़ नरेश जसवंतसिंह राठौड़ (1699-1766 ई.) ने अपनी रचना *पद प्रसंग माला* में मीरां के कुछ पदों के साथ उनसे सम्बन्धित प्रसंग अपनी ओर से जोड़े हैं। इसमें मीरां के छह पद और इतने ही प्रसंग आये हैं, जिनसे मीरां का भक्त रूप उभरता है। नागरीदास मीरां के राणा से देह सम्बन्ध नहीं रखने और राणा की मृत्यु पर सती होने से मना करने के नये प्रसंगों द्वारा मीरां के भक्त रूप की ही प्रतिष्ठा और विस्तार करते हैं।[16] गुजरात के विख्यात कवि और वल्लभ सम्प्रदाय में दीक्षित दयाराम (1767-1852 ई.) भी मीरां के भक्त रूप का निरूपण पुष्टिमार्गीय भक्ति सिद्धान्तों के अनुसार करते हैं। उनकी तीन रचनाओं– *मीरां चरित्र, भक्ति वेल और चौरासी वैष्णव* में मीरां का उल्लेख मिलता है, लेकिन इनसे उसके ऐतिहासिक मनुष्य स्त्री चरित्र पर कोई रोशनी नहीं पड़ती। केवल अस्सी पंक्तियों की रचना *मीरां चरित्र* में मीरां को वल्लभ सम्प्रदाय से सम्बन्धित दिखाने का प्रयत्न साफ दिखाई पड़ता है।[17] दयाराम के अनुसार अनुसार मीरां राठौड़ जयमल की पुत्री थी, जिसका विवाह उदयपुर के राणा के साथ हुआ।[18] ये दोनों धारणाएँ ऐतिहासिक नहीं हैं। दरअसल जोधपुर के शासक मालदेव का एक बेटा जयमल वल्लभ सम्प्रदाय में दीक्षित था इसलिए इस सम्प्रदाय से सम्बन्धित दिखाने के लिए दयाराम ने मीरां को जयमल की बेटी बना दिया लगता है। *भक्तवेल* और *चौरासी वैष्णव* में मीरां सम्बन्धी दो उल्लेख हैं। एक तो यह कि मीरां को दिया गया जहर कृष्ण ने पिया और दूसरा यह कि रामदास मीरां के पुरोहित थे।[19] यहाँ भी रामदास का उल्लेख प्रयोजन सहित है। रामदास वल्लभाचार्य के चौरासी शिष्यों में से थे।

3

सत्रहवीं सदी के उत्तरार्द्ध तक भक्ति के सांस्थानिक साम्प्रदायिक और लोक रूपों में मीरां के सन्त-भक्त रूप को स्वीकृति मिल जाती है। उसके भक्त रूप की प्रतिष्ठा और विस्तार के लिए अब कई तरह की मौलिक उद्‌भावनाएँ होने

लगती हैं और धीरे-धीरे इनमें उसका स्त्री अनुभव और संघर्ष केवल सांकेतिक रह जाता है। दादूपन्थी चारण कवि-भक्त ब्रह्मदास द्वारा 1759 ई. के आसपास लिखित राजस्थानी भक्तमाल में भी मीरां का चरित्र निरूपण हुआ है। मीरां यहाँ सन्त-भक्त के रूप में चित्रित हुई है। मीरां यहाँ पूरी तरह ईश्वर की शरणागत है। मीरां सहित सभी भक्त-सन्तों के वर्णन का समापन करते हुए ब्रह्मदास दोहराते हैं कि *काज इसा महाराज करै, जिय काज इसा महाराज करै।* अर्थात् यह निश्चय है कि अपने भक्त की सहायता व रक्षा करने के कर्तव्य का ध्यान श्रीभगवान को पूरा है, इसी वास्ते वे ऐसे कार्य करते हैं।[20] महाराष्ट्र में वारकारी सम्प्रदाय के महिपति (1774 ई.) *भक्ति लीलामृत* में कहते हैं कि मीरां को जहर उसके पिता ने दिया था और मीरां ने इसको पिया था, जिससे सारंगपाणि कृष्ण का शरीर नीला पड़ गया।[21] वारकारी सम्प्रदाय के ही एक अन्य सन्त-भक्त सीपीनामा कृत *मीरां चरित्र* नामक रचना में भी मीरां के भक्त रूप को बाल्यकाल से क्रमशः विकसित दिखाया गया है। इसमें कहा गया है कि मीरां ने चक्रपाणि कृष्ण को पहले ही वर लिया इसलिए माता-पिता से चर्चा के दौरान उसने अपने विवाह का विरोध किया था।[22] रामस्नेही सम्प्रदाय के सुखसारण की रचना *मीरांबाई की परची* (1798 ई.) में मीरां के भक्त रूप के महिमामंडन के लिए एक मौलिक उद्‌भावना मिलती है। इसके अनुसार पूर्वजन्म में मीरां भगवद्‌पुराण में उल्लिखित बरसाने के ब्राह्मण की पत्नी थी, जिसने कृष्ण प्रेम के कारण मीरां के रूप में जन्म लिया। सुखसारण भक्त मीरां से सम्बन्धित कई अलौकिक घटनाओं का उल्लेख करते हैं; जैसे राणा को मीरां के साथ सेज पर कृष्ण दिखाई पड़े, एक सिंह ने राणा को भागने के लिए विवश कर दिया और मीरां चित्तौड़ के प्रत्येक मन्दिर में दिखाई पड़ी।[23] बड़ौदा निवासी राधाबाई के *गरबा मीरां माहात्म्य* (1843 ई.) में भी मीरां के भक्त रूप का ही विस्तार हुआ है। इसके अनुसार माता ने मीरां को त्याग दिया था और भाई ने उसका विवाह किया। राणा ने मीरां को जहर दिया, जो अमृत हो गया। राणा को मीरां एक साथ दस-बीस महलों में दिखाई पड़ी।[24]

निष्कर्षत : कहा जा सकता है कि मीरां पारम्परिक और प्रचलित अर्थ में भक्त नहीं थी, लेकिन विभिन्न धर्माख्यानों ने उसके भक्त रूप की प्रतिष्ठा और विस्तार में निर्णायक योग दिया। मीरां के जीवन काल के सौ-डेढ़ सौ वर्षों के दौरान लिखे गये चरित्राख्यानों में मीरां के भक्त रूप के साथ उसके ऐतिहासिक स्त्री मनुष्य का अनुभव और संघर्ष मुखर रूप में विद्यमान है। अपने स्त्री मनुष्य के अनुभव और संघर्ष को लोक में स्वीकार्य बनाने के लिए मीरां द्वारा गढ़ा गया भक्ति का यह ढंग इतना खास और असामान्य है कि मध्यकालीन साम्प्रदायिक भक्ति के कुछ सांस्थानिक रूपों के चरिताख्यान उसको स्वीकृति और सम्मान देने में अन्तःसंघर्ष और दुविधा के शिकार हैं। इसको लेकर कहीं-कहीं उनमें मुखर प्रतिरोध का स्वर भी है। सत्रहवीं सदी के उत्तरार्द्ध तक आते-आते यह अन्तःसंघर्ष और प्रतिरोध खत्म हो गया है

और मीरां धर्माख्यानों में पूरी तरह भक्त के रूप में प्रतिष्ठापित हो गयी है। परवर्ती आख्यानों में इसीलिए मीरां के भक्त रूप की प्रतिष्ठा और विस्तार का आग्रह साफ दिखाई पड़ता है। मीरां के सन्त-भक्त रूप की प्रतिष्ठा के लिए इनमें उसके वैयक्तिक जीवन के संघर्ष और दुःख का आग्रहपूर्वक उदात्तीकरण करके उसके चरित्र को अतिमानवीय रूप दिया गया है।

सन्दर्भ और टिप्पणियाँ :

1. *इतनौ है सब कुटुम हमारौ।*
सैन, धना अरू नामा, पीपा कबीर रैदास चमारौ।।
रूप सनातन कौ सेवक गंगल भट्ट सुढ़ारौ।
सूरदास, परमानन्द, मेहा, मीरां भक्ति विचारौ।।
ब्राह्मण राजपुत्र कुल उत्तम तेऊ करत जाति को गारौ।
आदि अन्त भक्तनि कौ सर्वसु राधावल्लभ प्यारौ।।
आसू कौ हरिदास रसिक हरिवंश न मोहि बिसारौ।
इति पथ चलत स्याम-स्यामा कै ब्यासहि बोरौ भावैं तारो।
विहारिहि स्वामी बिनु को गावै।।
बिनु हरिवंषहि राधा-वल्लभ कौ रस-रीती सुनावै।
कृष्णदास बिनु गिरधर जु कौ को अब लाड़ लड़ावै।।
रूप-सनातन को वृंद विपिन माधुरी पावै।
मीरांबाई बिनु कौ भक्तनि पिता जानि उर लावै।
स्वारथ परमारथ जैमल बिनु को सक बंधु कहावै।।
परमानन्ददास बिनु कौ अब लीला गाइ सुनावै।
सूरदास बिनु पद रचना कौ कौन कविहि कहि आवै।
और सकल साधुन बिनु को अब यह कलिकाल कटावै।
व्यासदास इन सब बिनु को अब तन की पतन बुझावै।। –*श्रीव्यासवाणी (सम्पूर्ण)*, श्री हिताश्रम सत्संग भूमि, वृन्दावन, संस्करण 2013, पृ.40 और http://www.ras-lila.com/vyas-vani.html
2. *सदृश गोपिन प्रेम प्रगट, कलिजुगहिं दिखायो।*
निरअंकुश अति निडर, रसिक जस रसना गायो।
दुष्टनि दोष विचारि, मृत्यु को उद्दिम कीयों।
बार न बांको भयो, गरल अमृत ज्यों पीयों।
भक्ति निसान बजाय के, काहू ते नाहिन लजी।
लोक लाज कुल शृंखला, तजि मीरां गिरधर भजी। –*श्रीभक्तमाल* (श्रीप्रियादासजी प्रणीत टीका-कवित्त सहित, सं. सीतारामशरण भगवान्प्रसाद रूपकला), तेजकुमार बुक डिपो (प्रा.) लिमिटेड, लखनऊ, ग्यारहवाँ संस्करण, 2011, पृ.712
3. हजारीप्रसाद द्विवेदी : *हजारीप्रसाद द्विवेदी ग्रन्थावली*, खंड-3, राजकमल प्रकाशन, नयी दिल्ली, 1981, पृ.391
4. *लाज छांड़ि गिरधर भजी, करी न कछु कुल कानि,*
सोई मीरां जग विदित, प्रगट भक्ति को खानि।
नृत्यति नूपुर बांधि कै, नाचत लै करतार,

विमल हियौ भक्तिनि मिली, तृन सम गन्यौ संसार।
बंधुनि विष ताकों दियौ, करि विचार चित आन,
सो विष फिरि अमृत भयौ, तब लागे पछितान।
ललिता हू लई बोलिके, तासों हो अति हेत,
आनन्द सों निरखत फिरै, वृंदावन रस खेत। —*श्रीभक्तमाल* (श्रीप्रियादासजी प्रणीत टीका-कवित्त सहित) में सम्मिलित, पृ.713

5. नेन्सी एम. मार्टिन : 'मीरांबाई : शास्त्रों में उल्लिखित, जीवन में रूपायित', *रंगायन* (सं. पीयूष दईया), भारतीय लोक कला मंडल, उदयपुर, जनवरी-मार्च, 1997, पृ.9

6. *मेरतौ जन्मभूमि, झूमि हित नैन लागे,*
पगे गिरधारीलाल पिता ही के धाम मैं।
राना कै सगाई भई करी ब्याह सामानई,
गयी मति बूड़ि, वा रंगीले घनस्याम मैं।
भांवरे परत, मन सांवरे सरूप माँझ,
तांवरैं सी आवैं, चलिबे को पति ग्राम में।
पूछें पिता माता, पट आभरन लीजिये जू,
लोचन भरत नीर कहा काम दाम मैं। (471)
देवौ गिरधारीलाल, जौ निहाल कियौ चाहौ,
और धन माल सब राखियै उठाय कै।
बेटी अति प्यारी, प्रीति रंग चढ़्यौ भारी,
रोय मिली महतारी, कही लीजियै लड़ायकै।
डोला पधराय दृग दृगसों लगाय चलीं,
सूख न समाय चाय, प्रान पति पायकै।
पहुँची भवन सासु देवी पै गवन कियौ,
तिया अरू वर गंठ जोरौ कर्यो भाय कै। (472)
देवी के पुजायबे कौं, कियो लै उपाय सासु,
बर पै पुजाइ, सुनि बधू पूजि भाखियै।
बोली जू बिकायौ माथो, लाल गिरधारी हाथ,
और कौन नव, एक वहै अभिलाखियै।
बढ़त सुहाग याके पूजे ताते पूजा करौ,
करौ जिनि हट सीस पायनि पै राखियै।
कही बार-बार तुम यही निरधार जानौ,
वही सुकुमार जायै वारि फेरि नाखियै। (473)
तब तौ खिसानी भई, अति जरि बरि गयी,
गयी पति पास यह बधू नहीं काम की।
अब ही जवाब दियौ, कियौ अपमान मेरौ,
आगे क्यौं प्रमान करै? भरै स्वास चाम की।
राना सुनि कोप कर्यौ घर्यौ हियो मारिबोई,
दई ठौरि न्यारी देखि, रीझि मति बाम की।
लालनि लड़ावै गुन गायकै मल्हावै,
साधू संग ही सुहावै, जिन्हैं लागी चाह स्याम की। (474)

आय कै ननन्द कहै, गहै किन चेत भाभी,
साधुनिसों हेत में कलंक लागै भारियै।
राना देसपती लाजै, बाप कुलरती जात,
मानि लीजै बात बेगि संग निरवारियै।
लागे प्रान साथ सन्त, पावत अनन्त सुख,
जासों दुख होय, ताको नीके करि टारियै।
सुनि के कटोरा भरि गरल पठाय दियौ,
लियौ करि पान, रंग चढ़यों यों निहारियै। (475)
गरल पठायौ सो तौ सीस लै चढ़ायौ,
संग त्याग विष भारी, ताकी झार न संभारी है।
राना ने लगायौ चर, बैठे साधु ढिग ढर,
तबहीं खबर कर मारौ, यहै धारी है।
राजै गिरधारीलाल, तिनहीं सों रंग जाल,
बोलत हंसत ख्याल कानपरी प्यारी है।
जाय कै सुनाई, भई अति चपलाई,
आयौ लिये तरवार, दै किवार खोलि न्यारी है। (476)
जाके संग रंग भीजि करत प्रसंग नाना,
कहाँ वह नर गयौ, वेगि दै बताइयै।
आगे ही बिराजै, कछू तो सों नहीं लाजै,
अभूं देखि सुख साजै, आँखें खोलि दरसाइयै।
भयोई खिसानौ राना लिख्यौ चित्रभीत मानौ,
उलटि पियानौ कियौ, नेकु मन आइयै।
देख्यों हूँ प्रभाव ये पै भाव में न भिद्यौ जाइ,
बिना हरि कृपा कहौ कैसे करि पाइयै। (477)
बिषई कुटिल एक भेष धरि साधु लियौ,
कियौ यों प्रसंग मोसों अंग संग कीजियै।
आज्ञा मों को दई आप लाल गिरधारी अहो,
सीस धरि लई करि भोजन हूँ लीजिये।
संतनि समाज मे बिछाय सेज बोलि लियौ,
संक अब कौन की निसंक रस भीजियै।
सेत मुख भयौ, विषै भाव सब गयौ,
नयौ पायन पै आय मोकों भक्ति दान दीजियै। (478)
रूप की निकाई भूप अकबर भाई हिये,
लिये संग तानसेन, देखिबे को आयो है।
निरखि निहाल भयौ छबि गिरधारीलाल,
पद सुखजाल एक तब ही चढ़ायों है।
वृंदावन आयी जीव गुंसाई जू सो मिलिझिली,
तिया मुख देखिबे को पन लै छुटायौ है।
देखी कुंज-कुंज लाल प्यारी सुख पुंज भरी,
धरी उर माँझ आय देख बन गायो है। (479)

राना की मलीन मति देखि बसी द्वारावती,
रति गिरधरलाल, नित ही लड़ाइयै।
लागी चटपटी भूप भक्ति कौ सरूप जानि,
अति दुख मानि, बिप्र श्रेणी लै पठाइयै।
बेगि लैके आवौ मोंको प्रान दै जिवावौ,
अहो गयो द्वार धरनौ दै बिनती सुनाइयै।
सुनि विदा होने गयी राय रणछोड़ जू पै,
छांड़ौ राखौ हीन लीन भई नहीं पाइयै। (480) —*श्रीभक्तमाल* (श्रीप्रियादासजी प्रणीत टीका-कवित्त सहित), पृ.714

7. हजारीप्रसाद द्विवेदी : *हजारीप्रसाद द्विवेदी ग्रन्थावली*, खंड-3, पृ.392
8. नेन्सी एम. मार्टिन : 'मीरांबाई : शास्त्रों में उल्लिखित, जीवन में रूपायित', *रंगायन*, जनवरी-मार्च, 1997, पृ.9
9. *लोक बेद कुल जगत सुख, मुचि मीरां श्री हरि भजे।।*
गोपिन की सी प्रीति, रीति कलि-कालि दिखाई।
रसिकराइ जस गाइ, निडर रही सन्त समाई।
रांनै रोस उपाई, जहर कौ प्यालो दीन्हौं।
रोम खुस्यौ नहीं येक, मांनि चरनांमृत लीन्हौं।
नौबति भक्ति घुराई कैं, पति सो गिरधर ही सजे।
लोक बेद कुल जगत सुख, मुचि मीरां श्री हरि भजे।। (214) —*राघवदासकृत भक्तमाल* (चतुरदास की टीका सहित), राजस्थान प्राच्यविद्या प्रतिष्ठान, जोधपुर, 1965, पृ.99
10. वही, पृ.100
11. *अथ मीरां बाइके पुरोहित रामदास, तिनकी वार्ता*
सो एक दिन मीराबाई के श्री ठाकुरजी के आगे रामदासजी कीर्तन करते हुए सो रामदास जी श्री आचार्य जी महाप्रभुन के पद गावत हुते, तब मीरां बाई बोली जो दूसरौ पद श्री ठाकुरजी को गावो तब रामदासजी ने कहौ मीरांबाई सो जो अरे दारी रांड यह कौन को पद है। यह कहा तेरे खसम को मूंड है जो जा आज से तेरौ मुहड़ों कबहू न देखूंगो। तब तहां से सब कुटुम्ब को लै के रामदास जी उठि चले तब मीरां बाई ने बहुतेरो कह्यौ रामदासजी रहे नाहीं। पाछें फिरि के वाको मुख न देख्यो। ऐसे अपने प्रभून सों अनुरक्त हुते। सो वा दिन ते मीरां बाई को मुख न देख्यौ, वाकीं वृत्ति छोड़ दीनी, फेर वाके गाँव के आगे होय के निकसे नाहीं। मीराबाई ने बहुत बुलाये परि वे रामदास जी आये नाहीं। तब घर बैठे भेंट पठाई सोई फेरि दीनी और कहौ जो रांड तेरों श्री आचार्य जी महाप्रभुन ऊपर समत्व नाहीं जो हमको तेरी वृत्ति कहा करनी है। —*चौराशी वैष्णवन की वार्ता*, श्री विद्याविभाग, नाथद्वारा, 1970 (संवत् 2027), पृ.140
12. *अथ कृष्णदास अधिकारी, तिनकी वार्ता*
सो वे कृष्णदास शूद्र एक बेर द्वारका गये हुते सो श्री रणछोर जी के दर्शन करिकें तहां ते चले सो आपन मीराबाई के गाँव आये सो वे कृष्णदास मीरांबाई के घर गये तहां हरिवंश व्यास आदि दे विशेषसह वैष्णव हुते सो काहू को आयै आठ दिन काहू को आये दश दिन काहू को आये पन्द्रह दिन भये हुते तिनकी विदा न भई हुती और कृष्णदास नें तौ आवत ही कही जो हूँ तो चलूंगो। तब मीराबाई ने कही जो बैठो तब कितनेक मोहर श्रीनाथजी को देन लागी सो कृष्णदास ने न लीनी और कहौ जो तूं श्रीआचार्य जी महाप्रभुन की सेवक नाहीं होत ताते तेरी भेंट हम हाथ ते छूवेंगे नाही सो ऐसे कहिकें कृष्णदास उहां ते उठि चले। —वही, पृ.239

13. *गोविंद दुबे सांचोरा ब्राह्मण, तिनकी वार्ता*
और एक समें गोविंद दुबे मीराबाई के घर हुते तहां मीराबाई सों भगवद्वार्ता करत अटके। तब श्री आचार्य जी ने सुनी जो गोविन्द दुबे मीराबाई के घर उतरे हैं, सो अटके हैं, तब श्री गुसाई जी ने एक श्लोक लिखि पठायो सो एक ब्रजवासी के हाथ पठायौ तब वह ब्रजवासी चल्यौ सो वहाँ जाय पहुँचौ, ता समय गोविन्द दुबे संध्या बंदन करत हुते तब ब्रजवासी ने आयकें वह पत्र दीनों सो पत्र बांचि के गोविन्द दुबे तत्काल उठे, तब मीरां बाई ने बहुत समाधान कीयो, परि गोविंद दुबे ने फिर पाछें न देखौ। –वही, पृ.109

14. *श्री गुसाई जी के सेवक अजब कुंवर बाई, तिनकी वार्ता*
सो वे अजब कुंवर बाई मेवाड़ में रहती हती मीरांबाई की देवरानी हती और उहां एक दिन श्री गुंसाई जी पधारे जब अजब कुंवर बाई कूं साक्षात पूर्ण पुरुषोत्तम के दर्शन भए। जब अजब कुंवर श्री गुसाई जी की सेवक भई और अष्ट प्रहर श्री गुंसाई जी के चरणाबिंद में चित्त लग्यो रहै जब गुसांई जी पधारेवें लगे तब अजबकुंवरबाई कुं मूर्छा आई तब गुसांईजी वाकी ऐसी दशा देख के चार दिन उहां बिराजै और अजब कुंवर बाई कूं पादुका जी पधराय दीये तब अजब कुंवर बाई शुद्ध पुष्टिमार्ग की रीति प्रमाणें सेवा करन लागी और श्री नाथ जी अजब कुंवर बाई के संग नित्य चोपर खेलते और अजबकुंवरभाई के मन में ऐंसी हती जो श्रीनाथजी सदैव इहां बिराजै तो आछो।–*दो सौ बावन वैष्णवन की वार्ता*, खेमराज श्रीकृष्णदास, अध्यक्ष : श्रीवेंकटेश्वर प्रेस, मुम्बई, 1996, पृ.130

श्री गुंसाई जी के सेवक हरिदास बनिया, तिनकी वार्ता
सो वे हरिदास बनिया मेरता गाम में रहते। वा गाम में एक ही वैष्णव हते और वा गाम को राजा जैमल हो सो स्मार्त धर्म में हतो और एकादशी पहेली करते हते। और जैमल राजा की बेन को घर हरिदास बनिया के सामें हतो। सो जब श्री गुंसाई ही हरिदास के घर पधारे हते तब जैमल की बेन कूं बारी में सूं श्री गुंसाई जी के साक्षात पूर्ण पुरुषोत्तम के दर्शन भये। जब जैमल की बेन नें पत्र द्वारा श्री गुंसाई जी को विनती लिखके पत्र द्वारा सेवक भई काहे तें वे पड़दा में से बाहर नहीं निकसते जासूं पत्र द्वारा सेवक भए। –*दो सौ बावन वैष्णवन की वार्ता*, खेमराज श्रीकृष्णदास, अध्यक्ष : श्रीवेंकटेश्वर प्रेस, मुम्बई, पृ.80

15. वार्ता में इनकी कूटबुद्धि और दुर्दम शासन-कौशल का बड़ा अच्छा परिचय मिलता है। श्रीनाथजी के पुजारी बंगाली थे, कृष्णदास उनको निकालना चाहते थे, अतः प्रचार कर दिया कि ये चुटिया में देवी की मूर्ति रखते हैं और श्रीनाथजी के भोग लगाने के पहले देवी को भोग लगा देते हैं। फिर एक दिन जब बंगाली लोग पूजा में लगे हुए थे, तो उनकी झोंपड़ियों में आग लगा दी। बेचारे पूजा छोड़कर जब घर की ओर दौड़े तो वहां कृष्णदास के आदमियों ने द्वै-द्वै चार चार लाठी बंगालिन को दीनी। बेचारे फर्याद करने आये तो कहा, "तुम पूजा छोड़कर भागे क्यों?" और निकाल दिया। रूप और सनातन गोस्वामी ने जरा सहारा देना चाहा तो धमका आये– "तुम शूद्र होकर ब्राह्मणों से पैर पुजवाते हो, हम तुम्हें देख लेंगे।" बेचारे डरकर चुपे हो रहे। –हजारीप्रसाद द्विवेदी : *हजारीप्रसाद द्विवेदी ग्रन्थावली*, खंड-3, पृ.392

16. अथ अन्य पद प्रसंग
मेड़ते मीरांबाई तिनकौ राना के छोटे भाई सौं ब्याही, यह जग-प्रसिद्ध हैं ही, सो कितनेक दिन उपरांत काह समैं राना के वा भाई को देहांत भयो, अरु राना हुते सौं मीरांबाई सों दुष पाय रहे हते, ये वैष्णवनि को सतसंग करते यातैं, वा समें राना नें कहाई, जो यह औसर है तुम भरता के संग सती होहु, तब मीरांबाई भगवत रंग आगे लगे रहै, त्यौंहीं लगे रहे या समें कछू षेदमानी नाहीं अरु या बात के उत्तर को एक विष्णु पद नयो बनाय राना को लिषि पठायो, पद बहुत प्रसिद्ध भयो। सो यह पद–

मीरां के रंग लग्यो हरी कौ, और रंग सब अटक परी
गिरधर गास्यां, सती न होस्यां, मन मोह्यो धन नामी
जेठ बहू को नातो नहीं राणा जी, हूँ सेवग ये स्यामी
चूड़ो दोबड़ो तिलक जु माला, सील बर्त सिंगार
और सिंगार भावैं नहीं राणा जी, यौं गुर ग्यान हमार
कोई निंदो कोई बिंदो, गुण गोबिन्द रा गास्यां
जिण मारग वै सन्त पहूँता, तिण मारग म्हे जास्यां
चोरी करां न जीव संतावा, कांई करसी म्हारो कोई
हसती चढ़ि गधै न चढ़ा, या तो बात न होई
राज करंता नरक पंडेसी, भोगीडा जम कै लीया
भगत करंता मुक्त पहूंता, जोग करंता जीया
गिरधर धणी, कडूंबो गिरधर, मात पिता सुत भाई
थ थारे म्हे म्हारे हो राणा जी, यौं कहे मीरांबाई
पुनः अन्य पद-प्रसंग :–
मीरां बाई सौं राना बहौत दुष पायें रहै, राना के घर की रीततें इनके भिन्न रीत, यह भगवत सम्बन्ध सत संग बिसेस करैं, देह सम्बन्ध को नातो व्यौहार कछु न मानैं, राना बहुत समुझाय रह्यौ, निदान एक बिष को प्यालो उनकौं पठयो, कह्यौ चरनामृत को नाम लेकैं दीजियों, उनकैं प्रण हैं, चरणामृत के नाम तें पी ही जायंगे, सो ऐसे ही भयो, जानि बूझ पीयो, राना तो इनके मरिबे की राह देखत रह्यौ, अरु वह झांझ मृदंग संग लैकैं परम रंग सौं एक नयो पद बनाय ठाकुर आगै गावत भये, पद बहुत प्रसिद्ध भयो। सो वह यह पद–
रानै जू विष दोनौ, हम जानी
जान बूझि चरनामृत सुनि पियो, नहिं बौरी भौ रानी
कंचत कसत कसौटी जैसैं, तन रह्यो बारह बानी
आपुन गिरधर न्याव कियो यह, छान्यौ दूध रू पानी
राना कोटक वारौ जिहि पर, हौं तिहिं हाथ बिकानी
'मीरां' प्रभु गिरधर नागर कैं, चरन कमल लपटानी –'पद प्रसंग माला', *नागरीदास ग्रन्थावली* (सं. किशोरीलाल गुप्त), द्वितीय खंड : पदेतर रचनाएँ, नागरीप्रचारिणी सभा, वाराणसी, 1955 (सं.2012), पृ.363

17. सी. एल. प्रभात : *मीरां : जीवन और काव्य* (प्रथम खंड), राजस्थानी ग्रन्थागार, 1999, पृ.67
18. *जैमल राठोरनी दीकरी रे, सुणो मेड़ता एनु धाम।*
रूप गुण समोवड़ नही, रूडुं धर्युं मीरांबाई नाम।–पाठ सी.एल. प्रभात द्वारा उद्धृत, वही, पृ.68
19. वही, पृ.69
20. *चारण ब्रह्मदासजी दादूपंथी विरचित भगतमाल*, राजस्थान प्राच्यविद्या प्रतिष्ठान, जोधपुर, 1997, पृ.13 एवं 48-49
21. पाठ सी. एल. प्रभात द्वारा उद्धृत, *मीरां : जीवन और काव्य* (प्रथम खंड), पृ.73
22. वही, पृ.62
23. 'मीरांबाई री परची एवं परची काव्य', *परम्परा* (सं. नारायणसिंह भाटी), भाग-69-70, राजस्थानी शोध संस्थान, जोधपुर, पृ.17
24. पाठ सी. एल. प्रभात द्वारा उद्धृत, *मीरां : जीवन और काव्य* (प्रथम खंड), पृ.69

4
कविता

मीरां की इस समय दो छवियाँ चलन में हैं। एक उसकी रहस्यवादी सन्त-भक्त और रूमानी कवयित्री की पारम्परिक छवि है, जो मध्यकालीन धार्मिक चरित्राख्यानों और उपनिवेशकालीन इतिहासकारों ने गढी है। मीरां की इस छवि में सन्त-भक्तों का जोर चामत्कारिक घटनाओं और अतिरंजनाओं पर है, तो उपनिवेशकालीन इतिहासकारों ने यूरोपीय हितों के तहत उसमें उसके स्त्री अनुभव और संघर्ष की जगह भक्ति, रोमांस और प्रेम को सर्वोपरि बना दिया है। मीरां की दूसरी छवि वंचित-उत्पीड़ित हाशिए की विद्रोही स्त्री की है, जो कुछ वामपन्थी समालोचकों और इधर के स्त्रीविमर्शकारों ने बनाई है। इन विमर्शकारों की निगाह में भारतीय समाज पूरी तरह ब्राह्मण निर्देशात्मक ग्रन्थों पर निर्भर और ठंडा तथा ठहरा हुआ है। मीरां उनके अनुसार इस समाज का सामान्य स्वर नहीं है। वे मानते हैं कि यह इस समाज के हाशिए का स्वर है। मीरां सम्बन्धी ये दोनों छवियाँ निर्मित हैं। इनका इतिहास और यथार्थ से कोई सम्बन्ध नहीं है। इन निर्मित छवियों के कारण मीरां के भौतिक स्त्री अस्तित्व का अनुभव और संघर्ष अनदेखा रह गया है। मीरां सन्त-भक्त से पहले एक स्त्री है, जो अन्याय और दमन के प्रतिरोध में खड़ी है। उसका यह प्रतिरोध असाधारण और हाशिए का प्रतिरोध नहीं है। यह भारतीय समाज की निरन्तर गतिशीलता का एक रूप है। इसकी पुष्टि धार्मिक-साम्प्रदायिक आख्यान और मध्यकालीन भारतीय इतिहास भी करते हैं और मीरां की कविता में भी इससे सम्बन्धित पर्याप्त अन्तःसाक्ष्य हैं।

पहले धार्मिक चरित्राख्यानों और बाद में उपनिवेशकालीन इतिहासकारों ने मीरां की जो सन्त-भक्त और रहस्यवादी कवयित्री छवि निर्मित की उससे उसकी कविता की सही पहचान और मूल्यांकन नहीं हो पाया। मीरां पारम्परिक अर्थ में सन्त-भक्त नहीं थी, उसने राजसत्ता और पितृसत्ता के विरुद्ध अपने विद्रोह को भक्ति के आवरण में व्यक्त किया, जिसके पर्याप्त साक्ष्य उसकी कविता में है, लेकिन इस निर्मित छवि के वर्चस्व के कारण इस ओर समालोचकों का ध्यान ही नहीं गया। बीसवीं सदी और बाद में मीरां की अधिकांश आलोचना और मूल्यांकन उसको सन्त-भक्त मानकर ही हुए। उसकी कविता के संस्कार, भाषा, वस्तु और सरोकार उसके समकालीन सन्त-भक्तों से बहुत अलग और खास किस्म के हैं, लेकिन इनकी पहचान ही नहीं हुई। मीरां एक संसारी स्त्री थी और उसके जागतिक सरोकार बहुत व्यापक, मूर्त

और सघन थे। संसार विरत सन्त-भक्तों से अलग मीरां की कविता में इसीलिए मूर्त का आग्रह बहुत है। वैयक्तिक पहचान का आग्रह और सांसारिक सम्बन्धों का द्वन्द्व और तनाव भी सन्त-भक्तों की कविता में प्रायः नहीं मिलता, लेकिन मीरां की कविता में यह ध्यानकर्षक ढंग से मौजूद है। सन्त-भक्त जन्मान्तर व्यवस्था और कर्मफलवाद में विश्वास के कारण जागतिक व्यवस्था को सामंजस्यपूर्ण मानकर इससे असहमत नहीं होते, लेकिन मीरां की कविता में व्यवस्था का विरोध और उससे असन्तोष चरम पर है। मीरां की अभिव्यक्ति और भाषा भी जैसी लोकसंपृक्त और स्त्री लैंगिक है, वैसी लोक विरत सन्त-भक्तों के यहाँ नहीं मिलती। मीरां अपने समाज की कोख से पैदा हुई सामान्य स्त्री थी और इस समाज से गहरी सम्बद्धता के सबूत उसकी कविता है लेकिन इस समाज को ठहरा हुआ मानने वालों ने उन पर ध्यान ही नहीं दिया। यहाँ मीरां की कविता की इन सभी विशेषताओं को रेखांकित करने का प्रयत्न किया गया है, जो उसकी सन्त-भक्त की निर्मित और प्रचारित छवि के कारण अब तक अनदेखी रह गयी हैं।

1

कुछ विदेशी लेखकों की यह धारणा कि भारतीय चिन्तन की मूल विषय वस्तु जगत और जीवन का निषेध है[2], कुछ हद तक अतिशयोक्तिपूर्ण है, लेकिन सर्वथा असत्य नहीं है। यह ऐतिहासिक तथ्य है कि जगत और जीवन को मिथ्या मानकर उसकी अनदेखी की प्रवृत्ति भारतीय चिन्तन में कुछ हद तक बहुत आरम्भ से ही मौजूद रही है। इस प्रवृत्ति ने शास्त्र और धर्म में कई रूप-संहिता, कथा-आख्यान, मिथक आदि अख्तियार किये और इसने भारतीय जनसाधारण के जीवन और जगत के प्रति नजरिए को बहुत दूर तक प्रभावित किया। खास तौर पर सन्त-भक्तों में यथार्थ जगत और जीवन के प्रति कोई उत्साहपूर्ण लगाव इसी दृष्टिकोण की व्यापक और सहज स्वीकार्यता के कारण नहीं मिलता। इस कारण ही भक्ति आन्दोलन से जुड़े सन्त-भक्तों के समतावादी और मानवतावादी विचारों में भी निराशावादी रहस्यवाद और वैराग्य के कुछ तत्त्व मिलते हैं। मीरां की कविता में भी निराशावाद और वैराग्य का आग्रह है, वह भी *यो संसार चहर की बाजी, साँझ पड़्याँ उड़ जासी* और *इस देह का गरब न करणा, माटी में मिल जासी* जैसी लोकप्रिय और लगभग स्वीकार्य धार्मिक-दार्शनिक धारणाओं से बँधी हुई है, लेकिन जगत और जीवन का निषेध उसकी कविता में उस तरह से नहीं है जैसा अन्य मध्यकालीन सन्त-भक्तों के यहाँ है। उसकी कविता में दृश्य और मूर्त का उत्साहपूर्ण आग्रह है और वह अपनी ऐन्द्रिक संवेदनाओं और कामनाओं को खुलकर खेलने की छूट देती है। वह न तो जीवन और जगत का निषेध करती है और न अपनी ऐंद्रिक संवेदनाओं और कामनाओं का दमन करती है।

मध्यकालीन सन्त-भक्त 'ब्रह्म सत्य, जगत मिथ्या' की लोकप्रिय और लगभग मान्य धारणा में सहज विश्वास के कारण लोकोत्तर के आग्रही थे। उनकी कविता में यह लोकोत्तर ही केन्द्रीय सरोकार है, लेकिन मीरां की कविता में वस्तु जगत बहुत सघन और व्यापक रूप में मौजूद है। नदी, तालाब, पेड़, पौधे, पशु, पक्षी, हवा, बिजली, धरती, आकाश, बादल, बरसात, जंगल, समुद्र, महल अटारी, वस्त्र, आभूषण आदि मीरां की कविता में जिस आग्रह और उत्साह के साथ आते हैं, वैसे किसी और मध्यकालीन सन्त-भक्त की कविता में नहीं आते। अपने आसपास के वस्तु जगत के प्रति मीरां उदासीन नहीं है। उसकी कविता उसके अपने आसपास के यथार्थ के गतिशील और दृश्य रूपों से ठसाठस भरी हुई है। ऐसे कई उदाहरणों में से एक यहाँ दृष्टव्य है :

पिया मोहि दरसणी दीजै हो।
बेर-बेर मैं टेरहूं या किरपा कीजै हो।
जेठ महीने जळ बिना पंछी दुःख होई हो।
मोर असाढ़ां कुरळहे घन चात्रक सोई हो।
सावण में झड़ लागियो सखि तीजां खेले हो।
भादरवै नदियां बहै दूरी जिन मेलै हों
सीप स्वाति ही झेलती आसोजां सोई हो।
देव काती में पूजहे मेरे तुम होई हो।
मंगसर ठण्ड बहोती पड़ै मोहि बेगि सम्हालो हो।
पोस महीं पाला घणा, अबही तुम न्हालो हो।
नहीं बसन्त पंचमी फागां सब गावै हो।
फागुण फागां खेल हैं बणराव जरावै हो
चैत चित्त में ऊपजी दरसण तुम दीजै हो।
बैसाख बणराइ फूलवै कोयल कुरळीजै हो।
काग उडावत दिन गया बूझूं पण्डित जोसी हो।
मीरां बिरहण व्याकुली दरसण कद होसी हो।

जीवन और जगत के निषेध के विचार ने भारतीय जनसाधारण के व्यावहारिक जीवन को दूर तक प्रभावित किया। इस निषेध का व्यावहारिक जीवन में अर्थ था इन्द्रियों का सजग दमन। धीरे-धीरे भारतीय जनसाधारण में यह धारणा लगभग मान्य हो गयी कि इन्द्रियों की दासता या जीवन का आनन्द धर्म विरुद्ध है और इन्द्रियों पर स्वामित्व से ही मुक्ति सम्भव है। मध्यकाल से पहले ही इन्द्रियों के दमन को तो सन्त-भक्त होने की जरूरी अर्हताओं में भी शामिल कर लिया गया। मध्यकालीन सन्त-भक्तों ने इसीलिए इन्द्रियों या मन की दासता की जमकर भर्त्सना की है। कबीर और उनके समानधर्मा सन्त इस मामले में सबसे अधिक मुखर हैं। कबीर कहते हैं–

मैमंता मन मारि रे घट ही माहिं घेरि। एक अन्य स्थान पर उन्होंने इन्द्रियों की निन्दा करते हुए कहा है कि *भगति बिगाड़ी कामियाँ, इन्द्री केरै स्वाद।* इसी तरह दादूदयाल ने पंचेन्द्रियों को अपने अधीन करने की शिक्षा देते हुए कहा कि *दादू पंचों यह परमोधिले, इन्हीं को उपदेस।* मध्यकाल के अन्तिम चरण में हुए सुन्दरदास तो मन की भर्त्सना में सबसे अधिक उग्र और निर्मम हैं। एक जगह उन्होंने कहा कि *मन कौं राखत हटकि करि, सटकि चहुं दिसि जाइ/सुन्दर लटकि रु लालची गटकी विषैफल खाई।* मीरां भी इन्द्रिय दमन की इसी लोक धारणा से बँधी हुई है– वह भी मन के मदमाते हाथी पर गुरु ज्ञान के अंकुश रूपी नियन्त्रण की आग्रही है, लेकिन उसकी कविता की वस्तु और सरोकार इसकी पुष्टि नहीं करते। उसकी कविता में इन्द्रिय संवेदनाओं और कामनाओं की अकुंठ और निर्बाध अभिव्यक्ति है। यह कहीं प्रत्यक्ष है, तो कहीं परोक्ष। खास बात यह है कि इस सम्बन्ध में अन्य सन्त-भक्तों की तरह उसमें किसी तरह की अन्तर्बाधा या अपराध बोध नहीं है। कृष्ण से संयोग की उसकी तीव्र और सघन ऐन्द्रिक कामना उसकी कविता में कई तरह से आती है। कभी वह कहती है–*दरसण बिन मोहि जक न परत है, चित मेरो डाँवाडोल,* कभी वह कहती है–*आवो मन मोहना जी जोऊँ थारी बाँट,* कभी वह चाहती है–*मीरां दासी तुम चरणां की मिलज्यो कंठ लगाई* और कभी वह कामना करती है कि *साँवरिया के दरसण पाऊँ, पहर कुसुंभी सारी।* अपने स्वच्छन्द मन के सम्बन्ध में वह कहती है–*यो मन मेरो बड़ो हरामी यूँ मदमातो हाथी।* बरसात में अपनी उल्लसित देह के सम्बन्ध में वह कहती है–*रिमझिम बरसै मेहड़ा, भीजै तन सारी हो।* वह कृष्ण पर अपना यौवन न्यौछावर करने के लिए तत्पर है–वह कहती है–*तेरे कारण सांवरे धन जोबन वारों हो/या सेजिया बहु रंग के बहु फूल बिछाए हो।* इसी तरह कृष्ण के रूप सौन्दर्य को निरखने का आनन्द लेती हुई वह कहती है–*पल-पल पिव को रूप निहारूँ, निरख-निरख सुख पाती।* कृष्ण के लिए उसका प्रेम संवेग बहुत सघन और तीव्र है। वह कहती है–*सखि म्हारो कानूड़ो कळेजे की कोर।* लोक में पर्व-त्योहार उल्लास और आवेग की अभिव्यक्ति के माध्यम थे। मीरां सन्त-भक्तों से अलग संसारी स्त्री थी इसलिए ये पर्व-त्योहार भी उसके जीवन का जरूरी हिस्सा थे। मीरां की कविता में ऐंद्रिक कामनाओं और संवेदनाओं से सीधे जुड़े इन पर्व-त्योहारों की मौजूदगी भी ध्यान खींचने वाली है। उसकी कविता में संवेगों की स्वच्छन्द अभिव्यक्ति के त्योहार होली की मौजूदगी सर्वाधिक है। कभी वह कहती है–*किण संग खेलूँ होली, कभी वह कहती है–फागुण के चार होली खेल मना रे* और कभी वह दुःखी होकर कहती है–*होली बिन पिय लागै खारी।* होली के साथ-साथ उसकी कविता में सधवा स्त्रियों का त्योहार गणगोर भी आता है। वह कहती है–*साँवलिया म्हारै रंगीली गणगोर।*

2

मीरां की कविता में व्यवस्था के प्रति असन्तोष, नाराजगी और विद्रोह का जो उग्र और मुखर स्वर मिलता है, वो उसको उसके समकालीन सन्त-भक्तों से अलग सिद्ध करता है। यह ऐसा स्वर है जो आम तौर पर भारतीय मनीषियों और सन्त-भक्तों की सोच और कविता में कम मिलता है। दरअसल भारतीय सामन्तवाद के विकास के बरक्स उसके विभिन्न सामाजिक हित सम्बन्धों का समर्थन और पोषण करने वाले जन्मान्तर व्यवस्था और कर्मफलवाद जैसे दार्शनिक-धार्मिक सिद्धान्त भी अस्तित्व में आये। इन सिद्धान्तों ने सामन्तवादी व्यवस्था के विभिन्न सामाजिक हित सम्बन्धों को एक सामंजस्यपूर्ण ईश्वरीय व्यवस्था का अंग मानकर जायज ठहराने में निर्णायक भूमिका निभाई। इस व्यवस्था में वर्ण, वर्ग और जाति का भेदभाव, शोषण, अन्याय, अभाव आदि सब ईश्वरीय प्रावधान थे और इनके प्रति किसी प्रकार का असन्तोष और विद्रोह धर्म विरुद्ध इसलिए गलत था। ये सिद्धान्त मानते थे कि जो कुछ दृष्ट हो रहा है उसका अदृष्ट कारण है। "इस चिन्तन की कुछ विशिष्टताएँ थीं—जीवन को अस्वीकार करने वाली निष्क्रियता, ध्यान-मग्न में डूबे रहना, निस्संगत्व त्याग का प्रचार करना। बाढ़ और सूखे, बीमारी और कंगाली, शोषण और दमन के सामने मनुष्य असहाय था। प्रकृति और समाज को अपने अनुकूल बदलने की शक्ति से वंचित था। अतः उसने कर्म और आत्मा के शरीरांतरण के सिद्धान्त की शरण ली। किसी पर यदि दुःख और विपत्तियाँ टूट पड़ती थीं, तो यह कर्मों के नियम का अपरिहार्य परिणाम माना जाता था। सामाजिक परिवेश को बदलने का कोई भी प्रयत्न कर्म के नियम और ईश्वर के न्याय को चुनौती देना समझा जाता था। सिर झुकाकर, मौन रहते ईश्वर की इच्छा को स्वीकार कर लेना ही मनुष्य का कर्तव्य था।"[3] इन सिद्धान्तों में आस्था ने भारतीय मनीषियों और सन्त-भक्तों के सोच को बहुत गहराई तक प्रभावित किया। नतीजा यह हुआ कि उनमें सामंतवादी व्यवस्था के हित सम्बन्धों के विरुद्ध असन्तोष और विद्रोह की चेतना हमेशा अवरुद्ध रही। ईसवी सन् के आरम्भ से भारतीय चिन्तन में बहुत गहराई तक जगह बना लेने वाली इस अन्तर्बाधा की ओर संकेत करते हुए हजारीप्रसाद द्विवेदी ने लिखा है कि "जन्मान्तर व्यवस्था और कर्मफलवाद के सिद्धान्त ने ऐसी गहरी जड़ें जमा ली थीं कि परवर्ती युग के कवियों और मनीषियों के चित्त में इस जागतिक व्यवस्था के प्रति भूल से भी असन्तोष का भाव नहीं मिलता। जो कुछ जगत में हो रहा है, उसका एक निश्चित कारण है, उसमें प्रश्न करने और सन्देह करने की जगह नहीं है।"[4] मध्यकालीन सन्त-भक्तों की भी जन्तान्तर व्यवस्था और कर्मफलवाद में असंदिग्ध और गहरी आस्था थी इसीलिए उनकी कविता में उनके अपने समय की सामन्तवादी व्यवस्था के स्वार्थपूर्ण

हित सम्बन्धों के प्रति असन्तोष और नाराजगी का भाव लगभग नहीं के बराबर है। कबीर आदि सन्त कवि अपने समतावादी विचारों से कुछ हद इससे असहमत होते लगते हैं, अन्यथा सगुण भक्ति परम्परा में तो इस तरह की चेतना बहुत कम है। मीरां की कविता इस मामले में बहुत अलग और असाधारण है। यह सामन्ती व्यवस्था के धर्म, दर्शन और लोक द्वारा मान्य स्वार्थपूर्ण हित सम्बन्धों को सीधे चुनौती देती है। इनको लेकर इसमें गहरा और उग्र असन्तोष और मुखर विद्रोह है। मीरां की कविता इस मामले में कुछ हद तक कबीर से भी आगे है। कबीर व्यवस्था को चुनौती देते हैं, जबकि मीरां एक साक्षात और जीवित शत्रु से लोहा लेती दिखती है। उसका विद्रोह उस राज, धर्म और लोक सत्ता के विरुद्ध है, जो शत्रु के रूप में उसके सामने, उसके समय में और उसके स्थान पर है। वह अपने शत्रु मेवाड़ के शासक को चुनौती हुई कहती है– *तुम जावो राणा घर अपनो, मेरी-तेरी नहीं सरी।* सत्ता को ललकारने का उसका स्वर अक्सर बहुत उग्र और चुनौतीपूर्ण है। वह कहती है–*राणो म्हारो कांई कर लेसी, मीरां छोड़ दई कुल लाज।* इसी तरह वह एक ओर जगह कहती है–*सीसीद्यो रूठ्यां तो म्हारो कांई कर लेसी।* सत्ता से उसकी नाराजगी और असन्तोष उसकी कविता में बार-बार आते हैं। वह कहती है–*राणाजी थें क्या ने राखो म्हांसूं बैर⁄ थें तो राणाजी म्हारे इसड़ा लागो, ज्यों ब्रच्छन में केर।* इसी तरह वह एक जगह और कहती है– *थारा देस में साध नहीं है, लोग बसे सब कूड़ो।* एक जगह तो वह शासक राणा को मूर्ख कहने में भी संकोच नहीं करती–*मूरख राजा राज करत हो, पंडित फिरत भिखारी।* वह राणा के कानून-कायदे मानने के लिए तैयार नहीं है–इस सम्बन्ध में उसका रवैया एकदम दो टूक है। वह कहती है–*राणा जी हूँ अब न रहूँगी तोरी हटकी⁄साध संग मोहि प्यारा लागै, लाज गयी घूँघट की।* वह राणा के आदेशों की अवहेलना करती है। उसका स्पष्ट कथन है कि *राणो कहे सो एक न मांना म्हे, साध दुवारे नित आसी है माय।* वह राणा के देश में रहने के लिए तैयार नहीं है। वह स्पष्ट कहती है–*मैं तो नहीं रहूँ राणा जी थांरा देश में रे।* लोक और धर्म की तयशुदा मर्यादाओं की भी मीरां धज्जियाँ उड़ाती है। वह कहती है कि *लोकलाज कुल की मरजादा या में एक न राखूँगी।* वह एक और जगह कहती है–*साजि सिंगार बाँध पग घुँघरू, लोकलाज तज नाची।* उसे अपनी निन्दा-भर्त्सना की कोई चिन्ता नहीं है। वह कहती है–*कोई निन्दो कोई विन्दो, म्हे तो गोविंद के गुण गास्यां।* इस सम्बन्ध में वह पूरी तरह निर्भय और निश्चिन्त है। उसके मन में अपने आचरण को लेकर कोई दुविधा या संकोच नहीं है। वह स्पष्ट शब्दों में कहती है– *अपने घर का परदा करले, मैं विधवा बौरानी।* एक और जगह उसका कहना है– *मीरां कहै मैं भयी बावरी, कहो तो बजाऊँ ढोल।*

3

मध्यकालीन सन्त-भक्त अपनी कविता में अपनी वैयक्तिक पहचान और अपने सांसारिक सम्बन्धों के सम्बन्ध में मौन हैं, जबकि मीरां का कविता में यह सब आग्रहपूर्वक मौजूद है। मध्यकालीन सन्त-भक्त जीवन और जगत के निषेध की मान्य धार्मिक और लौकिक धारणा के कारण अपने जन्म, परिवार, कुटुम्ब, स्थान और सांसारिक सम्बन्धों के द्वन्द्व और तनाव को अपनी कविता का सरोकार नहीं बनाते। यह सब उनकी प्राथमिकताओं में नहीं है। पारम्परिक धर्म-दर्शन के अनुसार एक तो यह सब मिथ्या है, इसलिए असार है और दूसरे कर्मफल के सिद्धान्त के अनुसार यह पूर्व जन्म के कर्मों का फल है। मध्यकालीन सन्त-भक्तों में से कबीर, रैदास आदि ने अपनी जाति का प्रासंगिक उल्लेख जरूर किया है, अन्यथा उनके वैयक्तिक जीवन का कोई साक्ष्य उनकी कविता में नहीं मिलता। मीरां की कविता में उसकी वैयक्तिक पहचान, सांसारिक सम्बन्ध और सुख-दुःख बहुत मुखर और पारदर्शी ढंग से मौजूद हैं। मीरां सन्त-भक्तों की तरह न तो इनके प्रति उदासीन है और न इनको अनदेखा करती है। सन्त-भक्त अपनी स्थानिक पहचान को लेकर सजग नहीं हैं, लेकिन मीरां इसको याद रखती है। वह कुल मर्यादा छोड़ती है लेकिन अपनी पहचान नहीं छिपाती। एक जगह वह कहती है—*पीहर म्हारो देश मेड़तो छांड़ी कुल की कांणी।* वह अपने पीहर मेड़ता को छोड़ते हुए कहती है—*साध संग मोहि प्यारा लागे, लाज गयी घूँघट की/पीहर मेड़ता छोड़ा अपना, सुरत निरत दोइ चटकी।* एक अन्य स्थान पर वह अपनी कविता में अपने पीहर मेड़ता और ससुराल चित्तौड़, दोनों का उनके कुल-वंशों के साथ स्मरण करती है। वह कहती है— *इक कुल राणा त्यारूं, आपणौं, दूजो राइ राठौड़/तीजो त्यारूं राणा मेड़तो, चौथो गढ़ चित्तौड़।* मीरां की कविता में सांसारिक सम्बन्धों का द्वन्द्व और त्रास भी है, जो आम तौर पर सन्त-भक्तों की कविता में नहीं मिलता। मीरां के मेवाड़ के शासक राणा से सम्बन्ध तनावपूर्ण हैं। मीरां कहती है—*सीसोद्यो राणा, प्यालो म्हाने क्यूं रे पठायो/भली-बुरी तो मैं नहिं किन्हीं, राणो क्यों है रिसायो।* राणा से ही नहीं, सास, ननद और देवर से मीरां के रिश्ते सौहार्दपूर्ण नहीं हैं। वह कहती है—*सासूजी बरजी ननद भी बरजी, राणोजी दावादार।* एक और स्थान पर वह कहती है—*सास लड़ै मेरी ननद खिजावै, राणा रह्या रिसाय।* अपनी सास, ननद और देवर के सम्बन्ध में उसकी राय अच्छी नहीं है—एक जगह वह कहती है—*सास हटेली, ननद चुगेली, दिवर देवत मुझ गारी।* मीरां का जाति और लोक समाज के साथ रिश्ता भी कटुता और तनाव का है। वह यहाँ भी निंदित और प्रताड़ित है। वह कहती है—*मीरां गिरिधर हाथ बिकानी लोग कहै बिगड़ी।* इसी तरह एक और स्थान पर वह कहती है—*लोग कहै मीरां भई बावरी, न्यात कहै कुल नासी।* वह एक सामान्य स्त्री की तरह अपने जीवन के सभी चरणों की दुःख-तकलीफों और कटुताओं को बार-बार याद करती है। उसके

यहाँ सन्त-भक्तों की तरह तकलीफों का उदात्तीकरण भी नहीं है। मीरां तकलीफ को तकलीफ की तरह ही महसूस करती है और कहती है। मीरां का वैवाहिक जीवन मुश्किलों से भरा हुआ था। वह एक निहायत सामान्य स्त्री की तरह इन मुश्किलों का ब्यौरा पेश करती हुई कहती है–

सासरियो दुख घणा रे सासू नणद सतावै।
देवर जेठ कुटुम कबीलो, नित उठ राड़ चलावै।
राजा बरजै, राणी बरजै, बरजै सब परिवारी।
कुंवर पाटवी सो भी बरजै और सहैल्यां सारी।

जब ससुराल में मुश्किलें बहुत बढ़ती हैं तो मीरां एक सामान्य स्त्री की तरह अपने पीहर पक्ष को भी याद करती है। वह कहती है– *म्हारे बाबो सा ने कहियो म्हाने बेगा लेबा आवे।* मीरां चित्तौड़ से मेड़ता गयी, लेकिन वहाँ पहुँचने के एक वर्ष बाद ही मालदेव के आक्रमण से मेड़ता उजड़ गया। ससुराल से प्रताड़ित निराश्रय भटकती मीरां की मार्मिक अन्तर्व्यथा भी एक सामान्य स्त्री की अन्तर्व्यथा ही ज्यादा है। वह कहती है–*सगो सनेही मेरो न कोई, बैरी सकल जहान।* एक जगह वह और कहती है–*या भव में मैं बहु दुख पायो, संसा रोग निवार।* मीरां अन्ततः परेशान होकर द्वारिका चली गयी। वह कहती है–*सादां रे संग जाय द्वारका, मैं तो भज्या श्री रणछोड़।* द्वारिका पहुँचकर श्रीकृष्ण में डूबने के बाद भी राणा के लिए उसके मन की कटुता कम नहीं हुई। अपना घर और देश छोड़ने की तकलीफ उसको वहाँ भी सालती रही। इसके लिए वह राणा को वहाँ भी कोसते रही। लोक में प्रचलित एक पद में मीरां अपने देश को एक सामान्य स्त्री की तरह राणा को कोसती हुई इस तरह याद करती है। वह कहती है– *आंबा पाक्या, कळहर कैरी, निंबूडा म्हारे देस। उदपुर रा राणा किण विध छोड्यो देस, मेवाड़ी राणा कण पर छोड्यो देस।*[5] मतलब यह है कि आम पक गये होंगे, केंरियाँ आ गयी होंगी। मेरे देश में तो केवल नीबू हैं। हे राणा! तू नहीं जानता क्या कि मैंने देश क्यों छोड़ा। एक और स्थान पर तो वह राणा को अपना झूठा और श्रीकृष्ण को अपना असली पति कहने से भी नहीं चूकती। वह कहती है– *राणा थे छो म्हारा झूंठा भरतार, सांचा छै श्री हरि सांवरा।*

4

मीरां सन्त-भक्तों की तरह संसार विरत स्त्री नहीं थी इसलिए उसकी अभिव्यक्ति और भाषा में लोक बहुत सघन और व्यापक है। मध्यकाल में देशाटन और पारस्परिक सम्पर्क-सान्निध्य से सन्त-भक्तों की अभिव्यक्ति और भाषा के कुछ रूप रूढ़ हो गये थे। ये रूप स्थान भेद के बावजूद कमोबेश सभी सन्त-भक्तों की कविता में मिलते हैं। खास बात यह है कि मीरां की कविता में इन रूढ़ अभिव्यक्ति और भाषा रूपों का प्रयोग बहुत कम है। सन्त-भक्तों से अलग मीरां एक संसारी स्त्री थी और उसका

उठना-बैठना और संवाद अपने कुटुम्ब-कबीले और लोक समाज के साथ था। वह लोक विमुख और वीतराग स्त्री नहीं थी—उसका जीवन राजा-प्रजा, माता-पिता, सास-ससुर, देवर-जेठ, ननद-भाभी, सखि-सहेली आदि रिश्तों के दायरे के भीतर था। इनके साथ उसके सुख-दुख और राग-द्वेष के रिश्ते थे। उसकी कविता में इसीलिए सन्त-भक्तों से अलग इस पारिवारिक और सामाजिक जीवन की रूढ़ दैनन्दिन अभिव्यक्ति और भाषा रूपों की भरमार है। मीरां नश्वर सांसारिक जीवन के लिए कहती है—*जीवणो दिन चार,* आकुल-व्याकुल होने पर उसके मुँह से निकलता है—*हियो फाटत मेरी छाती,* अपने दुर्भाग्य पर टिप्पणी करते वह कहती है—*अपणा करम का ही खोट, दोष कांई दीजे री आली।* अन्यमनस्क होने पर वह कहती है—*दिन नहीं भूख रैण नहीं निदरा, भोजन भावन गयी,* अपने दुर्भाग्य पर दुखी होकर वह कहती है—*मैं मंदभागण करम अभागण,* सत्ता और समाज को चुनौती देना हो तो उसका कथन है— *मीरां कहै मैं भयी रावरी, कहो तो बजाऊँ ढोल* और अभ्यर्थना लम्बी हो रही हो तो उसके मुँह से निकलता है कि *ऊभी-ठाढी अरज करत हूँ, अरज करत भयी भोर।* इनके अतिरिक्त *मेरा नैणा बाण पड़ी, खाय न खूटे चोर न लूटे, अबके जिन टालो दे जावो, पंडर हो गये केस, रहूँगी बैरागण होइ री, अधबिच मत छिटकाज्यो, तुम बिनि नींद न आवै हो, घायल की गति घायल जाणै, धान न भावै नींद न आवै, दियो रे लियो तेरे संग चलेगो, घड़ी एक नहीं आवड़े और करम गति टारे नहीं टरे* जैसी लोक सुलभ कथन भंगिमाओं की मीरां की कविता में भरमार है।

मीरां की भाषा और मुहावरा अपने समकालीनों से भिन्न पूरी तरह स्थानीय है। यह भाषा और उसका खास मुहावरा राजस्थान के मेवाड़-मारवाड़ के अलावा और कहीं इस्तेमाल नहीं होता। सहेलियों से बाँहें खोल कर मिलने के आह्लाद के लिए वह कहती है—*आवो मिलो सहेलड़्याँ, बाथां सुख लीजै हो।* भगवान कृष्ण के प्रेम में सराबोर हो जाने के लिए उसकी व्यंजना है कि *झकोलो लाग्यो जी रंग गिरधर को आन*। अपने से सम्बन्धित लोकापवाद के बारे में कहती है—*मेरी बात नहीं जग छानी।* आकुल व्याकुल होने पर वह कहती है कि *खिंण आंगण खिंण डागले रै, खिंण-खिंण ऊभीं होई।* ओलूं (याद), ओळमा (उपालंभ), सगपण (सम्बन्ध), रूडा (सुन्दर), रीज्या (मुग्ध), डीकरी (लड़की), डागले (छत) आदि सैकड़ों शब्द मीरां की भाषा में ऐसे हैं, जो केवल राजस्थानी की मेवाड़ी-मारवाड़ी बोलियों में हैं।

मीरां के सम्बन्ध में सर्वाधिक उल्लेखनीय तथ्य यह है कि वह गूढ़ आध्यात्मिक अनुभूतियों की अभिव्यक्ति के लिए भी सन्त-भक्तों के रूढ़ अभिव्यक्ति और भाषा रूपों का सहारा नहीं लेती। यहाँ भी वह अपने स्त्री लैंगिक और दैनन्दिन जीवन की सामान्य वस्तुओं को ही सादृश्य और बिम्ब-प्रतीकों के रूप में चुनती है। उसका मुहावरा पूरी तरह स्थानीय और निजी है। कांकण (कंगन), मूंदरो (अंगूठी), घाघरो (लहँगा), दुलड़ी (दो लड़ी माला), दोवड़ो (आभूषण विशेष), अखोटा (कान का

आभूषण), झूटणो (झुमका), बेसरि (नथ), चूड़ो (हाथी दाँत की चूड़ियाँ), राखड़ी (सिर का आभूषण) आदि उसके द्वारा रोज बरते जाने वाले आभूषण और वस्त्र ही उसकी गूढ़ आध्यात्मिक अनुभूति के सादृश्य और बिम्ब-प्रतीक बनते हैं। यह सम्पूर्ण पद इस तरह से है :

चालो अगम के देस काळ देखत डरे।
भरा प्रेम को हौज, हंस केला करै॥
ओढण लज्जा चीर, धीरज को घाघरो।
छिमता कांकण हाथ, सुमत का मूंदरो॥
कांचों है विस्वास चूड़ो चित ऊजलो।
दिल दुलड़ी दरियाव सांच को दोवड़ो॥
दांतां अमृत मेख दया को बोलणों।
उबटण गुरु को ग्यान, ध्यान को धोवणों॥
कान अखोटा ग्यान, जुगत को झूटणों।
बेसरि हरि को नाम, काजल है धरम को॥
जेहरि सील संतोष, निरत को घूंघरो।
बिंदली गज और हार, तिलक गुरुज्ञान को॥
सजि सोळह सिणगार, पहिरि सोनै राखड़ी।
सांवळिया सूं प्रीत, औरां सूं आखड़ी॥
पतिबरता की सेज प्रभूजी पधारिया
गावे मीरांबाई दासी कर राखिया॥

ऐसा ही एक और पद है *बड़े घर ताळी लागी रे*। इस पद में मीरां ईश्वर से अपने सम्बन्ध को अपने लोक समाज के छीलरियै (छिछला छोटा तालाब), दरियाव (समुद्र), हाळियां-मोळ्याँ (जमींदार के खेत पर वृत्ति पर काम करने वाले), सिरदार (सामन्त जमींदार), कामदार (जागीर का प्रबन्धक), काम-कथीर (कम मूल्य की धातुएँ), सोना-रूपा (सोना-चाँदी), हजूर (भगवान) आदि प्रतीकों में समझती-समझाती है। खास बात यह है कि आध्यात्मिक सम्बन्ध के लिए इस तरह के केवल राजस्थान के मेवाड़-मारवाड़ में प्रचलित स्थानीय प्रतीकों-सादृश्यों का उपयोग किसी सन्त-भक्त ने नहीं किया। यह शब्दावली और भाषा मध्यकालीन सन्त-भक्तों में चलन में ही नहीं थी। यह पद इस प्रकार है :

बड़ै घर ताळी लागी रे।
म्हारा मन री उणारथ भागी रे
छीलरियै म्हांरो चित नहीं रहे, डावरियै कुण जाव?
गंगा-जमना सूं काम नहीं रे, मैं तो जाई मिलूं दरियाव
हाळयां-मोळयां सूं काम नहीं रे, सीख नहीं सिरदार

कामदारां सूं काम नहीं रे, मैं तो जाय करूं दरबार
काथ-कथीर सूं काम नहीं रे, लोहा चढ़े सिरभार
सोना-रूपा सूं काम नहीं रे, म्हारे हीरां रो बोपार
भाग हमारे जागियो रे, भयो समन्द सूं सीर
अमरत-प्याला छांड़ि कै, कुण पीवै कड़वो नीर
पीपा कूं प्रभु परचो दीन्हो, दिया रे खजीना पूर
मीरां के प्रभु गिरधर नागर, धणी मिल्या छै हजूर

मीरां की कविता की भाषा सन्त-भक्तों से अलग, स्त्रियों की खास भाषा है। अधिकांश मध्यकालीन सन्त-भक्त कुछ स्थानिक विशेषताओं के साथ एक रूढ़ साधु भाषा का इस्तेमाल करते हैं। यहाँ तक कि स्त्रियाँ भी जब सन्त-भक्त हो जाती हैं, तो उनकी भाषा भी साधु भाषा हो जाती है। मध्यकालीन स्त्री सन्त दयाबाई और सहजोबाई की भाषा यही साधु भाषा है। इनकी कविता में आया मुहावरा और बिम्ब-प्रतीक कबीर और उनकी परम्परा से लिए गये हैं। खास बात यह है कि इन स्त्री संतों की भाषा में इनके सन्त होने के तमाम साक्ष्य और लक्षण मौजूद हैं, लेकिन इसमें उनके स्त्री होने की कोई छाप नहीं मिलती। मीरां अपने इन समकालीन पुरुष और महिला सन्त-भक्तों से अलग है। उसकी भाषा उसके स्त्री होने की सभी अभिलक्षणाएँ है। उसकी भाषा बोलने वाली स्त्रियों की भाषा की तरह 'चटक, पुष्ट, जीवन्त और धारदार'[6] है। इस भाषा में उसके स्त्री होने का दैन्य, असहायता, शिकायतें, उलाहने, ईर्ष्या, सुख-दुःख, द्वन्द्व और चिन्ता सब आते हैं। उसका आग्रह और निवेदन आद्यंत स्त्रियोचित है। वह लगभग हर दूसरे-तीसरे पद में यह जरूर कहती है– *अरज करूँ अबला कर जोरे, स्याम तुम्हारी दासी।* उसकी शिकायतें स्त्रियोचित ईर्ष्यामय है–*म्है बुरी छां, थांके भली है घणेरी, तुम है एक रसराज।* उसकी स्त्रियोचित शिकायत सम्बन्धी एक पूरा पद यहाँ उदाहरण के लिए प्रस्तुत है–

गिरधर रूसणूंजी कोंण गुन्हां।
इक ओगुण काढो म्हामैं, म्हे भी कानां सुणां॥
मैं तो दासी थारी जनमजनम की, थे साहिब सुगणां॥
कांई बात सूं कर्‌यो रूसणूं, क्यों दुख पावो छो मनां॥
किरपा कर मोहि दरसण दीज्यो, बीते दिवस घणां॥
मीरां के प्रभु हरि अविनासी, थारो ही नांव भंणा॥

उसका रोना-कलपना और विचलित होना भी स्त्रियों जैसा है–*फारूँगी चीर करूँ गल कथा, रहूँगी वैरागण होई री।* उसे आम स्त्रियों की तरह प्रिय वियोग में दिन में भूख नहीं लगती और रात में नींद नहीं आती *(दिन नहीं भूख रैण नहिं निन्दरा, यूँ तन पल-पल छीजै हो)*। वह स्त्रियों की तरह ही ऊँचे चढ़-चढ़ कर प्रियतम की प्रतीक्षा करती है *(ऊँची चढ़-चढ़ पन्थ निहारूँ, रोय रोय अँखियाँ राती)*, आंचल से

अपने आंसू पोंछती है *(लेकिर अँचरो अँसुवन पूँछै, ऊघरि गात गयी)* और शकुन के लिए सोनचिड़ि से उड़ जाने का आग्रह करती है *(उड़ जावो म्हारी सोन चड़ी)*। वह स्त्रियों की तरह ही प्रिय आगमन पर आह्लादित होती है *(जोसीड़ा ने लाख बधाई रे, अब घर आये श्याम/आज आनन्द उमंगि भयो है, जीव लहै सुख धाम)*, सखियों के साथ मंगल गीत गाती है *(पाँच सखि इकट्ठी भई मिलि मंगल गावै हो)* और रत्न न्योछावर कर आरती सजाती है *(रतन करूँ नेछावरी ले आरति साजूँ हो)*।

सही बात तो यह है कि मध्यकालीन सामन्ती व्यवस्था और पितृसत्तात्मक विधि-निषेधों के अधीन अपने लैंगिक नियमन और दमन के विरुद्ध मीरां के आजीवन संघर्ष में भक्ति की भूमिका एक युक्ति या हथियार से ज्यादा नहीं है। विडम्बना यह है कि उसकी निर्मित और प्रचारित पहचान में स्त्री मनुष्य के रूप में किया गया उसका यह संघर्ष तो हमेशा हाशिए पर रहा है और इसमें बतौर हथियार के रूप में काम में ली गयी भक्ति सर्वोपरि हो गयी है। मीरां की कविता में उसके स्त्री अस्तित्व के अनुभव और संघर्ष के सभी रूप और लक्षण मौजूद हैं, जो उसकी अब तक निर्मित और प्रचारित सन्त-भक्त पहचान पर भारी पड़ते हैं।

सन्दर्भ और टिप्पणियाँ

1. मीरां के कवितांश, अन्यथा उल्लेख न हो तो, हरिनारायण पुरोहित द्वारा प्राच्यविद्या प्रतिष्ठान, जोधपुर के लिए सम्पादित *मीरां बृहत् पदावली*, भाग-1 (2006) से उद्धृत हैं।
2. के. दामोदरन : *भारतीय चिन्तन की परम्परा* (हिन्दी अनुवाद : जी. श्रीधरन), पीपुल्स पब्लिशिंग हाउस, नयी दिल्ली, द्वितीय संस्करण, 1997, पृ.513
3. के. दामोदरन : *भारतीय चिन्तन की परम्परा*, पृ.514
4. *हिन्दी साहित्य की भूमिका*, राजकमल प्रकाशन, नयी दिल्ली, 1997, पृ.118
5. यह भजनांश मीरां के उपलब्ध पाठों में सम्मिलित नहीं है। यह पश्चिमी राजस्थान के लोक गायकों द्वारा गाया जाता है। यहाँ यह पश्चिमी राजस्थान के मेघवाल जाति के भजनीक पद्मराम-महेशाराम के ऑडियो कैसेट *मिस्टिक लव* (कोमल कोठारी द्वारा कल्पित और निर्देशित) से उद्धृत किया गया है। मीरां के लोक प्रचलित भजनों का यह कैसेट 1998 में निनाद, मुम्बई ने जारी किया था।
6. अनामिका : *स्त्रीत्व का मानचित्र*, सारांश प्रकाशन प्रा. लि., दिल्ली, पेपरबैक संस्करण, 2001, पृ.164

5
कैननाइजेशन

इतिहास में मीरां की रहस्यवादी और रूमानी सन्त-भक्त और कवयित्री छवि का बीजारोपण उपनिवेशकाल में लेफ्टिनेंट कर्नल जेम्स टॉड ने किया। टॉड पश्चिमी भारत के राजपूताना की रियासतों में ईस्ट इंडिया कम्पनी का अधिकारी और पोलिटिकल एजेंट था। इससे पहले तक मध्यकाल में प्रचलित तवारीख, ख्यात, बही, वंशावली आदि पारम्परिक भारतीय इतिहास रूपों में मीरां का उल्लेख नहीं के बराबर था। अलबत्ता मध्यकालीन धार्मिक चरित्र-आख्यानों और लोक समाज की स्मृति में मीरां की मौजूदगी कई तरह से थी। मध्यकालीन धार्मिक चरित्राख्यानों में उसकी छवि एक असाधारण और अतिमानवीय लक्षणों वाली सन्त-भक्त स्त्री की थी, जबकि लोक उसे एक ऐसी स्त्री के रूप में जानता था, जो सामंती पद प्रतिष्ठा और वैभव छोड़कर भक्ति के मार्ग पर चल पड़ी है। मध्यकालीन सामन्ती समाज के कुछ हिस्सों में उसकी पहचान एक ऐसी स्त्री के रूप में भी थी, जिसके स्वेच्छाचार से कुल और वंश की मान-मर्यादा कलंकित हुई। उन्नीसवीं सदी के पूर्वार्द्ध में टॉड ने पहले अपने विख्यात इतिहास ग्रन्थ *एनल्स एंड एंटिक्विटीज ऑफ राजस्थान* में और बाद में अपने यात्रा वृत्तान्त *ट्रेवल्स इन वेस्टर्न इंडिया* में मीरां का उल्लेख एक रहस्यवादी सन्त-भक्त और रूमानी कवयित्री के रूप में किया। यह एक तरह से मीरां का कैननाइजेशन था। मीरां की यह छवि यथार्थपरक और इतिहाससम्मत नहीं थी। इसमें उसके जागतिक अस्तित्व के संघर्ष और अनुभव को अनदेखा किया गया था, लेकिन टॉड के प्रभावशाली व्यक्तित्व और वैदुष्य ने इसे मान्य बना दिया। मीरां के इस छवि निर्माण में यूरोप के राजनीतिक और सैद्धांतिक हितों और राजपूताना के सामन्तों और उनके अतीत के सम्बन्ध में टॉड के व्यक्तिगत पूर्वाग्रहों की महत्त्वपूर्ण भूमिका थी। उपनिवेशकाल और बाद में राजस्थान की मेवाड़ और मारवाड़ रियासतों में भी इतिहास लेखन के लिए विभाग कायम हुए और इनमें टॉड से प्रभावित-प्रेरित श्यामलदास, गौरीशंकर हीराचन्द ओझा और मुंशी देवीप्रसाद जैसे देशी विद्वानों को इतिहास लेखन का जिम्मा दिया गया। ये लोग विद्वान थे, इन्होंने बहुत परिश्रमपूर्वक यह काम किया, लेकिन इनका नजरिया उपनिवेशकालीन यूरोपीय इतिहासकारों से अलग नहीं था। ये उनसे बहुत गहराई तक प्रभावित थे, इसलिए इन्होंने टॉड

द्वारा निर्मित मीरां की छवि में कुछ तथ्यात्मक भूलों को दुरुस्त करने के अलावा कोई रद्दोबदल नहीं किया।

1

टॉड ईस्ट इंडिया कम्पनी के भारत में नियुक्त ब्रिटिश अधिकारियों में से एक होकर भी कुछ मायनों में अलग था। अन्वेषण और संग्रह की नैसर्गिक प्रवृत्ति, यूरोपीय इतिहास और साहित्य की क्लासिकल परम्परा का ज्ञान, अपने कार्य क्षेत्र राजपूताना से गहरा लगाव आदि विशेषताओं के कारण उसको इनमें अलग पहचाना जा सकता है। उसका जन्म 20 मार्च, 1782 ई. को इस्लिंगटन में हुआ। उसने अपने पैतृक व्यापार के व्यवसाय को छोड़कर सैन्य जीवन अपनाने का निश्चय किया। उसे बहुत कम उम्र में ईस्ट इंडिया कम्पनी में कैडेटशिप मिल गयी। 1798 ई. में वह बूलविच रॉयल मिलिटरी एकेडमी में प्रशिक्षण के लिए भेजा गया। वहाँ से वह बंगाल आया, जहाँ 9 जनवरी, 1800 ई. को उसे दूसरी यूरोपीयन रेजिमेंट में कमीशन मिला। कुछ समय तक मोलक्का और मेराइन द्वीप पर रहने के बाद 29 मई, 1800 ई. को वह देशी पैदल फौज की 14वीं रेजिमेंट में लेफ्टिनेंट नियुक्त हुआ। 1801 ई. में दिल्ली में नियुक्ति के दौरान उसे एक पुरानी नहर के सर्वेक्षण का महत्त्वपूर्ण दायित्व दिया गया। उसके चाचा का मित्र ग्रीम मर्सर 1805 ई. में जब दौलतराव सिंधिया के दरबार में रेजिडेंट होकर गया, तो उसे भी अपने साथ ले गया। यहीं से उसके स्वतन्त्र व्यक्तित्व के निर्माण की शुरुआत हुई। उसने आगरा, जयपुर और उदयपुर के अब तक अज्ञात मार्गों की खोज और सर्वेक्षण का कार्य शुरू किया और अपने प्रयत्नों से इसे पूर्ण कर लिया। उसके इस कार्य की बहुत सराहना हुई। इस दौरान वह राजपूताना के भूगोल से भी अच्छी तरह परिचित हो गया। मर्सर के भारत छोड़ने के बाद सिंधिया के दरबार में जब रिचार्ड स्ट्रेची रेजिडेंट नियुक्त हुआ, तो टॉड की कैप्टन के रूप में पदोन्नति हुई। स्ट्रेची के दरबार छोड़ने के बाद उसे रेजिडेंट द्वितीय के सहायक का दायित्व दिया गया। इस दौरान उसने अपना अधिकांश समय सिंधु और बुंदेलखंड तथा यमुना और नर्मदा के बीच के प्रदेशों से सम्बद्ध भौगोलिक सामग्री एकत्र करने में लगाया। राजपूताना के सम्पर्क में वह इसी दौरान आया। उसने अपने इतिहास में इस दौरान राजपूताना में भय, आतंक और विनाश के माहौल का भावपूर्ण और प्रभावशाली भाषा में वर्णन किया है। मराठों ने यहाँ बहुत पहले से अपनी पकड़ मजबूत कर ली थी और अब वे यहाँ के आन्तरिक झगड़ों का लाभ उठाकर लूट-खसोट में लगे हुए थे। पिंडारियों और उनके संरक्षणकर्ता मराठों ने टिड्डी दल की तरह फैल कर लगभग सम्पूर्ण राजपूताना को उजाड़ में तब्दील कर दिया था। मेवाड़ की दुर्दशा के सम्बन्ध में उसने अपने इतिहास में लिखा कि "मेवाड़ बरबादी की ओर तेजी से बढ़ रहा था, सभ्यता का प्रत्येक चिह्न जल्दी से लुप्त होता जाता था, खेत

पड़त पड़े थे, शहर बरबाद हो गये थे, प्रजा मारी-मारी फिर रही थी, ठाकुरों और जागीरदारों की नीयतें बिगड़ गयी थीं और महाराणा व उसके परिवार को जीवन की साधारण से साधारण सुविधा भी सुलभ नहीं थी।"[1] 1817 ई. में मार्कुइस हेस्टिंग्ज के पिंडारियों को समाप्त करने के निर्णय से टॉड को पिंडारियों और उनके संरक्षणकर्ता मराठों के साथ युद्ध में संलग्न होना पड़ा। इस युद्ध में उसके भौगोलिक ज्ञान, दूरदर्शिता और सूझ-बूझ का कम्पनी सरकार ने खूब फायदा उठाया।[2] उसने इस सैन्य अभियान में निर्णायक भूमिका निभाई और सभी सैन्य कमांडरों से उसे सराहना पत्र मिले। राजपूताना पिंडारी-मराठा आतंककारियों से जब मुक्त हो गया तो यहाँ की लगभग सभी रियासतों ने 1817-18 ई. में कम्पनी सरकार के साथ संधिया कर लीं। गवर्नर जनरल ने टॉड को इन सभी के लिए अपना राजनीतिक प्रतिनिधि नियुक्त किया। उदयपुर पहुँच कर टॉड ने पिंडारियों-मराठाओं द्वारा तहस-नहस कर दी गयीं राजपूताना की रियासतों के पुनर्निर्माण पर अपना ध्यान एकाग्र किया। उसकी पहल पर इन रियासतों में कई सुधार लागू किये गये। उसने 1819 ई. में जोधपुर और 1820 ई. में कोटा और बूंदी रियासतों की यात्राएँ कीं। राजपूताना के सामन्तों से वह बहुत प्रभावित हुआ। यहाँ के 'राजपूत अपने महान कार्यों से संसार के सामने आ जाएँ'[3] इसके लिए उसने उनका इतिहास लिखने का निर्णय किया। यहाँ रहकर उसने राजपूतों से सम्बन्धित शिलालेख, ख्यात, बही, वंशावली, ताम्रपत्र, सिक्के आदि एकत्र किये। उसने यहाँ के चारण-भाटों और ब्राह्मणों से वृत्तान्त, कथाएं आदि सुने और उनको लिपिबद्ध किया। यहाँ के सामन्तों से उसके रिश्ते बहुत आत्मीय हो गये थे। उसकी सामन्तों से निकटता की जानकारी कम्पनी सरकार को भी हुई और उच्चाधिकारी उस पर सन्देह करने लगे। निरन्तर परिश्रम और यात्राओं से उसका स्वास्थ्य भी बहुत बिगड़ गया था। अन्ततः जून, 1822 ई. में इस पद से त्यागपत्र देकर वह उदयपुर से विदा हुआ और गोगूंदा, रणकपुर, सिरोही, माउंटआबू, चन्द्रावती, सिद्धपुर, पाटण, बड़ौदा, भावनगर, पालीताना, जूनागढ़, द्वारिका, सोमनाथ और कच्छ होता हुआ मुम्बई गया। वहाँ से वह 1823 ई. में इंग्लैंड रवाना हो गया। यहाँ पहुँचकर उसने केन्द्रीय भारत और राजपूताना सम्बन्धी अपनी अब तक एकत्र शोध सामग्री को व्यवस्थित कर उसका अध्ययन शुरू किया। पाँच-छह वर्षों के कठिन परिश्रम के बाद उसने राजपूताना का पहला विस्तृत इतिहास *एनल्स एंड एंटिक्विटीज ऑफ राजस्थान* लिखा, जिसका पहला भाग 1829 ई. और दूसरा भाग 1832 ई. में प्रकाशित हुए। यह कार्य सम्पूर्ण कर लेने के बाद उसने अपनी अन्तिम पश्चिमी भारतीय यात्रा का वृत्तान्त लिखना शुरू किया। इसके प्रकाशन से पूर्व ही 1835 ई. में उसका आकस्मिक निधन हो गया। यह यात्रा वृत्तान्त उसके मरणोपरान्त *ट्रेवल्स इन वेस्टर्न इंडिया* के नाम से 1839 ई. में प्रकाशित हुआ।

टॉड में अन्वेषण और संग्रह की नैसर्गिक प्रवृत्ति थी। उसने अपने इस स्वभाव

के सम्बन्ध में एक जगह लिखा है कि "ये खोजबीन की बातें जो किसी निरुद्योगी पुरुष को यकायक थका देने वाली और भयावह प्रतीत होंगी, मेरे लिए राजकाज से अवकाश के समय मन बहलाव के सौदे बन जाती हैं।"[4] उसने अपने कार्यकाल के दौरान यहाँ से कई शिलालेख, ताम्रपत्र, पांडुलिपियाँ, सिक्के आदि अपना धन व्यय करके एकत्र किये और वह इनको इकतालीस बक्सों में भर कर इंग्लैंड ले गया। अपना इतिहास ग्रन्थ पूरा करने के बाद यह सामग्री उसने इंडिया हाउस और रॉयल एशियाटिक सोसायटी में जमा करा दी। टॉड को यूरोपीय इतिहास और क्लासिकल साहित्य का भी विस्तृत ज्ञान था। उसका जन्म फ्रांस की राज्य क्रान्ति से तत्काल पहले हुआ था, इसलिए वह मोंटेस्क्यू, ह्यूम, गिबन आदि के विचारों से प्रभावित था।[5] कॉलरिज और वर्ड्सवर्थ की कविताएँ भी उसके मन-मष्तिष्क में थीं। वह रोम, ग्रीस, सीरिया, इजिप्ट आदि के इतिहास से भी बखूबी वाकिफ था। उसने उसमें वर्णित आख्यानों, चरित्रों आदि की तुलना यहाँ से उपलब्ध ऐसी ही सामग्री से करने की कोशिश की। उसके व्यक्तित्व का सबसे उल्लेखनीय पहलू यह था कि उसे राजपूताना और यहाँ के सामन्तों से गहरा लगाव था। वह उनमें घुल-मिल गया था। उसके सौहार्दपूर्ण व्यवहार और सहयोगात्मक रुख के कारण सामन्तों का नजरिया भी उसके प्रति स्नेह और सम्मान का था। इस कारण एक बार तो उसने यहीं बस जाने का विचार भी किया। राजपूताना के सामन्तों के शौर्य, पराक्रम, त्याग आदि से वह लगभग अभिभूत था। उसके अनुसार "नैतिकता के मूलभूत सौन्दर्य के प्रति कोई भी मानव राजपूत के बराबर सजग नहीं है; और कदाचित् वह स्वभाववश अपने आप इसका पालन नहीं कर पाता है तो कोई भी अनुभवी सूत्र उसको मार्गदर्शन कराता रहता है।"[6] राजपूताना में भी खास तौर पर मेवाड़ के शासकों के बारे में उसकी राय बहुत ऊँची थी। 1806 ई. में दौलतराव सिन्धिया के साथ एक युवा अधिकारी के रूप में जब वह मेवाड़ के महाराणा से मिला, तो उसकी शान और सद्व्यवहार ने उसी समय उसके मन में गहरी जगह बना ली थी।

2

पवित्रात्मा सन्त-भक्त और असाधारण रहस्यवादी-रूमानी कवयित्री के रूप में मीरां के कैननाइजेशन और छवि निर्माण करने वाली टॉड की मीरां विषयक टिप्पणियाँ टॉड के ग्रन्थों—*एनल्स एंड एंटिक्विटीज ऑफ राजस्थान* और *ट्रेवल्स इन वेस्टर्न* इंडिया में आयी हैं। टॉड के समय तक राजस्थान के इतिहास से सम्बन्धित बहुत सारी सामग्री उपलब्ध नहीं थी। रासो, ख्यात, वंशावली आदि कुछ उपलब्ध ग्रन्थों का सहयोग लेने के अलावा टॉड ने भाट, चारण, यति, ब्राह्मण आदि लोगों से सुन-सुन कर ही अपना इतिहास लिखा था। मीरां का उल्लेख मेवाड़ की किसी भी ख्यात, बही, वंशावली आदि में नहीं था, इसलिए टॉड को इसके लिए धार्मिक चरित्र-आख्यानों और

जनश्रुतियों पर ही निर्भर रहना पड़ा होगा। यही कारण है कि मीरां विषयक उसकी टिप्पणियों में तथ्यात्मक भूलें रह गयी हैं। उसने अपने इतिहास में मीरां को राणा कुम्भा (1433-1468 ई.) की पत्नी लिखा है, जबकि यात्रा वृत्तान्त में वह उसे राणा लाखा (1382-1421 ई.) की पत्नी बताता है। इस सम्बन्ध में वह गहरी उलझन में था। उसने अपने इतिहास में इस उल्लेख से सम्बन्धित पाद टिप्पणी में यह लिखा कि यह गलत भी हो सकता, क्योंकि मेवाड़ का इतिहास अभी अनिश्चित है। परवर्ती इतिहासकारों ने नवीन शोधों के आधार पर यह स्पष्ट किया कि मीरां राठौड़वंशी राव जोधा के मेड़ता के संस्थापक पुत्र राव दूदा के चौथे पुत्र रत्नसिंह की पुत्री थी, जिसका विवाह राणा सांगा (1482-1528 ई.) के ज्येष्ठ पुत्र भोजराज के साथ हुआ था। टॉड की ये टिप्पणियाँ मीरां के जन्म, विवाह आदि की तथ्यात्मक जानकारियों के लिए तो उपयोगी नहीं हैं, लेकिन इनका इतर महत्त्व बहुत है। इनसे इतिहास में मीरां की प्रतिष्ठा एक असाधारण सन्त-भक्त और रूमानी और रहस्यवादी कवयित्री के रूप में हो गयी। टॉड के इतिहास के पहले भाग के 'मेवाड़ का इतिहास' अध्याय में मीरां विषयक टिप्पणी इस प्रकार है :

> "कुम्भा ने मारवाड़ के श्रेष्ठतम में से एक, मेड़ता के राठौड़ कुल की पुत्री से विवाह किया। मीरांबाई सौन्दर्य और रूमानी भक्ति की दृष्टि से अपने समय की सर्वाधिक यशस्वी राजकुमारी थी। उसके द्वारा रचित पद फक्कड़ चारणों की तुलना में कृष्ण भक्तों में अधिक प्रचलित हैं। कृष्ण को सम्बोधित और उसकी स्तुति में रचित उसके कुछ पद सुरक्षित हैं तथा सराहे जाते हैं। हम यह निश्चयपूर्वक नहीं कह सकते कि मीरां ने अपने पति से काव्यात्मक भक्ति प्राप्त की या उनके पति ने उनसे वह अनुभूति प्राप्त की, जिससे वह गीत गोविंद और उत्तर कथा रच सके। मीरां का इतिहास एक प्रेमाख्यान है और यमुना से लेकर दुनिया के छोर (द्वारिका) तक पूरे भारत में हर मन्दिर में उसके आराध्य के प्रति भक्ति की अतिशयता ने अनेक प्रवादों को जन्म दिया।"[7]

मीरां विषयक टॉड की दूसरी टिप्पणी उसके यात्रा वृत्तान्त *ट्रेल्वस इन वेस्टर्न इंडिया* में है। इस वृत्तान्त के बीसवें प्रकरण में वेरावल, आरमरा, गुरेजा, बेट, समुद्री लुटेरों के दुर्ग, विष्णु मन्दिर सहित मीरां निर्मित कृष्ण मन्दिर का वर्णन आता है। टॉड यहाँ भक्त और कवयित्री राजपूत रानी मीरां सम्बन्धी अपनी धारणाएँ इस प्रकार रखता है :

> "परन्तु जो देवालय मेरे लिए सबसे अधिक आकर्षण की वस्तु सिद्ध हुआ वह था मेरी भूमि मेवाड़ की रानी लाखा की स्त्री सुप्रसिद्ध मीरांबाई का बनवाया हुआ सौरसेन के गोपाल देवता का मन्दिर, जिसमें वह नौ (आठ पटरानियाँ और नवीं मीरांबाई) का प्रेमी अपने मूल स्वरूप में विराजमान था, और निस्सन्देह यह राजपूत रानी उसकी सबसे बड़ी भक्त थी। कहते हैं कि उसके कवित्वमय

उद्गारों से किसी भी समकालीन भाट (कवि) की कविता बराबरी नहीं कर सकती थी। यह भी कल्पना की जाती है कि यदि गीत गोविंद या कन्हैया के विषय में लिखे गये गीतों की टीका की जाये तो ये भजन जयदेव की मूल कृति की टक्कर के सिद्ध होंगे। उसके और अन्य लोगों के बनाए भजन, जो उसके उत्कृष्ट भगवत् प्रेम के विषय में अब तक प्रचलित हैं, इतने भावपूर्ण और वासनात्मक (Sypphi) हैं कि सम्भवतः अपर गीत उसकी प्रसिद्धि के प्रतिस्पर्धी वंशानुगत गीत पुत्रों के ईर्ष्यापूर्ण आविष्कार हों, जो किसी महान कलंक का विषय बनने के लिए रचे गये हों। परन्तु यह तथ्य प्रमाणित है कि उसने सब पद प्रतिष्ठा छोड़कर उन सभी तीर्थ स्थानों की यात्रा में जीवन बिताया जहाँ मन्दिरों में विष्णु के विग्रह विराजमान थे और वह अपने देवता की मूर्ति के सामने रहस्यमय रासमंडल की एक स्वर्गीय अप्सरा के रूप में नृत्य किया करती थी इसलिए लोगों को बदनामी करने का कुछ कारण मिल जाता था। उसके पति और राजा ने भी उसके प्रति कभी कोई ईर्ष्या अथवा सन्देह व्यक्त नहीं किया यद्यपि एक बार ऐसे भक्ति के भावावेश में मुरलीधर ने सिंहासन से उतरकर अपनी भक्त का आलिंगन भी किया था। इन सब बातों से अनुमान किया जा सकता है कि (मीरां के प्रति सन्देह करने का) कोई उचित कारण नहीं था।"[8]

इस तरह कुल मिलाकर टॉड ने मीरां के सम्बन्ध में धारणा बनाई कि (1) असाधारण सौन्दर्य और रूमानी भक्ति के कारण वह अपने समय की सर्वाधिक यशस्वी राजकुमारी थी, (2) उसका इतिहास एक प्रेमाख्यान है, (3) वह उत्कृष्ट कोटि की कवयित्री थी और उसकी कविता जनसाधारण में लोकप्रिय थी, (4) उसने पद-प्रतिष्ठा छोड़ कर कृष्ण के मंदिरों की यात्राएं कीं, (5) अतिशय भक्ति, नृत्य और देशाटन के कारण समाज में उसके सम्बन्ध में कुछ लोकापवाद भी चले और (6) उसके पति और राणा ने उस पर कभी सन्देह नहीं किया। जाहिर है, टॉड ने मीरां के जागतिक स्त्री अस्तित्व के संघर्ष और अनुभव से जाने-अनजाने परहेज करते हुए अपने संस्कार, रुचि और जरूरत के अनुसार उसका एक अमूर्त, रहस्यवादी और रूमानी सन्त-भक्त और कवयित्री रूप गढ़ दिया।

जेम्स टॉड के इस कैननाइजेशन के दूरगामी नतीजे निकले। राजवंशों के ख्यात, बही, वंशावली आदि पारम्परिक इतिहास रूपों में लगभग बहिष्कृत मीरां को अब राज्याश्रय में लिखे जाने वाले इतिहासों में भी जगह मिलने लगी। श्यामलदास ने मेवाड़ के राज्याश्रय में 1886 ई. में लिखे गये अपने इतिहास वीर विनोद *(मेवाड़ का इतिहास)* में मीरां का उल्लेख बहुत सम्मानपूर्वक किया है। उन्होंने मीरां के राणा कुम्भा से विवाह की कर्नल टॉड की तथ्यात्मक भूल को दुरुस्त करते हुए लिखा कि "मीरांबाई बड़ी धार्मिक और साधु-सन्तों का सम्मान करने वाली थी। यह विराग

के गीत बनाती और गाती, इससे उनका नाम बड़ा प्रसिद्ध है।"[9] स्पष्ट है कि मीरां का यह रूप कर्नल टॉड की मीरां सम्बन्धी कैननाइजेशन से प्रभावित है और इसमें भक्ति और वैराग्य को खास महत्त्व दिया गया है। अलबत्ता श्यामलदास ने पाद टिप्पणी में यह उल्लेख जरूर किया है कि "मीरां महाराणा विक्रमादित्य व उदयसिंह के समय तक जीती रही, और महाराणा ने उसको जो दुःख दिया, वह उसकी कविता से स्पष्ट है।"[10] श्यामलदास का *वीर विनोद* मेवाड़ के समग्र इतिहास पर एकाग्र था और उसमें मीरां विषयक केवल कुछ पंक्तियाँ और पाद टिप्पणियाँ ही थीं। *वीर विनोद* के प्रकाशन के कुछ वर्षों बाद ही 1898 ई. में जोधपुर रियासत के मुहकमें तवारीख (इतिहास विभाग) से सम्बद्ध मुंशी देवीप्रसाद ने एक पुस्तकाकार विनिबन्ध *मीरां का जीवन चरित्र* लिखा। उन्होंने और भी कई इतिहास पुरुषों पर भी इसी तरह के शोधपूर्ण विनिबन्ध लिखे। मुंशी देवीप्रसाद ने दावा किया कि उनकी जानकारियाँ भक्तमालों और कर्नल टॉड कृत इतिहास से ज्यादा सही और प्रामाणिक हैं। उनके अनुसार मध्यकालीन ग्रन्थो की मीरां विषयक जानकारियाँ 'तवारीखी सबूत और तवारीखी दुनिया से बहुत दूर' और 'अटकलपच्छू और सुनी-सुनाई बातों' पर आधारित हैं।[11] मीरां के जीवन से जुड़ी कुछ बहु प्रचारित घटनाओं; जैसे अकबर और तानसेन की मीरां से भेंट और मीरां का तुलसीदास से पत्राचार को मुंशी देवीप्रसाद ने 'भोले-भाले भक्तों की मीठी गप्पें' कहा।[12] उनके अनुसार "भक्तों ने मीरांबाई के सलूक और अहसानों का बदला ऐसी-ऐसी मनोरंजन कथाओं के फैलाने से दिया।"[13] इस विनिबन्ध से मीरां के पति, पिता, ससुर, जन्म, विवाह आदि से जुड़ी कुछ भ्रांतिगों का निराकरण हुआ। उसके पीहर के राठौड़ और ससुराल के सिसोदिया वंश के सम्बन्ध में कुछ नयी जानकारियाँ सामने आयीं। मुंशी देवीप्रसाद ने दावा तो यह किया था कि वे मीरां विषयक वर्णन में भक्तमाल और कर्नल टॉड से 'ज्यादा सही' हैं, लेकिन यथार्थ में ऐसा था नहीं। उनके इस विनिबन्ध ने भी मीरां के सन्त-भक्त रूप को ही पुष्ट और विस्तृत किया। उन्होंने भी सहारा तथ्यों के बजाय जनश्रुतियों का ही लिया। इतिहास पर निर्भर रहने के दावे के बावजूद उनकी कुछ सीमाएँ थीं। एक तो वे सामन्तों के यहाँ आश्रित थे, इसलिए उनके अतीत के सम्बन्ध में कोई अप्रसन्नकारी टिप्पणी करने का साहस उनमें नहीं था और दूसरे, मीरां सम्बन्धी अपनी अधिकांश जानकारियाँ उन्होंने श्यामलदास और गौरीशंकर ओझा से पत्राचार कर जुटाई थीं[14], जिनका नजरिया सामन्ती अतीत से अभिभूत कर्नल टॉड से प्रभावित था। मुंशी देवीप्रसाद ने अपने इस निबन्ध में मीरां से सम्बन्धित कुछ घटनाओं को गप्पें कहकर खारिज कर दिया, लेकिन दूसरी तरफ उससे सम्बन्धित कुछ अपुष्ट संकेतों को बढ़ा-चढ़ा कर इसमें शामिल भी कर लिया। उनके द्वारा अतिरंजित ये संकेत इस प्रकार हैं :

1. "मीरांबाई को भी बचपन से ही गिरिधरलाल जी का इष्ट हो गया था और वे

उनकी मूरति से दिल लगा बैठी थीं और ससुराल में गयीं जब भी उनको अपने साथ इष्टदेव की तरह ले गयी थीं और अब जो विधवा हुईं तो रात-दिन उसी मूरति की सेवा पूजा जी जान से करने लगीं।"[15]

2. (पति भोजराज की मृत्यु के बाद) "मीरांबाई ने इस तरह ठीक तरुणावस्था से संसार के सुखों से शून्य हो कर अपनी बदकिस्मती का कुछ ज्यादा सन्ताप और विलाप नहीं किया बल्कि परलोक के दिव्यभोग और विलासों की प्राप्ति के लिए भगवत् भगति में एकचित्त रत होकर इस असार संसार को स्वप्न तदवत संपति का ध्यान एकदम से छोड़ दिया।"[16]

3. (चित्तौड़ से लौटकर) "मीरांबाई का क्या परिणाम हुआ यह तवारीखी वृत्तान्त की तरह तो कुछ मालूम नहीं लेकिन भगत लोग ऐसा कहते हैं कि वे द्वारिका जी के दर्शन करने को गयी थीं वहाँ एक दिन ब्राह्मणों के धरना देने से जिन्हें राणा ने उनको लौटा लाने के वास्ते भेजा था, यह पद गाया–*मीरां के प्रभु मिल बिछड़न नहीं कीजे*–और रणछोड़ जी की मूरति में समा गयी।"[17]

मीरां विषयक इन उल्लेखों का कोई ऐतिहासिक आधार नहीं था। मुंशी देवीप्रसाद इनकी पुष्टि केवल 'ऐसा कहते हैं' से करते हैं। इस तरह कमोबेश वे भी उन्हीं जनश्रुतियों का सहारा लेते हैं, जिनको पहले वे 'अटकलपच्छू और सुनी-सुनाई बातें' कहकर खारिज कर देते हैं। स्पष्ट है कि ऐतिहासिक होने के दावे के साथ प्रस्तुत इन अनैतिहासिक जानकारियों से मीरां के सन्त-भक्त रूप के विस्तार और पुष्टि में ही मदद मिली। सत्ता के साथ मीरां के तनावपूर्ण सम्बन्धों पर भी मुंशी देवीप्रसाद कोई नयी रोशनी नहीं डालते। इस सम्बन्ध में वे भी टॉड की तरह दोष मीरां के साधु-सन्तों से अत्यधिक मेलजोल को देते हैं। वे लिखते हैं कि "राणाजी ने मीरांबाई को तकलीफ दी क्योंकि उनकी भगति देखकर साधु-सन्त उनके पास बहुत आया करते थे। यह बात राणा जी को बुरी लगती थी और ये बदनामी के खयाल से उन लोगों का आना-जाना रोकने के वास्ते मीरांबाई के ऊपर सख्ती किया करते थे।"[18]

मेवाड़ के इतिहास कार्यालय के मंत्री गौरीशंकर हीराचन्द ओझा भी 1928 ई. में मेवाड़ के राज्याश्रय में लिखे गये अपने *उदयपुर राज्य का इतिहास* में टॉड की धारणा को ही दोहराते हैं। मीरां की लोकप्रियता का उल्लेख जेम्स टॉड ने भी किया था और लगभग इसे ही दोहराते हुए ओझा लिखते हैं कि "हिन्दुस्तान में बिरला ही ऐसा गाँव होगा जहाँ भगवद्भक्त हिन्दू स्त्रियाँ या पुरुष मीरांबाई के नाम से परिचित न हों और बिरला ही ऐसा मन्दिर होगा जहाँ उनके बनाये भजन न गाये जाते हों।"[19] ओझा मेवाड़ राजवंश की मीरां से नाराजगी की बात तो स्वीकार करते हैं, लेकिन वे भी कर्नल टॉड, श्यामलदास और मुंशी देवीप्रसाद की तरह इसके लिए दोष मीरां के सन्त-भक्तों से अत्यधिक मेलजोल को देते हैं। वे लिखते हैं कि "मीरांबाई के भजनों की ख्याति दूर-दूर तक फैल गयी थी और सुदूर स्थानों से साधु-सन्त उससे

मिलने आया करते थे। इसी कारण विक्रमादित्य उससे अप्रसन्न रहता था और उसको तरह-तरह की तकलीफें देता था।"[20] उन्नीसवीं सदी में टॉड और उनके अनुकरण पर श्यामलदास और मुंशी देवीप्रसाद और बीसवीं सदी के आरम्भ में गौरीशंकर हीराचन्द ओझा ने इतिहास में मीरां की जो लोकप्रिय सन्त-भक्त स्त्री छवि निर्मित की कालान्तर में साहित्य सहित दूसरे प्रचार माध्यमों में यही छवि चल निकली।

4

मीरां की असाधारण और पवित्रात्मा स्त्री सन्त-भक्त और रूमानी-रहस्यवादी कवयित्री छवि के निर्माण में जाने-अनजाने टॉड के भारतीय इतिहास विषयक खास यूरोपीय नजरिए और तत्कालीन राजपूताना के मेवाड़-मारवाड़ के सामन्तों के सम्बन्ध में वैयक्तिक पूर्वाग्रहों की निर्णायक और महत्त्वपूर्ण भूमिका रही है। भारतीय इतिहास और समाज को जानने-समझने के उपक्रम उन्नीसवीं सदी के आरम्भ में यूरोपीयन विद्वानों ने शुरू किये। इन विद्वानों में से अधिकांश ईस्ट इंडिया कम्पनी के भारत के विभिन्न भूभागों ऊँचे पदों पर नियुक्त अधिकारी थे, जिन्होंने अपने अधीनस्थ क्षेत्रों को अच्छी तरह से जानने-समझने के लिए वहाँ के इतिहास, समाज, धर्म, कानून आदि का विस्तृत अध्ययन किया। इसी दौरान यूरोपीय विश्वविद्यालयों में भी भारतीय इतिहास, समाज और संस्कृति के अन्वेषण की शुरुआत हुई। उन्नीसवीं सदी में हुए इन विभिन्न अध्ययनों की विश्लेषण विधियों को अमर्त्य सेन ने विदेश प्रेमी, दंडाधिकारी और संग्रहाध्यक्षीय नाम से वर्गीकृत किया है।[21] विदेश प्रेमी विश्लेषण विधि में जोर भारत की अलग और विस्मयकारी गैर भौतिक बातों पर था। इसके अन्तर्गत आने वाले फ्रीडरिख, श्लेगल, शेलिंग आदि विद्वानों ने यूरोप में भारत की अद्भुत और विस्मयकारी धार्मिक-आध्यात्मिक तस्वीर पेश की। दंडाधिकारी विश्लेषण विधि में यूरोपीय विद्वानों ने अपना अधीनस्थ और शासित क्षेत्र मानकर श्रेष्ठता और स्वामित्व के भाव से भारत को समझा और परखा। जेम्स मिल जैसे विद्वान इस विश्लेषण विधि से इस निष्कर्ष पर पहुँचे कि भारत एक आदिम और असभ्य देश है, इसलिए इस पर ब्रिटिश साम्राज्य की सुधारवादी और उदारमना छत्रछाया अपेक्षित है। संग्रहाध्यक्षीय विश्लेषण विधि में बौद्धिक जिज्ञासा के तहत भारतीय इतिहास, समाज और संस्कृति को देख-समझकर उसके विश्लेषण और 'प्रदर्शन' पर बल दिया गया था। इस विधि में विदेश प्रेमी विश्लेषण विधि की तरह केवल अद्भुत और असाधारण का आग्रह नहीं था और यह दंडाधिकारी विश्लेषण विधि की तरह अधीनस्थ क्षेत्र की प्रशासनिक जरूरतों से भी प्रेरित नहीं थी, इसलिए अपेक्षाकृत निष्पक्ष थी। टॉड राजपूताना के इतिहास और समाज को जानने-समझने के लिए बौद्धिक जिज्ञासा के कारण ही आकृष्ट हुआ था, उसका नजरिया भी यहाँ से गहरे लगाव और सहानुभूति का था इसलिए उसकी विश्लेषण विधि को संग्रहाध्यक्षीय के अन्तर्गत ही रखा जाएगा। इस विधि के अन्तर्गत

आने वाले विलियम जोन्स, थामस कोलब्रुक आदि अन्य विद्वानों की तुलना में यहाँ के सम्बन्ध में टॉड की धारणाएँ और निष्कर्ष कई बार ज्यादा युक्तिसंगत हैं। इनमें से कुछ धारणाएँ बाद में भारतीय शोधों से भी सही साबित हुई हैं। उन्नीसवीं सदी के आरम्भ में उसने अपने राजपूताना विषयक शोध कार्यों से सिद्ध किया कि भारतीय अनैतिहासिक नहीं है और उनके पास अपने इतिहास से सम्बन्धित पर्याप्त सामग्री है, जबकि उसके समकालीन अधिकांश यूरोपीय इतिहासकार मानते थे कि भारतीयों की अपना इतिहास लिखने में कभी दिलचस्पी नहीं रही। उसने एक जगह लिखा है कि "कुछ लोग आँख मींच कर यह मान बैठे हैं कि हिन्दुओं के पास ऐतिहासिक ग्रन्थों जैसी कोई चीज नहीं है।... मैं फिर कहूँगा कि इस प्रकार के अर्थहीन अनुमान लगाने में प्रवृत्त होने से पहिले हमें जैसलमेर और अणहिलवाड़ा (पाटण) के जैन ग्रन्थ भंडारों और राजपूताना के राजाओं और ठिकानेदारों के अनेक निजी संग्रहों का अवलोकन कर लेना चाहिए।"[22] अन्य अधिकांश यूरोपीय इतिहासकारों से भिन्न टॉड की यह भी धारणा थी कि भारतीय सामन्त प्रथा ठीक वैसी ही है जैसी यूरोप में पायी जाती थी। यूरोपीय इतिहासकार मानते थे कि भारत में भूमि का स्वामी राजा होता है, जबकि टॉड का निष्कर्ष इससे एकदम अलग था। उसके अनुसार राजस्थान में रैयत अथवा किसान ही भूमि का असली मालिक होता है।[23] बाद में रोमिला थापर आदि भारतीय इतिहासकार भी इसी निष्कर्ष पर पहुँचे।[24] टॉड की संग्रहाध्यक्षीय विश्लेषण विधि कुछ हद तक युक्तिसंगत और निष्पक्ष थी, लेकिन यह विदेश प्रेमी और दंडाधिकारी व्याख्याओं से पूरी तरह अप्रभावित नहीं रह पायी। यह बात टॉड सहित सभी संग्रहाध्यक्षीय विश्लेषणों पर लागू होती है। अमर्त्य सेन के शब्दों में "ये विश्लेषण पूरी तरह निष्पक्ष नहीं रह पाये, उनमें किसी न किसी तरह के रुझान अवश्य प्रभावी हुए।"[25] विदेश प्रेमी विश्लेषकों की तरह कुछ हद तक टॉड का आग्रह भी यहाँ के 'परम अद्‌भुत'[26], धार्मिक-आध्यात्मिक, रहस्यमय और गैरभौतिक के प्रति ज्यादा है। इसी तरह दंडाधिकारी विश्लेषकों की तरह टॉड भी यूरोपीय जाति को भारतीयों से श्रेष्ठ मानता था। कवि चन्दरबरदाई के काव्यानुवाद से सम्बन्धित एक हस्तलिखित टिप्पणी में उसने लिखा कि "मैंने इन लोगों के साथ हिलमिल कर इनकी भावनाओं को ग्रहण किया, यद्यपि उत्तमता में ये हमारी श्रेणी तक नहीं पहुँच सकते, परन्तु यह ज्ञात कर लिया जाये कि अत्याचार और दमन से पूर्व ये कैसे रहे होंगे तो ग्राह्य प्रतीत होंगे।"[27]

मीरां के छवि निर्माण में टॉड का नजरिया जाने-अनजाने विदेशी प्रेमी और दंडाधिकारी रुझानों से प्रभावित रहा है। टॉड मीरां के भौतिक स्त्री अस्तित्व के जागतिक संघर्ष और अनुभव से अपरिचित नहीं था। सत्ता से मीरां के कटु और तनावपूर्ण सम्बन्ध की जानकारी भी उसको धार्मिक-साम्प्रदायिक चरित्र-आख्यानों और जनश्रुतियों के माध्यम से थी। उसकी मीरां विषयक दोनों टिप्पणियों में इसके

संकेत विद्यमान हैं। पहली में वह लिखता है कि "भक्ति की अतिशयता ने उसके सम्बन्ध में अनेक प्रवादों को जन्म दिया।"[28] दूसरी में वह लिखता है कि "वह अपने देवता की मूर्ति के सामने रहस्यमय रासमंडल की अप्सरा की तरह नृत्य किया करती थी इसलिए लोगों को कुछ बदनामी करने का कुछ कारण मिल जाता था। इसी टिप्पणी में वह आगे लिखता है कि "(मीरां के प्रति सन्देह करने का) कोई उचित कारण नहीं था।"[29] टॉड मीरां के जागतिक सरोकार और संघर्ष के इन संकेतों को विस्तृत नहीं करता। वह विदेश प्रेमी व्याख्याओं के प्रभाव में उसके व्यक्तित्व से सम्बद्ध गैरभौतिक, रोमांटिक और धार्मिक-आध्यात्मिक संकेतों को आधार बनाकर अपनी कल्पनाशीलता से उसकी सर्वथा नयी और असाधारण छवि गढ़ता है। संग्रहाध्यक्षीय विश्लेषण विधि दंडाधिकारी विश्लेषण विधि से अलग थी, लेकिन उससे एकदम अछूती नहीं थी। अनजाने ही मीरां की यह गैरभौतिक, रहस्यवादी और रूमानी छवि गढ़ने में टॉड इससे भी प्रभावित हुआ। दंडाधिकारी विश्लेषण भारतीय समाज को गतानुगतिक और अपरिवर्तनशील मानकर यहाँ पर ब्रिटिश साम्राज्य की उपयोगिता का तर्क देते थे। यह धारणा सही नहीं थी। दरअसल यहाँ जब भी वर्चस्ववादी ताकतों का जोर बढ़ा तो उनके विरुद्ध प्रतिरोध के स्वर भी मुखर हुए हैं। मध्यकालीन सामन्ती और पितृसत्तात्मक विचारधारा के अधीन अपने लैंगिक दमन और शोषण के विरुद्ध मीरां का आजीवन संघर्ष यहाँ की निरन्तर सामाजिक गतिशीलता और द्वन्द्व का ही एक रूप था, लेकिन दंडाधिकारी रुझान के प्रभाव में टॉड ने जाने-अनजाने इसकी अनदेखी की।

मीरां के छवि निर्माण में राजपूताना और यहाँ के सामन्तों के सम्बन्ध में टॉड के वैयक्तिक पूर्वाग्रहों की भी महत्त्वपूर्ण भूमिका थी। टॉड की राजपूताना के सामन्तों से अन्तरंगता थी और वह उनमें घुलमिल गया था। वह यहाँ के सामन्तों को 'अपने राजपूत'[30] और मेवाड़ को 'मेरी भूमि'[31] कहता था। पोलिटिकल एजेंट के रूप में अपने कार्यकाल के दौरान मिले अगार स्नेह और सम्मान के कारण यहाँ के सामन्तों के प्रति उसके मन में गहरी कृतज्ञता थी। उसके इतिहास ग्रन्थ के सम्पादक विलियम क्रूक के शब्दों में "वह राजस्थान के राजपूत राजाओं और उनमें भी खास तौर पर मेवाड़-मारवाड़ का कुख्यात पक्षधर था।"[32] वह यहाँ के सामन्तों के शौर्य, पराक्रम, त्याग और निष्ठा से लगभग अभिभूत था। अपने इतिहास ग्रन्थ की भूमिका में उनके सम्बन्ध में उसने एक जगह लिखा कि "अनेक शताब्दियों तक एक वीर जाति का अपनी स्वतन्त्रता के लिए लगातार युद्ध करते रहना, अपने पूर्वजों के सिद्धान्तों की रक्षा के लिए प्राणोत्सर्ग करना और अपनी मान-मर्यादा के लिए बलिदान हो जाने की भावना रखना, मनुष्य के जीवन की ऐसी अवस्था है, जिसको देखकर और सुनकर शरीर में रोमांच हो जाता है।"[33] मीरां मारवाड़ की बेटी और मेवाड़ की बहू थी और उसका स्वेच्छाचार और विद्रोही तेवर इन दोनों राजवंशों के लिए निरन्तर

चुमने वाली कील की तरह असुविधा बन गया था। मीरां जनसाधारण में लोकप्रिय थी, इसलिए टॉड उसकी अनदेखी तो नहीं कर पाया, लेकिन उसने उसकी छवि इस तरह से गढ़ी कि सामन्तों को असुविधा लगने वाली उसकी चारित्रिक विशेषताएँ गौण होकर ध्यानाकर्षक नहीं रह गयीं। उसने मीरां के सम्पूर्ण जीवन को एक रूमानी और रहस्यमय प्रेमाख्यान में बदल दिया। मीरां सामन्ती इतिहास और स्मृति में अब तक वर्जित थी, लेकिन उसका यह रूप अब इनमें स्वीकार्य हो गया। इतिहास और मीरां की कविता में इस बात के पर्याप्त साक्ष्य हैं कि मीरां तत्कालीन सत्ता की कोप भाजन रही और उसे प्रताड़ित भी किया गया लेकिन टॉड इसके लिए सामन्तों पर दोषारोपण करने से साफ बच गया। उसने अपने यात्रा वृत्तान्त में किन्तु-परन्तु के साथ यह लिखा कि "उसके पति और राजा ने भी उसके प्रति कभी कोई ईर्ष्या अथवा सन्देह व्यक्त नहीं किया यद्यपि एक बार ऐसे भक्ति के भावावेश में मुरलीधर ने सिंहासन से उतरकर अपनी भक्त का आलिंगन भी किया था—इन सब बातों से अनुमान किया जा सकता है कि (मीरां के प्रति सन्देह करने का) कोई कारण नहीं था।"[34] टॉड ने यह तो स्वीकार किया कि समाज में मीरां के सम्बन्ध में लोकापवाद प्रचलित थे, लेकिन उसने इसके लिए दोषी सामन्तों को नहीं माना। उसने इसकी जिम्मेदारी भी मीरां की भक्ति और देशाटन की अतिशयता पर डाल दी।

मीरां के विद्रोही तेवर की टॉड द्वारा की गयी अनदेखी का एक कारण और था। दरअसल टॉड के मन में राजपूत स्त्री की जो छवि थी वो यथार्थ के बजाय चारण-भाटों के अंतिरंजनापूर्ण वृत्तान्तों पर आधारित थी। राजपूताना के इतिहास में उसका सामना ऐसी स्त्रियों से हुआ था, जो अपने पति के प्रति निष्ठावान, समर्पित और अपने कुल-वंश के मान-सम्मान के लिए त्याग और बलिदान करने वाली थीं। इन स्त्रियों ने अपने पिता या पति की मान-मर्यादा की रक्षा के लिए अवसर आने पर सती होना, जौहर करना या जहर पीना स्वीकार किया था। टॉड ने अपने इतिहास में राजपूत स्त्री की जमकर सराहना की है। उसने उसका वर्णन एक सच्चरित्र, स्नेहशील, समर्पित, घर-परिवार के निर्णयों में भागीदारी करने वाली, युद्ध और संकट में अपने पति का साथ देने वाली और कायर पति को प्रताड़ित करने वाली स्त्री के रूप में किया है।[35] चारण-भाटों के वृत्तान्तों के अलावा राजपूत स्त्री की यह छवि टॉड के मन में मेवाड़ की राजकुमारी कृष्णा के अमानुषिक बलिदान से मजबूत हुई, जिसका 1806 ई. में एक युवा अंग्रेज अधिकारी के रूप में वह स्वयं साक्षी था।[36] आदर्श राजपूत स्त्री की यह छवि उसके मन में इतनी गहरी और मजबूत थी कि उसने अपने समय की राजपूत स्त्रियों की असली हैसियत और हालत के तमाम विवरणों को नजरअन्दाज कर दिया। पितृसत्तात्मक विधि निषेधों के अधीन उनका शोषण और दमन भी होता था, बहु विवाह के कारण वे औपचारिक दाम्पत्य जीवन व्यतीत करती थीं, उनके विवाह कूटनीतिक गठबन्धन

के लिए होते थे और उनमें उनकी इच्छा और उम्र को ध्यान में नहीं रखा जाता था, कन्या भ्रूण हत्याएँ भी होती थीं, लेकिन टॉड ने अपने इतिहास में कहीं भी इन पर विचार नहीं किया है। उसके इतिहास ग्रन्थ के सम्पादक विलियम क्रूक के अनुसार वह राजवंशों में विवाह, इसके नियमन और उत्सव आदि के वर्णन से परहेज करता है।[37] ई.एम. केले के अनुसार उस समय एक वर्षीय पुरुष शिशुओं की तुलना में स्त्री शिशुओं की संख्या कम थी[38], लेकिन टॉड इस तरह के विवरणों में जाने से बचता है। मीरां का टॉड की इस आदर्श राजपूत स्त्री से कोई मेल नहीं था। निष्ठा, समर्पण और त्याग जैसे आदर्श राजपूत स्त्री के गुण उसमें नहीं थे। अवज्ञा और स्वेच्छाचार उसके व्यक्तित्व की विशेषताएँ थीं और कुल-वंश की मान मर्यादा के लिए उसने सती होकर बलिदान भी नहीं दिया। देशाटन और सभी तरह के लोगों से मेलजोल के कारण उसने सामन्ती मान-मर्यादा का भी उल्लंघन किया था। सामन्त समाज में उसकी चर्चा और उल्लेख भी कुछ हद तक वर्जित थे। वह राजपूत स्त्रियों में अपवाद थी और उसका यह रूप टॉड के मन में जमी आदर्श राजपूत स्त्री छवि के प्रतिकूल था, इसलिए उसने उसको अपनी निगाह में नहीं लिया। टॉड यूरोपीय साहित्य की क्लासिकल परम्परा से परिचित था। प्रेम और रोमांस इस परम्परा में खूब थे, इसलिए उसने मीरां के जीवन और चरित्र के इन्हीं पहलुओं को उसकी छवि में सर्वोपरि कर दिया। इस तरह मीरां का जीवन संघर्ष के आख्यान के बजाय प्रेम, रोमांस और भक्ति का आख्यान बन गया।

इस तरह निष्कर्ष रूप में कहा जा सकता है कि इतिहास में मीरां का प्रचलित और लोकप्रिय रूप पूरी तरह टॉड की निर्मिति है। इस निर्मिति में भारतीय इतिहास की यूरोपीय व्याख्याओं और विश्लेषणों की अलग-अलग विधियों के रुझानों के साझा प्रभाव के साथ टॉड के राजपूताना और यहाँ के सामन्तों विषयक व्यक्तिगत पूर्वाग्रहों का भी निर्णायक योगदान है। तत्कालीन राजपूताना में टॉड की वर्चस्वकारी हैसियत और वैदुष्य का ही प्रभाव था कि पारम्परिक इतिहास रूपों से लगभग बहिष्कृत मीरां आधुनिक इतिहास में रूमानी और रहस्यवादी सन्त-भक्त और कवयित्री के रूप में मान्य हो गयी। स्वेच्छाचार और अवज्ञा के कारण मीरां के सत्ता से सम्बन्ध कटु और तनावपूर्ण थे और इस कारण उसका जागतिक अनुभव बहुत कष्टमय और त्रासपूर्ण था, लेकिन अपने वैयक्तिक पूर्वाग्रहों के कारण टॉड को उसका यह रूप स्वीकार्य नहीं हुआ। उसने अपने यूरोपीय संस्कार, ज्ञान और रुचि के अनुसार प्रेम, रोमांस और भक्ति के मेल से उसका नया स्त्री सन्त-भक्त और कवयित्री रूप गढ़ दिया। टॉड के बाद में हुए देशी इतिहासकारों ने मीरां के जीवन के सम्बन्ध में टॉड की कुछ तथ्यात्मक भूलों को तो ठीक किया, लेकिन उसकी छवि में बुनियादी रद्दोबदल की पहल उनकी तरफ से नहीं हुई।

सन्दर्भ और टिप्पणियाँ :

1. *एनल्स एंड एंटिक्विटीज ऑफ राजस्थान,* खंड-1 (सम्पादन : विलियम क्रूक), मोतीलाल बनारसीदास, दिल्ली (लन्दन : प्रथम संस्करण, 1920), पुनर्मुद्रण, 1994, पृ.546
2. 'ग्रन्थकर्ता विषयक संस्मरण', *पश्चिमी भारत की यात्रा* (हिन्दी अनुवाद : गोपालनारायण बहुरा) प्राच्यविद्या प्रतिष्ठान, जोधपुर (विलियम एच. एलन एंड कम्पनी, लन्दन : प्रथम संस्करण, 1839), द्वितीय संस्करण, 1996, पृ.11
3. पश्चिमी *भारत की यात्रा* के विज्ञापन की पाद टिप्पणी में दिये गये टॉड के एक पत्रांश से उद्धृत। यह विज्ञापन हिन्दी अनुवाद के आरम्भिक पृष्ठों में सम्मिलित किया गया है।
4. 'प्राक्कथन', *पश्चिमी भारत की यात्रा, पृ. 5*
5. गोपीनाथ शर्मा : *इतिहासकार जेम्स टॉड : व्यक्तित्व एवं कृतित्व* (सं. हुकमसिंह भाटी), प्रताप शोध प्रतिष्ठान, उदयपुर, 1992, पृ.185
6. 'प्राक्कथन', *पश्चिमी भारत की यात्रा,* पृ.4
7. *एनल्स एंड एंटिक्विटीज ऑफ राजस्थान,* खंड-1, पृ.337
8. *पश्चिमी भारत की यात्रा,* पृ.442
9. *वीर विनोद* (मेवाड़ का इतिहास) प्रथम भाग, (राज यंत्रालय, उदयपुर, प्रथम संस्करण, 1886) , मोतीलाल बनारसीदास, दिल्ली, पुनर्मुद्रण, 1986, पृ.371
10. वही, पृ.371
11. मुंशी देवीप्रसाद : *मीरांबाई का जन्म चरित्र,* बंगीय साहित्य परिषद, कोलकाता, 1954 (प्रथम संस्करण, 1898), पृ.1
12. वही, पृ.28
13. वही, पृ.28
14. वही, पृ.10
15. वही, पृ.11
16. वही, पृ.10
17. वही, पृ.26
18. वही, पृ.12
19. *उदयपुर राज्य का इतिहास* (प्रथम संस्करण, 1928), राजस्थानी ग्रन्थागार, जोधपुर, पुनर्मुद्रण, 1996-97, पृ.359
20. वही, पृ.360
21. *भारतीय अर्थतन्त्र, इतिहास और संस्कृति* (*आर्ग्यूमेंटेटिव इंडियन* का हिन्दी संस्करण), राजपाल एंड संस, दिल्ली, 2005, पृ.134
22. *एनल्स एंड एंटिक्विटीज ऑफ राजस्थान,* खंड-1, पृ.268
23. 'ग्रन्थकर्ता विषयक संस्मरण', *पश्चिमी भारत की यात्रा,* पृ.39
24. *आदिकालीन भारत की व्याख्या* (हिन्दी अनुवाद : मंगलनाथ), ग्रन्थ शिल्पी, नयी दिल्ली, 1998, पृ.11
25. *भारतीय अर्थतन्त्र, इतिहास और संस्कृति,* पृ.141
26. 'ग्रन्थकर्ता विषयक संस्मरण, *पश्चिमी भारत की यात्रा,* पृ.37
27. पाद टिप्पणी, वही, पृ.1[illegible]
28. *एनल्स एंड एंटिक्विटी[illegible] ऑ[illegible] राजस्थान,* खंड-1, पृ.337
29. *पश्चिमी भारत की यात्[illegible]* [illegible].442
30. ग्रन्थकर्ता विषयक संस्मरण, वही, पृ.32

31. वही, पृ.442
32. सम्पादकीय, *एनल्स एंड एंटिक्विटीज ऑफ राजस्थान*, खंड-1, पृ.XXVII
33. लेखक का पूर्व कथन, वही, पृ.IXIII
34. *पश्चिमी भारत की यात्रा*, पृ.443
35. 'सम्पादकीय', *एनल्स एंड एंटिक्विटीज ऑफ राजस्थान*, खंड-1, पृ.XXXVIII
36. यह घटना उस समय हुई जब फूट, आपसी प्रतिद्वन्द्विता और मराठों-पिंडारियों की निरन्तर लूटपाट के कारण राजस्थान की अधिकांश रियासतों की हालत बहुत खराब थी। कृष्णाकुमारी मेवाड़ रियासत के महाराणा भीमसिंह की राजकुमारी थी, जिसका सम्बन्ध जोधपुर रियासत के महाराजा भीमसिंह के साथ हुआ था। भीमसिंह के देहान्त के बाद उसका सम्बन्ध जयपुर के महाराजा जगतसिंह के साथ कर दिया गया। जयपुर से नाराज चल रहे ग्वालियर के शासक दौलतराव सिंधिया को यह बात नागवार गुजरी। उसने विवाह का प्रस्ताव लेकर आये जयपुर के प्रतिनिधि को उदयपुर से बाहर निकाल देने का आग्रह किया, जो महाराणा भीमसिंह ने नहीं माना। नाराज सिंधिया ने मेवाड़ पर आक्रमण कर दिया। विवश होकर भीमसिंह को उसकी बात माननी पड़ी। कृष्णाकुमारी का पहला सम्बन्ध जोधपुर में हुआ था, इसलिए वहाँ के महाराजा मानसिंह ने उसके जगतसिंह से सम्बन्ध को अपना अपमान समझा। नतीजा यह हुआ कि जोधपुर और जयपुर की सेनाएं एक-दूसरे से भिड़ गयीं। पिंडारी नवाब अमीर खाँ ने इस लड़ाई में जयपुर का साथ दिया, जिससे मानसिंह पराजित होकर जोधपुर लौट गया। जगतसिंह ने जोधपुर को घेर लिया, लेकिन इस बार मानसिंह ने घूस देकर अमीर खाँ को अपनी तरफ मिला लिया। जगतसिंह पराजित होकर जयपुर लौट गया। अमीर खाँ ने मानसिंह की तरफ से उदयपुर पहुँच कर महाराणा भीमसिंह के सामने यह प्रस्ताव रखा कि कृष्णाकुमारी मानसिंह से विवाह करे या जहर पीकर मर जाये। असहाय भीमसिंह ने अपने राज्य को उपद्रव से बचाने के लिए यह प्रस्ताव स्वीकार कर लिया। कृष्णाकुमारी ने अपने पिता की इच्छा के अनुसार जहर पीकर अपने प्राण दे दिये। टॉड ने अपने इतिहास में इस घटना का वर्णन बहुत भावपूर्ण और मर्मस्पर्शी भाषा में किया है। उसने कृष्णाकुमारी की तुलना रोम के योद्धा वियूसियस की बेटी वर्जिनिया से की है। कहते हैं कि वियूसियस ने अपनी बेटी की हत्या उसके सतीत्व की रक्षा के लिए सबके सामने कर दी थी।
37. 'सम्पादकीय', *एनल्स एंड एंटिक्विटीज ऑफ राजस्थान*, खंड-1, पृ.XXXVIII
38. वही, पृ.XXXVIII

6
छवि निर्माण

अक्सर यह सही कहा जाता है कि मीरां के सम्बन्ध में ज्ञात कम, प्रचारित ज्यादा है। मीरां का व्यक्तित्व कुछ ऐसा था कि वह अपने जीवनकाल में ही प्रचार योग्य की श्रेणी में आ गयी और उसके निधन के कुछ समय बाद उसकी छवि के निर्माण का सिलसिला शुरू हो गया। वह एक आत्मनिर्भर और स्वावलम्बी सामन्त स्त्री थी जिसका विवाह उस समय के उत्तर भारत के सबसे बड़े राज्य मेवाड़ के महाराणा सांगा के ज्येष्ठ पुत्र भोजराज के साथ हुआ था। भक्ति के संस्कार मीरां में पारम्परिक और बाल्यकालीन थे, वह सन्त-भक्तों का आतिथ्य-सत्कार और आदर सम्मान करती थी इसलिए भक्ति के तत्कालीन सांस्थानिक रूपों में उसको अपने प्रभाव के दायरे में लेने की होड़ मच गयी। उन्होंने उसको जनसाधारण में अपने से सम्बन्धित दिखाने के लिए कई कहानियाँ गढ़ीं और उनको खूब प्रचारित किया। सन्त-भक्तों के साथ निर्भय उठने-बैठने वाली स्त्री के रूप में लोकप्रिय मीरां के अपने समय के कुछ शासकों से सम्बन्ध तनावपूर्ण थे। उसने साहसपूर्वक उनकी अवज्ञा और अवहेलना की। यह लोक की अपनी इच्छाओं और कामनाओं के अनुसार था इसलिए उसने भी मीरां के साहस और स्वेच्छाचार को खूब बढ़ा-चढ़ा कर प्रचारित किया। उपनिवेशकालीन यूरोपीय इतिहासकारों के अपने निहित स्वार्थ थे। भारतीय समाज को जड़ और गत्यावरुद्ध मानने के अपने पूर्वाग्रह के कारण उन्होंने विद्रोह और स्वेच्छाचार को दरकिनार कर प्रेम, रोमांस और रहस्य को मीरां के जीवन के सर्वोपरि पहलुओं के रूप में जोड़ दिया। आरम्भिक भारतीय मनीषा पर यूरोपीय ज्ञान और वैदुष्य का प्रभाव आतंक की सीमा तक था इसलिए मीरां की यही छवि सब तरफ स्वीकार्य और मान्य हो गयी। इस तरह उपनिवेशकाल के बाद भारतीय जनसाधारण को विरासत में मीरां की जो छवि मिली वो उसकी असल छवि से बहुत दूर आ गयी थी।

आजादी के बाद शिक्षा प्रसार हुआ, मुद्रण की तकनीक से पुस्तकों और पत्र-पत्रिकाओं की उपलब्धता बढ़ी और सिनेमा, रेडियो आदि नये प्रचार माध्यमों का विकास हुआ, जिससे मीरां की पारम्परिक निर्मित छवि के प्रचार-प्रसार में तेजी आयी। आरम्भिक उत्तर उपनिवेशकालीन भारतीय मध्यवर्गीय जनसाधारण

की मनोदशा बहुत विचित्र थी। इसमें यूरोपीय प्रभाव और अपनी अस्मिता के प्रति सजगता का भाव एक साथ सक्रिय थे। यूरोपीय आधुनिकता–तर्कणावाद और प्रबोधन के कारण उसके मन में अपने अतीत और विरासत को लेकर संशय का भाव था, जबकि अस्मिता का आग्रह उसे अपनी जड़ों की ओर खींचता था। यह सच्चाई है कि आजादी के बाद भारतीय मनीषा ने अतीत और विरासत की पहचान और पुनर्गठन का अधिकांश काम इसी विभक्त मनोदशा में किया। नतीजा यह हुआ कि लोकप्रिय पुस्तकों, पत्र-पत्रिकाओं, चित्रकथाओं और सिनेमा आदि में मीरां की उपनिवेशकालीन छवि तो यथावत बनी रही, अब केवल मध्यवर्गीय हिन्दू जनसाधारण की जरूरतों के तहत उसका आदर्शीकरण हो गया और साथ ही आधुनिकता के प्रभाव में युक्ति और तर्क के के अनुसार उसमें कुछ मामूली रद्दोबदल कर लिए गये। बीसवीं सदी के अन्तिम दशकों में संचार क्रान्ति हुई, ग्लॉबलाइजेशन का नया दौर शुरू हुआ, बहुराष्ट्रीय कम्पनियाँ आयीं और इस सबसे बाजार का वर्चस्व और ताकत बहुत बढ़ गयी। संचार क्रान्ति से जो नये व्यापक पहुँच वाले सम्मोहनकारी प्रचार माध्यम आये वे पूरी तरह बाजार के अधीन और व्यावसायिक थे। इन्होंने बहुत तेजी से मध्यवर्गीय भारतीय जनसाधरण को उपभोक्ता संस्कृति में ढाल दिया। भारतीय जनसाधारण की मनोदशा में विभाजन तो पहले से ही था अब यह और गहरा और व्यापक हो गया। उपभोक्ता संस्कृति से उसका जीवन सम्बन्धी नजरिया पूरी तरह बदल गया–वह सदियों की धार्मिक अन्तर्बाधाओं से निकलकर अब खुलकर खाने-पीने और मौज में प्रवृत्त है लेकिन अपनी 'धार्मिक अस्मिता पर बल देने की'[1] प्रवृत्ति, जो उसमें पहले से थी, अब बहुत बढ़ गयी है। सेंटर फॉर स्टडी ऑफ डेवलपिंग सोसाइटीज, नयी दिल्ली द्वारा 2007 ई. में कराया गया एक राष्ट्रीय सर्वेक्षण भारतीय समाज में धर्म के बढ़ते प्रभाव की गवाही देता है। इसके अनुसार दस में से चार भारतीय अति धार्मिक हैं और दस में से पाँच भारतीय धार्मिक हैं।[2] धार्मिक अस्मिता के प्रति भारतीय जनसाधारण की सजगता इस दौरान खास तौर पर 'साम्प्रदायिक राजनीति के उत्साहपूर्ण समर्थन'[3] और धार्मिक पुनरुत्थानवादी आन्दोलनों में सक्रियता में व्यक्त हुई है। यह संयोग है मीरां की निर्मित छवि में भारतीय जनसाधारण की इस विभाजित मनोदशा की जरूरतों के पूर्ति के लिए सभी तरह की सामग्री मौजूद है। मीरां का सन्त-भक्त रूप उसकी धार्मिक अस्मिता की आग्रह के अनुसार है जबकि उसकी निर्मित छवि का प्रेम, रोमांस, रहस्य और विद्रोह उसके नये उपभोक्ता रूप की जरूरतें पूरी कर रहा है। मीरां की प्रचलित छवि में जो विविध और विरोधाभाषी तत्त्व हैं वही अब उसकी नयी छवियों के निर्माण का आधार बन रहे हैं। यहाँ हमारे समय के नये प्रचार माध्यमों में मीरां की इस निरन्तर बनती-बदलती छवि की पहचान और पड़ताल की कोशिश की गयी है।

1

गत सदी में जब संचार क्रान्ति नहीं हुई थी, तो पुस्तकें प्रचार माध्यम के रूप में खासी लोकप्रिय थीं, और अभी भी मध्यवर्ग में इनकी उपयोगिता और महत्त्व कुछ हद तक कायम है। धार्मिक अस्मिता पर बल देने का आग्रह मध्यवर्ग में धार्मिक किस्म की पुस्तकों के प्रति आकर्षण में भी व्यक्त हुआ। अक्सर मध्यवर्गीय जनसाधारण धार्मिक पुस्तकें खरीदकर पढ़ता थी और अच्छे संस्कार डालने के लिए अपने परिवार के सदस्यों और उनमें भी खास तौर पर बच्चों और महिलाओं को पढ़ने के लिए प्रेरित करता था। यह बड़ा बाजार था, जिसको गीता प्रेस, डायमंड बुक्स आदि प्रकाशकों ने अच्छी तरह समझा। गोविन्द भवन कार्यालय, कलकत्ता ने 1923 ई. में गोरखपुर में गीता प्रेस नामक प्रकाशन युनिट स्थापित की और इसके संस्थापक जयदयाल गोयनका ने सनातन धर्म के प्रोत्साहन और प्रसार के उद्देश्य से अत्यन्त सरल भाषा में बहुत कम मूल्य में धार्मिक पुस्तकों का प्रकाशन शुरू किया। इस उपक्रम को मिली अभूतपूर्व सफलता का अनुमान इस तथ्य से लगाया जा सकता है कि गीता प्रेस अब तक कई करोड़ धार्मिक पुस्तकें बेच चुका है।[4] गीता प्रेस ने गीता, रामायण, दुर्गा सप्तशती, पुराण, उपनिषद् आदि के अतिरिक्त सन्त-भक्तों के चरित्र से सम्बन्धित कई पुस्तकें प्रकाशित की हैं। 1930 ई. में गीता प्रेस ने भक्त चरित्र माला के अन्तर्गत दो खंडों में देवियों के उपदेशप्रद चरित्र *भक्त नारी* के नाम से प्रकाशित किये। इसके दूसरे खंड में शबरी, जनाबाई, करमैतीबाई और राबिया के साथ मीरांबाई का वर्णन है। गीता प्रेस के आजीवन सम्पादक हनुमानप्रसाद पोद्दार ही मीरांबाई अध्याय के लेखक भी हैं। पोद्दार ने योजनाबद्ध ढंग से मीरां के व्यक्तित्व का हिन्दू धार्मिक आस्था-विश्वासों के अनुसार रूपान्तरण किया है। उन्होंने मीरां के ऐतिहासिक मनुष्य स्त्री रूप को दरकिनार कर उसका ऐसा आदर्श हिन्दू स्त्री रूप गढ़ा है, जिसने उनके अनुसार "भारतवर्ष, हिन्दू जाति और नारी कुल को पावन और धन्य कर दिया।"[5] उन्होंने ऐसा करने के लिए नाभादास, प्रियादास आदि द्वारा वर्णित मीरां विषयक जनश्रुतियों के उपयोग के साथ कुछ मौलिक उद्‌भावनाएँ अपनी तरफ से भी कीं। यह पुस्तक बहुत लोकप्रिय हुई। 1930 से 2001 ई. के बीच इसके उनचालीस संस्करण निकले और इसकी 4,62,000 प्रतियाँ प्रकाशित हुईं।[6]

पोद्दार के अनुसार भारत की नारी जाति को धन्य करने वाली भक्तिपरायण मीरांबाई की चितवृत्तियाँ बचपन से ही भगवान की ओर झुकी हुई थीं। इसकी पुष्टि के लिए पोद्दार बचपन में किसी साधु द्वारा मीरां को गिरधरलाल की मूर्ति देने की जनश्रुति का साक्ष्य देते हैं। यही नहीं, वे कृष्ण के मीरां से विवाह को धर्म और शास्त्र सम्मत ठहराने के लिए मीरां द्वारा राणा के साथ गिरधरलाल की मूर्ति के साथ भी फेरे ले लेने की जनश्रुति का सहारा लेते हैं। कृष्ण से विवाह की जनश्रुति के सहारे पोद्दार मीरां द्वारा विवाह के बाद कुलाचार के अनुसार देवपूजा

और गौरी पूजा करने से मना करने को भी युक्तिसंगत और धर्मसंगत बना देते हैं। उनके अनुसार मीरां का विवाह कृष्ण से हो गया है इसलिए उसका यह कहना कि 'मैं तो एक गिरधरलाल के सिवा और किसी को नहीं पूजूंगी'[7] जायज है। पोद्दार प्रियादास द्वारा वर्णित उन जनश्रुतियों का खास तौर पर अतिरंजनापूर्ण वर्णन करते हैं, जिनसे धर्म और ईश्वर की महिमा उजागर होती है। मीरां द्वारा विषपान की जनश्रुति का वर्णन करते हुए पोद्दार लिखते हैं कि "अन्त में राणा ने मीरां के पास विष का प्याला भेजा। चरणामृत के नाम से सुनते ही मीरां उसे पी गयी। भगवान ने अपना विरद सँभाला, विष अमृत हो गया, मीरां का बाल भी बाँका नहीं हुआ। बलिहारी है। भगवत् कृपा से क्या नहीं होता।"[8]

मीरां का दाम्पत्य जीवन सामान्य था, उसकी अवधि बहुत छोटी थी और इस सम्बन्ध में कोई ऐतिहासिक प्रमाण नहीं मिलता, लेकिन पोद्दार ने अपनी तरफ से मीरां का आदर्श हिन्दू पत्नी रूप गढ़ा। पोद्दार को उसका यह रूप गढ़ने के लिए अतिरिक्त प्रयत्न भी करने पड़े हैं। इसके लिए उन्होंने मीरां विषयक कुछ मौलिक उद्भावनाएँ कीं और कुछ जनश्रुतियों को नये रूप में ढाल दिया। मीरां के अपने पति भोजराज से सम्बन्धों के सम्बन्ध में कोई जानकारी उपलब्ध नहीं है, लेकिन पोद्दार ने मीरां को आदर्श हिन्दू पत्नी का रूप देते हुए अपनी तरफ से जोड़ा कि उसने अपने लौकिक पति कुमार भोजराज को कभी नाराज नहीं होने दिया।[9] पोद्दार के अनुसार भोजराज मीरां से नाराज नहीं थे, उनके अनुसार मीरां की भक्ति भावना को देखकर भोजराज पहले तो कुछ नाराज हुए, परन्तु अन्त में मीरां के सरल हृदय की शुद्ध भक्ति से उन्हें बड़ी प्रसन्नता हुई। उन्होंने मीरां के लिए अलग से रणछोड़ का मन्दिर बनवा दिया। मीरां को आदर्श पतिव्रता हिन्दू स्त्री का रूप देने के लिए पोद्दार ने अपनी तरफ से यह भी जोड़ दिया कि मीरां की अनुमति से भोजराज ने दूसरा विवाह कर लिया था और अपने पति को दूसरी पत्नी से परितृप्त देखकर मीरां बहुत प्रसन्न हुई। पोद्दार के शब्दों में "कहते हैं, कुछ समय बाद मीरां की अनुमति लेकर कुमार ने दूसरा विवाह कर लिया था। मीरां को इस विवाह से बड़ी प्रसन्नता हुई। उसे इस बात का सदा संकोच रहता था कि मैं स्वामी की मनोकामना पूरी नहीं कर सकती। अब दूसरी रानी से पति को परितृप्त देखकर और परमपति परमात्मा की सेवा में अपना पूरा समय लगने की सम्भावना समझ कर मीरां को बड़ा आह्लाद हुआ।"[10] पोद्दार आगे भी मीरां का आदर्श हिन्दू स्त्री रूप गढ़ने में कोई कमी नहीं छोड़ते। प्रियादास अकबर के तानसेन सहित मीरां से भेंट करने की जनश्रुति का वर्णन करते हैं, लेकिन पोद्दार का साम्प्रदायिक हिन्दू मन इसको यथावत स्वीकार नहीं कर पाता। अकबर विधर्मी है और किसी पतिव्रता हिन्दू स्त्री का उससे भेंट करना धर्म सम्मत नहीं है, इसलिए पोद्दार अपनी तरफ से जोड़ते हैं कि अकबर वैष्णव वेश में मीरां के पास आया था।[11]

डायमंड बुक्स, नयी दिल्ली पुस्तक प्रकाशन का व्यावसायिक प्रतिष्ठान है, जिसने लोकप्रिय साहित्य के साथ हिन्दी साहित्य की श्रेष्ठ पुस्तकें भी प्रकाशित की हैं। जयशंकर प्रसाद, प्रेमचन्द, वृंदावनलाल वर्मा आदि की विख्यात पुस्तकों को पॉकेट बुक्स के रूप में प्रकाशित करने का काम इस उपक्रम ने किया है। इसने कबीर, मीरां, नानक, सूरदास और तुलसी के जीवन और काव्य से सम्बन्धित एक पुस्तक शृंखला इस सदी की शुरुआत में निकाली, जिसके लेखक-सम्पादक गिरिराजशरण अग्रवाल हैं। इस शृंखला की *प्रेम दीवानी मीरां* [12] पुस्तक के आरम्भ में मीरां का जीवन परिचय देकर बाद में उसके और पद संकलित किये गये हैं। अग्रवाल ने इसमें पदों के साथ सरल भाषा में उनका अर्थ भी दिया है। पुस्तक का लक्ष्य पाठक वर्ग नयी पीढ़ी का मध्यवर्गीय हिन्दी भाषी शिक्षित जन साधारण है। पुस्तक की भाषा सरल है, लेकिन इसका मिजाज पूरी तरह रूमानी है। डायमंड बुक्स की *प्रेम दीवानी मीरां* की मीरां गीता प्रेस की मीरां से अलग है। गीता प्रेस की मीरां एक आदर्श हिन्दू पत्नी है, जबकि डायमंड की मीरां 'पीड़ा की आगार और रस की गागर' अमूर्त स्त्री है। गीता प्रेस मीरां का ऐसा चरित्र गढ़ता है जो जन्म से मृत्यु तक हिन्दू धर्म की स्थापित मान्यताओं की कसौटी पर खरा उतरता है। डायमंड बुक्स का नजरिया अलग है। यह फर्क समय के कारण आया है। बीसवीं सदी के पूर्वार्द्ध का मध्यवर्गीय हिन्दी भाषी समाज इस सदी तक आते-आते कुछ हद तक बदल गया है। धार्मिक अस्मिता के प्रति उसकी सजगता पूर्ववत है, लेकिन उपभोक्तावादी संस्कृति के प्रसार से उसकी सोच और प्राथमिकताएँ पहले से कुछ हद तक अलग हो गयी हैं। दरअसल नये मध्यवर्ग की सोच और आचरण में द्वैत है। बीसवीं सदी के अन्तिम दशक में शुरू हुई आर्थिक उदारीकरण, मीडिया विस्फोट और ग्लॉबलाइजेशन की प्रक्रिया से इस वर्ग का मनोजगत बहुत बदल गया है। यह वर्ग सदियों की नैतिक अन्तर्बाधाओं से बाहर आ रहा है। उसके निजी जीवन में स्वतन्त्र स्त्री के लिए जगह नहीं है, लेकिन उसकी कामना में स्वतन्त्र और परम्परा-भंजक रूमानी स्त्री का कब्जा है। जाहिर है, अब उसकी काम्य स्त्री छवि पारम्परिक गीता प्रेसी स्त्री छवि से अलग है। अब उसकी काम्य स्त्री छवि रूमानी और परम्परा के विरोध में खड़ी स्त्री की है। डायमंड बुक्स ने भी इस वर्ग की रुचि और सोच के अनुसार मीरां की गीताप्रेसी छवि से अलग नयी छवि प्रस्तुत की है। मीरां की यह नयी स्त्री छवि प्रेमोन्मादिनी और परम्परा विरोधी स्त्री की है। अमूर्त किस्म का विद्रोह भी फिलहाल मध्यवर्ग की आकांक्षित छवियों का हिस्सा है इसलिए डायमंड बुक्स की मीरां के चरित्र में गीता प्रेस द्वारा हाशिए पर डाल दिये गये विद्रोह को भी तरजीह दी गयी है। डायमंड बुक्स की रूमानी और परम्परा विरोधी मीरां का परिचय गिरिराजशरण अग्रवाल के शब्दों में इस प्रकार है–

"कृष्ण की अनन्य आराधिका थीं।

कृष्ण-प्रेम की साधिका थीं।

विरह की प्रतिमूर्ति थीं।

पीड़ा का आगार थीं।

रस का सागर थीं।

मीरां ने अपने मधुर गीतों में अपनी प्रेम पीड़ा का मादक रस घोल दिया है।

मीरां एक मेघ है, जो बरस जाये तो हम तृप्त हो जायें।

उन्होंने स्वयं को कवयित्री सिद्ध करने के लिए कुछ नहीं गाया।

उनके गीत तो उनके भावों की अराजक अभिव्यक्तियाँ हैं।

जब जो भाव उठा, वैसा गाया।

ऐसी प्रेम दीवानी मीरां का परिचय पाना अपनी आत्मा में प्रकाश का स्रोत जगाना है।

उनके गीतों का गान करना प्रकाश के मादक स्रोत में स्नान करना है।

आइए, उस स्रोत की खोज में हम भी चलें।

उसके गीतों में प्रेम पीड़ा का मादक रस है।"[13]

जाहिर है, यह एक स्त्री के जागतिक संघर्ष और कष्टों का रूमानीकरण है। मीरां को मारने के उपक्रमों का वर्णन इस पुस्तक में है लेकिन अतिनाटकीय बनाकर इनका रूमानीकरण किया गया है। मीरां द्वारा विषपान का वर्णन इस पुस्तक में इस प्रकार है–

"वे साँवलिया की मूर्ति के पास बैठ गयीं।

उन्होंने साँवलिया को स्मरण किया।

चेहरे पर अलौकिक आभा जाग्रत हो उठी।

होंठों पर मुस्कान खेलने लगी।

आँखें मूँदे हुए ही उन्होंने कटोरा अपने होंठों से लगा लिया।

पंडाजी का सारा शरीर काँप उठा।

भयानक पाप की ज्वाला में उनकी आत्मा तक व्याकुल हो उठी।

मीरां शान्त भाव से बैठी हुई थीं।

पंडा उनके चरणों में गिर गया।

"मैंने घोर पाप किया है, रानी जी! यह चरणामृत नहीं था, यह घातक विष था। मैं विवश था, रानी जी। मैं क्या करता?" पंडा रुदन कर रहा था।

मीरां ध्यानमग्न थीं।

सेविका स्तम्भित थी।"[14]

डायमंड बुक्स ने इस किताब में उस नयी पीढ़ी के शिक्षित बुद्धिजीवी मध्यवर्ग का भी ध्यान रखा है जो धार्मिक अस्मिता का आग्रही है, लेकिन जिसे आचरण में द्वैत के कारण तर्कणावाद भी लुभाता है। मीरां के विषपान के बाद भी बच जाने को इस किताब में युक्तिसंगत बनाने के लिए लिखा गया कि "विज्ञान के युग में इस घटना पर प्रश्नचिह्न लगाया जा सकता है, किन्तु विष से बच जाना भी असम्भव नहीं

है। सम्भव है कि वह विष प्राणघाती न रहा हो। आज भी अनेक व्यक्ति विषपान कर बच जाते हैं।"[15]

2

मीरां के सन्त-भक्त और आदर्श हिन्दू पत्नी रूप के निर्माण और प्रचार-प्रसार में अमर चित्रकथा शृंखला की चित्रकथा *मीरांबाई*[16] का निर्णायक और महत्त्वपूर्ण योगदान है। इसके अनुकरण में बाद मक़ॉव बुक्स[17], विल्को पब्लिशिंग हाउस[18] आदि की मीरां के जीवन पर एकाग्र कई चित्रकथाएँ आ गयी हैं। इन चित्रकथाओं ने बालकों के मन-मस्तिष्क में मीरां के निर्मित रूप की जड़ें जमाने में खास मदद की। अमर चित्र कथा शृंखला बच्चों में अंकल पै के नाम से विख्यात अनन्त पै के दिमाग की उपज थी। इसकी विस्फोटक लोकप्रियता के कुछ कारण थे। एक तो 1960 और 1970 के दशक में भारतीय राष्ट्रीय राज्य के निर्माण की प्रक्रिया अपने अहम दौर में थी और दूसरे इस दौरान संयुक्त परिवार सामाजिक कारणों से एकल में बदल रहे थे। परम्परा से गहराई तक जुड़े मध्यवर्ग को इस दौरान राष्ट्र राज्य की आत्मछवि के निर्माण के लिए हिन्दू अतीत से जुड़े नायकों, प्रतीकों और वृत्तान्तों की जरूरत महसूस हुई। इस दौरान परिवारों में एकल हो जाने के कारण कथा-कहानी कहने वाले बुजुर्गों का स्थान रिक्त था। अनन्त पै ने इस जरूरत को समझा और वे एक अभिभावक की भूमिका में आ गये।[19] उन्होंने पूर्व आधुनिककालीन इतिहास और मिथकों को हिन्दू आदर्शों के अनुसार रूपान्तरित किया और उनका चित्रांकन करवा कर अमर चित्र कथा के रूप में प्रस्तुत किया।[20] "खुले तौर पर इस उत्पाद का मकसद मुख्यतः अंग्रेजी माध्यम जानने वाले विद्यालयी बच्चे थे जिनमें (ऐसा माना गया) किसी भी भारतीय चीज को घटिया माना जाता था।"[21] इस शृंखला को अभूतपूर्व सफलता मिली। इसको परिवारों, विद्यालयों व राज्य से भी बहुत प्रोत्साहन मिला। इस शृंखला में मीरां, नानक, कबीर, तुलसीदास, सूरदास, रविदास आदि मध्यकालीन सन्त-भक्तों सहित कई इतिहास और मिथक पुरुषों पर चित्रकथाएँ प्रस्तुत की गयीं। अनन्त पै ने अपनी अन्य चित्रकथाओं की तरह ही *मीरांबाई* में मीरां के चरित्र का हिन्दू आदर्शों के अनुसार रूपान्तरण किया। खास बात यह है कि मीरां की सन्त-भक्त छवि के अनुसार जो सामग्री अनन्त पै के सामने थी उसको उन्होंने इस तरह से प्रस्तुत किया कि यह एक आदर्श हिन्दू पत्नी की छवि के अनुकूल हो। पै ने इसके लिए उपलब्ध जनश्रुतियों को बदला और अपनी तरफ से कुछ नयी घटनाएँ परिकल्पित कीं। पै ने मीरां विषयक कथा और चित्रों में उसके सम्बन्ध में भक्तमालों सहित विभिन्न ग्रन्थों में प्रचलित कथाओं और जनश्रुतियों का सहारा लिया। बचपन में कृष्ण की मूर्ति का पति रूप में वरण, भोजराज से विवाह, कुलदेवी की पूजा से इन्कार, ऊदां की शिकायत पर भोजराज का क्रुद्ध होकर मीरां के महल में जाना और उसको कृष्ण

भक्ति में लीन पाना, अकबर और तानसेन का मीरां के यहाँ आगमन, भोजराज की असामयिक मृत्यु, मीरां का सती होने से इन्कार, विक्रमादित्य द्वारा मीरां को दी गयी यातनाएँ, मीरां को साँप, शूल शय्या और विष से मारने के उपक्रम, मीरां का तुलसीदास से पत्राचार, मेड़ता आगमन, वृंदावन, मथुरा और द्वारिका की यात्रा और अन्त में द्वारिका में कृष्ण की प्रतिमा में विलय की घटनाएँ और प्रकरण चित्र कथा में आते हैं।

जन्म से लेकर मृत्यु तक मीरां के जीवन वृत्तान्त को सजगतापूर्वक हिन्दू आदर्शों के अनुसार ढालने के लिए अनन्त पै इस चित्रकथा में अपनी तरफ से कुछ प्रकरण और घटनाएं इस तरह जोड़ते हैं कि मीरां के स्वेच्छाचार और विद्रोह की घटनाएँ भी उसके पत्नी धर्म की पूरक बन जाती हैं। मीरां का कृष्ण प्रेम इस चित्रकथा में उसके पत्नी धर्म में बाधा नहीं है। एक चित्र में मीरां भोजराज के पाँवों में पड़ी हुई है और केप्सन लिखा गया है कि "मीरां आदर्श हिन्दू पत्नी थी, उसका पति उससे बहुत प्रेम करता था।"[22] अनन्त पै यहाँ यह भी जोड़ना नहीं भूलते कि "मीरां गृहस्थी का नित्य प्रति का काम पूरा करते ही अपने देवी पति गोपाल के ध्यान में लग जाती थी।"[23] **(चित्र-1)** मीरां को आदर्श पत्नी का रूप देने के लिए पै एक और घटना की परिकल्पना करते हैं, जो भक्तमालों सहित किसी भी ग्रन्थ में पहले नहीं मिलती। मीरां की विधर्मी अकबर से भेंट से क्रुद्ध भोजराज उसे किसी नदी-नाले में डूब मरने को आज्ञा देते हैं और मीरां आदर्श हिन्दू पत्नी की तरह डूबने के लिए चल पड़ती है। चित्र में वह सखियों के साथ बिलख रही है और केप्सन में लिखा गया है कि "मीरां तो एक आदर्श हिन्दू पत्नी थी। उसने वह आज्ञा शिरोधार्य की और बिलखती हुई सहेलियों से विदा ली।"[24] **(चित्र-2)** पै इसी तरह एक और घटना की कल्पना करते हैं। उनके अनुसार मीरां की वापसी के लिए भगवा वस्त्र धारण कर भोजराज स्वयं वृन्दावन गया और उसने मीरां से क्षमा याचना की और मीरां उसके आग्रह पर चित्तौड़ आ गयी। एक चित्र में वृन्दावन में कई स्त्री-पुरुषों की भीड़ में मीरां भोजराज के पाँवों में पड़ी हुई है और केप्सन में भोजराज उससे कह रहा है कि "मुझे क्षमा कर दो, मीरां—मैं यही भीख माँगता हूँ। वापस चित्तौड़ चलो।—उत्तर में मीरां कह रही है—"मीरां ने क्या कभी अपने पति की आज्ञा टाली है?, मैं चित्तौड़ चलूँगी।"[25] **(चित्र-3)**

अनन्त पै मीरां के स्वेच्छाचार और अवज्ञा को भी दैवीय रूप देकर उसके आदर्श पत्नीत्व में अवरोध बनने से रोक देते हैं। निरन्तर प्रताड़ना और दमन से त्रस्त मीरां वृन्दावन चली जाती है, जो एक तरह से अवज्ञा है, लेकिन अनन्त पै इसको दैवी आदेश के तहत हुई घटना मानते हैं। एक चित्र में पानी में डूबने के लिए प्रस्तुत मीरां को कृष्ण अपनी बाँहों का सहारा देकर बचा लेते हैं और बेहोश मीरां को जब चेतना आती है, तो केप्सन में वे कहते हैं कि "पति के साथ तुम्हारा नाता समाप्त

हो चुका। अब तुम मेरी हो। वृन्दावन जाओ और वहीं मुझे प्राप्त होओ।[26] **(चित्र-4)** भोजराज और मीरां के सम्बन्ध को तनावपूर्ण बनाने से भी अनन्त पै सजगतापूर्वक बच जाते हैं। भोजराज के निरन्तर प्रयत्नों के बावजूद जब मीरां भक्ति विमुख नहीं होती, तो अनन्त पै के अनुसार भोजराज उसके लिए एक मन्दिर बनवा देते हैं। एक चित्र में मीरां नृत्यरत है और केप्सन में लिखा गया है कि "भोजराज को विश्वास हो गया कि उसकी पत्नी पागल है। उसे प्रसन्न रखने के लिए उसने एक मन्दिर बनवा दिया ताकि वह अपने प्रेमी की मूर्ति की जी भर कर पूजा कर सके। कुछ ही दिनों में मीरां के पास भक्तों की भीड़ जमा होने लगी। वह अपने भगवान के सामने गाती, नाचती और प्रेम में बेहाल हो जाती।"[27] **(चित्र-5)**

3

अमर चित्रकथा की अभूतपूर्व लोकप्रियता और व्यावसायिक सफलता ने बच्चों के लिए पुस्तकें प्रकाशित करने वाले दूसरे प्रकाशकों को भी इस क्षेत्र में आने के लिए प्रेरित किया। बहुराष्ट्रीय और बहुभाषी प्रकाशक मक़ॉव बुक्स ने 2009 में मीरां सहित अष्टावक्र, श्रवणकुमार, सत्यवान-सावित्री, अंगुलीमाल और सुदामा जैसे मिथकीय भारतीय चरित्रों पर अंग्रेजी में चित्रकथाएँ प्रकाशित कीं। मक़ॉव बुक्स का घोषित उद्देश्य बच्चों के लिए ऐसी पुस्तकों को प्रोत्साहन देना था, जो न केवल उनकी अन्तहीन जिज्ञासाओं को शान्त करें बल्कि ये उनकी रचनात्मक प्रवृत्तियों का भी पोषण करें।[28] अनन्त पै की अमर चित्रकथा व्यावसायिक उपक्रम के साथ एक मिशन भी थी, जिसका उद्देश्य बच्चों को उनके भव्य और स्वर्णिम पूर्व आधुनिककालीन अतीत से परिचित करवाना था। मक़ॉव बुक्स की यह श्रृंखला इस तरह के किसी मिशनरी उद्देश्य से परिचालित नहीं थी। इस श्रृंखला का लक्ष्य पाठक वर्ग अभिजातवर्गीय अंग्रेजी भाषी बच्चे थे इसलिए इसमें कहीं-कहीं चरित्रों के अभिजातीकरण की सजग कोशिश जरूर हुई है। इसमें अभिजातवर्गीय रूप देने के लिए मीरां की आरम्भिक औपचारिक शिक्षा का उल्लेख आता है, जो इतिहास से प्रमाणित नहीं है। एक चित्र में मीरां धनुष पर बाण संधान कर रही है और केप्सन में लिखा गया है कि "मीरां को बचपन में धर्मग्रन्थों के पाठ, संगीत, धनुर्विद्या, व्यूह रचना, अश्वारोहण, रथ और शस्त्रचालन आदि की शिक्षा दी गयी थी।"[29] **(चित्र-6)** मक़ॉव बुक्स की *मीराबाई* में अमर चित्रकथा की *मीराबाई* में वर्णित-चित्रित कमोबेश सभी घटनाओं का समावेश हो गया है। मध्यकालीन धार्मिक चरित्राख्यानों में आयीं दो घटनाओं—रैदास से सम्पर्क और दीक्षा तथा वृन्दावन में जीव गोस्वामी से भेंट—इसमें अतिरिक्त जोड़ी गयी हैं। इसमें अमर चित्रकथा की तरह मीरां के जीवन की सजग भाव से हिन्दू आदर्शों के अनुसार पुनर्रचना तो नहीं है, लेकिन इसकी निर्भरता अमर चित्रकथा पर है। अमर चित्रकथा में वर्णित मीरां के आदर्श हिन्दू पत्नी रूप को पुष्ट करने वाली घटनाएँ यथावत् इसमें भी आयी हैं।

एक चित्र में खड़ी हुई मीरां के कन्धे पर कृष्ण का हाथ है और केप्सन में लिखा गया है कि "मीरां ने अपने ससुराल वालों की आज्ञा का पालन किया और नदी में डूबने के लिए गयी। पूरे रास्ते वह 'गोविन्द, गिरधारी और गोपाल' गाती हुई नृत्य करती रही। जैसे ही वह नदी में डूबने के लिए बढ़ी एक हाथ ने पीछे से उसे रोक लिया। उसने मुड़ कर देखा तो उसके प्रियतम कृष्ण उसके सामने खड़े हुए थे और वह मूर्च्छित हो गयी।"[30] **(चित्र-7)** रैदास के साथ सम्पर्क और वृन्दावन में जीव गोस्वामी से भेंट के प्रकरण अमर चित्रकथा में नहीं थे, लेकिन यहाँ आये हैं। स्पष्ट है कि अमर चित्रकथा की तरह मीरां के चित्रांकन में मक़ॉव बुक्स का कोई मिशनरी उद्देश्य नहीं था, लेकिन अमर चित्रकथा पर निर्भरता के कारण इसमें नवीन और मौलिक कुछ नहीं हुआ। इसने भी अमर चित्रकथा द्वारा पुष्ट और प्रचारित मीरां के आदर्श हिन्दू पत्नी रूप के प्रचार-प्रसार में ही योग दिया। विल्को पब्लिशिंग हाउस ने अंग्रेजी में मिथ, इतिहास, देवता, जीवनी, आविष्कार, पर्व-त्योहार आदि से सम्बन्धित कई चित्रकथाएँ प्रकाशित की हैं। इसका घोषित उद्देश्य सभी उम्र के पाठकों को ज्ञान और मनोरंजन की अन्तरराष्ट्रीय स्तर की सामग्री सुलभ करवाना है।[31] इसकी *मीराबाई* भी कमोबेश अमर चित्रकथा पर आधारित है लेकिन इसमें आग्रह मीरां के चरित्र के आदर्शीकरण का आग्रह कम है, क्योंकि वह पहले अमर चित्रकथा में हो चुका है। अमर चित्रकथा की आदर्शीकरण सम्बन्धी अधिकांश उद्‌भावनाओं का यहाँ भी उपयोग हुआ है। यहाँ घटनाओं में कार्य-कारण सम्बन्ध बनाये रखने के लिए खाली स्थान भरने का है। इसके लिए कुछ मौलिक उद्‌भावनाएँ की गयी हैं। जैसे भोजराज के बाद सत्तारूढ़ राणा को मीरां से ईर्ष्या इसलिए है कि वह उसके स्थान पर सत्तारूढ़ होने का दावा कर सकती है। मीरां ने कभी ऐसा दावा किया था यह इतिहास, आख्यान और लोक से सिद्ध नहीं है। एक चित्र में राणा अपने सामन्तों से कह रहा है कि मीरां सत्ता पर दावा करने की योजना बना रही है।[32] **(चित्र-8)** इसमें बाल्यकाल में मीरां को एक साधु द्वारा कृष्ण की प्रतिमा प्राप्त होने[33] और अकबर और तानसेन का भेष बदल कर मीरां के यहाँ आने और उसकी पूजित प्रतिमा के चरणों में हार चढ़ाने की घटनाओं को अपेक्षाकृत अधिक विस्तार से चित्रित किया गया है।[34] यहाँ हिन्दू धार्मिक आग्रह नहीं है इसलिए इसमें अकबर की सराहना की गयी है। एक चित्र में अकबर बैठा है और उसके सम्बन्ध में केप्सन में लिखा गया है कि उन दिनों दिल्ली में मुगल सम्राट अकबर का शासन था और वह उदार और सुसंस्कृत था। आगे एक चित्र में वह दरबार में संगीत सुनकर उसकी तारीफ कर रहा है और उसके सम्बन्ध में केप्सन है कि वह अच्छा और पवित्र संगीत पसन्द करता था।[35] **(चित्र-9)** अमर चित्रकथा में अनन्त पै इस मामले में सचेत थे। उन्होंने विधर्मी अकबर के सम्बन्ध में उसके मीरां के यहाँ आगमन के अलावा कोई टिप्पणी नहीं की है।

चित्र - 1

मीरा आदर्श हिन्दू पत्नी थी।
उसका पति उससे बहुत प्रेम करता था।
परन्तु गृहस्थी का नित्य-प्रति का काम पूरा करते ही मीरा अपने दैवी पति – गोपाल के ध्यान में लग जाती थी, जिसकी मूर्ति वह पीहर से साथ लायी थी।

चित्र - 2

मीरा तो आदर्श हिन्दू पत्नी थी। उसने यह आज्ञा शिरोधार्य की और बिलखती हुई सहेलियों से विदा ली।

चित्र - 3

भोजराज ने अपने भगवा कपड़े उतार दिये। मीरा अपने पति को देखते ही उसके चरणों में गिर पड़ी।
मुझे क्षमा कर दो, मीरा- मैं यही भीख माँगता हूँ। वापस चित्तौड़ चली चलो।
मीरा ने क्या कभी अपने पति की आज्ञा टाली है? मैं चित्तौड़ चलूँगी।

चित्र - 4

जब होश आया तब वह उन्हीं की बाँहों में थी।
पति के साथ तुम्हारा नाता समाप्त हो चुका। अब तुम मेरी हो। वृन्दावन जाओ और वहीं मुझे प्राप्त होओ।
मेरे नाथ! मेरे स्वामी!

चित्र - 5

चित्र - 6

चित्र - 7

चित्र - 8

The new Rana was jealous of Mirabai since she had many followers.
Mirabai must be having plans to claim the throne.
So he started harassing Mirabai.
She thinks of herself as a great saint! I will give her what she deserves.
With the help of some wicked courtiers, Rana made a plan.
Get me a basket and a serpent!

चित्र - 9

In those days, Mughal Emperor Akbar ruled in Delhi. He was kind and cultured.
Akbar liked good poetry and pious songs.
Aha! Wonderful lyrics!
By then Mirabai's songs had become quite popular.
I have heard about a saint-poetess Mirabai!
Yes, my Lord! She is a gifted singer.

4

मीरां के जीवन पर अब तक सर्वाधिक दस फिल्में बन चुकी हैं। तुलसीदास और सूरदास पर चार-चार जबकि नानक, कबीर और रविदास पर इससे कम संख्या में फिल्में बनी हैं। नब्बे के दशक में प्रेमजी द्वारा निर्मित और गुलज़ार द्वारा निर्देशित लोकप्रिय फिल्म *मीरां* ने भी मीरां के प्रेम दीवानी, रूमानी और रहस्यवादी भक्त रूप के प्रचार-प्रसार में महत्त्वपूर्ण भूमिका निभाई। हेमा मालिनी और विनोद खन्ना ने इस फिल्म में क्रमशः मीरां और भोजराज की भूमिकाएँ कीं और इसका संगीत रविशंकर ने तैयार किया। यह फिल्म निर्माता के अनुसार मीरां के अनश्वर प्रेम की कहानी है।[36] यह मीरां का एक ऐसा प्रेम दीवानी और असामान्य स्त्री रूप गढ़ती है, जिसमें रोमांस, अध्यात्म, इतिहास, कल्पना आदि सभी तत्त्वों का समावेश है। गुलज़ार मीरां सम्बन्धी इतिहास और जनश्रुतियों का मौलिक ढंग से इस्तेमाल करते हैं, लेकिन इनसे मीरां का विद्रोही स्त्री रूप नहीं उभरता। गुलज़ार इतिहास का इस्तेमाल राजपूत स्त्री का ऐसा रूप गढ़ने में करते हैं, जो अपनी कुल मर्यादा को सर्वोपरि समझती और इसके लिए त्याग और बलिदान देने के लिए तैयार रहती है। गुलज़ार ने इसके लिए अठारहवीं सदी में विषपान करने वाली राजकुमारी कृष्णा को जबरन मीरां की बहन के रूप में चित्रित किया है। मीरां इस फिल्म के अनुसार आरम्भ से हो कृष्णप्रेम में पगी हुई है। विवाह के बाद इस फिल्म में कृष्ण प्रेम मीरां के लिए मुश्किलें पेश करता है, लेकिन विक्रमादित्य और रत्नसिंह से उसके सम्बन्धों को तनावपूर्ण दिखाने से गुलज़ार बच जाते हैं। कहानी इस तरह से आगे बढ़ती है कि मीरां का चरित्र एक सामान्य विद्रोही सामन्त स्त्री की जगह असाधारण बावली भक्त स्त्री की तरह उभरता है और उसकी भक्ति, हठ, विरोध आदि सब लौकिक की हदें पार कर असामान्य लगने लगते हैं। तत्कालीन धर्म सम्प्रदायों में मीरां की खास किस्म की भक्ति के लिए अस्वीकृति बहुत मुखर और प्रबल थी। गुलज़ार धर्मसभा के आयोजन और उसमें मीरां पर अभियोग चलाकर और दंड देने की मौलिक उद्भावना द्वारा कुछ हद तक इस अस्वीकृति को उभारते हैं, लेकिन यहाँ भी उसका प्रेम दीवानी रूप आड़े आ जाता है। गुलज़ार ने फिल्म में मीरां की जो रचनाएँ संगीत के लिए चुनी हैं वे भी उसकी भक्ति, प्रेम, समर्पण आदि से सम्बन्धित हैं। पितृसत्ता, राजसत्ता और धर्मसत्ता को सीधे चुनौती पेश करने वाली मीरां की रचनाओं से गुलज़ार ने परहेज किया है, इसलिए इस फिल्म का माहौल ऐतिहासिक और यथार्थपरक नहीं बन पाता।

वर्तमान में मीरां मध्यकालीन सन्त-भक्त कवियों में सबसे अधिक गायी जाने वाली और बिकनेवाली भक्त कवयित्री है। लता मंगेशकर, आशा भोंसले, वाणी जयराम, किशोरी अमोणकर, ओंकारनाथ ठाकुर, एम. सुब्बुलक्ष्मी, साधना सरगम, कविता

कृष्णमूर्ति, हेमा देसाई, महालक्ष्मी अय्यर आदि कई ख्यात-अल्पख्यात गायक-गायिकाओं के मीरां के भजनों के कैसेट्स और सीडीज बाजार में उपलब्ध हैं। इन कैसेट्स और सीडीज में संकलित रचनाओं के सम्बन्ध में सर्वाधिक उल्लेखनीय तथ्य यह है कि ये मीरां के ऐतिहासिक मनुष्य चरित्र का प्रतिनिधित्व नहीं करतीं। मीरां का भक्त और प्रेम दीवानी रूप ही इनसे सामने आता है। इन कैसेट्स और सीडीज में मीरां का परिचय भी इसी तरह दिया गया है। मीरां यहाँ रूमानी छवि वाली भक्त पवित्रात्मा और असाधारण स्त्री है। टाइम्स म्युजिक की 'भारत के सन्त' शृंखला के अन्तर्गत जारी *मीरां प्रेम दीवानी* शीर्षक सीडी की परिचयात्मक टिप्पणी में लिखा गया है कि "जन्म से राजपूत राजकुमारी मीरां का शौर्य रणक्षेत्र की जगह ईश्वर के चरणों में भक्ति और समर्पण में व्यक्त हुआ।"[37] उसके व्यक्तिगत राग-द्वेष, उसकी नाराजगी और प्रतिरोध, जो उसकी कविता का केन्द्रीय स्वर है, इन कैसेट्स और सीडीज की संकलित रचनाओं से सामने नहीं आते।

निष्कर्षतः कहा जा सकता है कि धार्मिक चरित्राख्यानों और उपनिवेशकालीन इतिहासकारों ने मीरां का सन्त-भक्त रूप गढ़ने के लिए उसके विद्रोह और संघर्ष को अनदेखा कर दिया। बीसवीं सदी और उसके बाद मीरां का यही सन्त-भक्त रूप लोकप्रिय साहित्य, चित्रकथा, फिल्म और कैसेट्स-सीडीज में भी चल निकला। इन माध्यमों की पहुँच का दायरा आख्यानों और इतिहास की तुलना में बहुत बड़ा था इसलिए मीरां का निर्मित सन्त-भक्त रूप जनसाधारण में लोकप्रिय हो गया। इन माध्यमों ने अपनी व्यावसायिक जरूरतों के अनुसार इसको पुष्ट और परिवर्तित भी किया। गीता प्रेस और अमर चित्रकथा की मीरां अपनी धार्मिक अस्मिता के प्रति सचेत मध्यवर्गीय जनसाधारण की आकांक्षाओं के अनुसार आदर्श हिन्दू पत्नी और सन्त-भक्त है, जबकि डायमंड बुक्स की मीरां भूमंडलीकृत अर्थव्यवस्था में पले-बढ़े नयी पीढ़ी के मध्यवर्ग की काम्य स्त्री छवि के अनुसार रूमानी, स्वतन्त्र और अंशतः परम्परा विरोधी है। फिल्म में भी मीरां असाधारण भक्त स्त्री और प्रेम दीवानी है। लोकप्रिय ऑडियो कैसेट्स-सीडीज में भी मीरां की ऐसी रचनाएँ संकलित की गयी हैं, जो उसके भक्त और प्रेम दीवानी स्त्री रूप को ही पुष्ट करती हैं।

सन्दर्भ और टिप्पणियाँ :

1. पवन कुमार वर्मा : *भारत के मध्यवर्ग की अजीब दास्तान*, राजकमल प्रकाशन, नयी दिल्ली, पेपरबैक संस्करण 2009, पृ.130
2. http://ibnlive.in.com/news/why-makes-indian-religious/32015-3.html
3. पवनकुमार वर्मा : *भारत के मध्यवर्ग की अजीब दास्तान*, पृ.134
4. www.gitapress.org
5. हनुमानप्रसाद पोद्दार : *भक्त नारी* (भक्त चरित माला-2), गीताप्रेस, गोरखपुर, 2001, पृ.40

6. आवरण पृष्ठ, भक्त नारी, पृ.12
7. वही, पृ.20
8. वही, पृ.26
9. वही, पृ.26
10. वही, पृ.21
11. वही, पृ.31
12. गिरिराजशरण अग्रवाल : *प्रेम दीवानी मीरां,* डायमंड पॉकेट बुक्स प्रा.लि., नयी दिल्ली, 2003
13. वही, पृ.1
14. वही, पृ.16
15. वही, पृ.18
16. *मीराबाई* (हिन्दी अमर चित्रकथा), इंडिया बुक हाउस प्रा.लि., मुम्बई, पुनर्मुद्रण, 2007
17. *मीराबाई* (अंग्रेजी), मक़्रॉव बुक्स, 2009
18. *मीराबाई* (अंग्रजी), विल्को पब्लिशिंग हाउस, मुम्बई, 2011
19. आर्यक गुहा : 'एक भारतीय चित्रकथा का किताब बनना' (हिन्दी अनुवाद : रविकान्त), *शिक्षा विमर्श,* सितम्बर-अक्टूबर, 2009, दिगंतर, जयपुर, पृ.30
20. स्ट्राटोन हावले : *श्री भक्ति वॉयसेज,* ऑक्सफोर्ड युनिवर्सिटी प्रेस, नयी दिल्ली, 2005, पृ.142
21. आर्यक गुहा : 'एक भारतीय चित्रकथा का किताब बनना' (हिन्दी अनुवाद : रविकान्त), *शिक्षा विमर्श,* सितम्बर-अक्टूबर, 2009, पृ.31
22. *मीराबाई* (हिन्दी अमर चित्रकथा), पृ. ।4
23. वही, पृ.4
24. वही, पृ.11
25. वही, पृ.17
26. वही, पृ.13
27. वही, पृ.7
28. मक़्रॉव बुक्स की अंग्रेजी चित्रकथा *मीराबाई* के आवरण के पृष्ठ भाग पर मुद्रित शृंखला विषयक परिचयात्मक टिप्पणी से उद्धृत।
29. *मीराबाई* (अंग्रेजी), मक़्रॉव बुक्स, 2009, पृ.12
30. वही, पृ.16
31. *मीराबाई* (अंग्रेजी), विल्को पब्लिशिंग हाउस, मुम्बई के आवरण पृष्ठ पर मुद्रित शृंखला *विल्को पिक्चर लाइब्रेरी* की परिचयात्मक टिप्पणी से उद्धृत
32, वही, पृ.13
33. वही, पृ.1
34. वही, पृ.9
35. वही, पृ.9
36. नेशनल फिल्म आर्काइव प्रोजेक्ट 689/5/04, पुणे, 1984
37. गुलज़ार द्वारा निर्देशित मीरां फिल्म की सीडी के आवरण पर मुद्रित परिचय से उद्धृत।

❑❑